社交电商运营

（中级）

王　鑫　张明明　主　编

孙红菊　王戈弋　金川涵　董浩洁　副主编

清华大学出版社

北京

内 容 简 介

本书以 1+X 证书制度的《社交电商运营职业技能等级标准》为核心，基于岗位职业能力分析，构建社交电商运营核心技能，从而确定课程内容。

本书包括社交电商产品规划、社交电商内容策划、社交电商营销与传播、社交电商转化与复购、社交电商数据分析五个工作领域。通过本书的学习，学员能够掌握选品与产品组合设计、产品卖点挖掘、图文策划、短视频策划、直播策划、普惠性营销杠杆应用、营销传播活动设计、粉丝分层分类管理、转化与复购技巧应用、社群运营数据分析、直播运营数据分析等技能，具备运用数字媒体工具解决实际问题的综合能力。

本书结构清晰、图例丰富、案例翔实，且包含大量数字化资源，既可作为中高等职业院校、应用型本科院校电子商务、市场营销、工商企业管理等专业的教材，又可作为社交电商运营培训教材，还可作为社群运营、电商运营等从业人员的自学用书。

图书在版编目（CIP）数据

社交电商运营：中级 / 王鑫，张明明主编 . — 北京：清华大学出版社，2022.2（2024.8重印）
ISBN 978-7-302-59805-3

Ⅰ . ①社… Ⅱ . ①王… ②张… Ⅲ . ①电子商务—运营管理 Ⅳ . ① F713.365.1

中国版本图书馆 CIP 数据核字（2022）第 001002 号

责任编辑：左卫霞
封面设计：傅瑞学
责任校对：刘　静
责任印制：杨　艳

出版发行：清华大学出版社
　　　　　网　　　址：https://www.tup.com.cn, https://www.wqxuetang.com
　　　　　地　　　址：北京清华大学学研大厦A座　　　　　　邮　　编：100084
　　　　　社 总 机：010-83470000　　　　　　　　　　　　邮　　购：010-62786544
　　　　　投稿与读者服务：010-62776969, c-service@tup.tsinghua.edu.cn
　　　　　质量反馈：010-62772015, zhiliang@tup.tsinghua.edu.cn
　　　　　课件下载：https://www.tup.com.cn, 010-83470410
印 装 者：三河市君旺印务有限公司
经　　销：全国新华书店
开　　本：185mm×260mm　　　　　印　　张：21.75　　　　　字　　数：512 千字
版　　次：2022年4月第1版　　　　　　　　　　　　　　　印　　次：2024 年 8 月第 3 次印刷
定　　价：68.00元

产品编号：094703-01

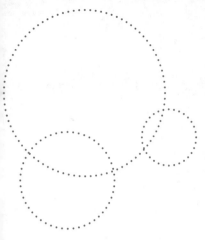

社交电商运营
1+X职业技能等级证书配套系列教材
编写委员会

顾　　问：

　　　　陈　健　商务部

　　　　张丽君　中国商业联合会

　　　　王成荣　中国商业经济学会

主任编委：

　　　　王　鑫　山东商业职业技术学院

　　　　张明明　哈尔滨职业技术学院

　　　　孙红菊　财天下科技有限公司

　　　　张　峰　北京联合大学

　　　　周爱荣　黄河水利职业技术学院

　　　　李海霞　中山火炬职业技术学院

　　　　郑山水　广州铁路职业技术学院

副主任编委：

　　　　郭　黎　武汉软件工程职业学院

　　　　张　慧　北京财贸职业学院

　　　　李志刚　北京电子科技职业学院

　　　　袁　鑫　湖南商务职业技术学院

　　　　杨子武　长沙商贸旅游职业技术学院

　　　　李虹贤　大理农林职业技术学院

委　　员：（按姓氏拼音排序）

　　　　艾于兰　广东科贸职业学院

　　　　毕思勇　淄博职业学院

　　　　陈　晨　杭州科技职业技术学院

　　　　陈道志　北京联合大学

　　　　陈慧敏　上海月米网络科技有限公司

程越敏　四川省成都市财贸职业高级中学校

丁　莎　武汉市财政学校

窦雪霞　河南职业技术学院

方　娇　陕西省第二商贸学校

冯江华　上海电子信息职业技术学院

高　洁　金华职业技术学院

葛永明　浙江机电职业技术学院

勾俊伟　天津勾勾科技有限公司

韩恩健　山东水利职业学院

韩　英　晋中职业技术学院

洪俊国　芜湖职业技术学院

胡　伟　上海城建职业学院

胡晓丽　河南省经济管理学校

黄　涛　广西金融职业技术学院

黄志平　重庆电子工程职业学院

贾桂花　产学通智能科技有限公司

金川涵　金华职业技术学院

李丽芳　河北交通职业技术学院

李琳娜　海南职业技术学校

李　敏　山东电子职业技术学院

李晓婧　山西青年职业学院

李玉梅　河南工业贸易职业学院

梁晓晓　广西物流职业技术学院

林长根　吉林财经学校

林小兰　北京信息职业技术学院

刘邵君　武汉职业技术学院

刘喜敏　吉林交通职业技术学院

陆志良　广州市番禺区职业技术学校

罗红兰　晋中职业技术学院

罗　宁　广西经贸职业技术学院

马成旭　宁夏财经职业技术学院

马天有　浙江金融职业学院

宁良强　临沂职业学院

欧阳驹	浙江育英职业技术学院
乔 刚	上海震旦职业学院
乔晓刚	山西青年职业学院
邱浩然	青岛职业技术学院
邱 琳	广西机电职业技术学院
沈丽伟	北京市丰台区职业教育中心学校
沈弥雷	浙江工商职业技术学院
时应峰	江苏经贸职业技术学院
宋民冬	河南信息统计职业学院
孙亚洲	平顶山工业职业技术学院
孙宜彬	山东劳动职业技术学院
谈黎虹	浙江经济职业技术学院
童红斌	浙江经贸职业技术学院
童永通	金华广播电视大学（浙江商贸学校）
王 翠	苏州经贸职业技术学院
王东成	靖远县职业中等专业学校
王红蕾	北京市商业学校
王冀川	上海城建职业技术学院
王继升	临沂职业学院
王若军	北京经济管理职业学院
王 薇	北京信息职业技术学院
王 伟	芜湖职业技术学院
王雪宜	威海职业学院
吴洪贵	江苏经贸职业技术学院
吴明圣	南通职业大学
夏 曼	广西职业技术学院
夏名首	安徽商贸职业技术学院
许 菁	山西工程职业学院
许明星	安徽财贸职业学院
杨 路	江苏食品药品职业技术学院
杨晓黎	青岛职业技术学院
杨泳波	浙江经济职业技术学院
姚大伟	上海思博职业技术学院

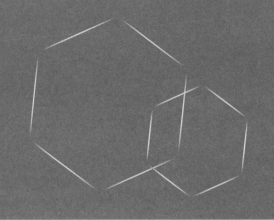

一、社交电商与社交电商运营

世界经济正向数字化转型，大力发展数字经济成为全球共识。党的十九大报告明确提出要建设"数字中国""网络强国"，我国数字经济发展进入新阶段，市场规模位居全球第二位，数字经济与实体经济深度融合，有力促进了供给侧结构性改革。电子商务是数字经济的重要组成部分，是数字经济最活跃、最集中的表现形式之一。在政府和市场共同推动下，我国电子商务发展更加注重效率、质量和创新，取得了一系列新的进展，在壮大数字经济、共建"一带一路"、助力乡村振兴、带动创新创业、促进经济转型升级等诸多方面发挥了重要作用，成为我国经济增长的新动力。

经过近 20 年的高速发展，中国传统电商行业已从一个初生的婴儿走向成熟的中年，以天猫、京东、唯品会等为代表的传统主流电商平台用户增速已持续放缓至 20%，甚至更低的水平。无论对电商平台还是商户，都面临着竞争日益激烈、获客成本不断攀升的困境，亟待找到更高效、低价、黏性更强的流量来源。

随着新一轮科技革命和产业变革加速演进，互联网、5G、人工智能、大数据、云计算等关联产业融合发展。在这一技术背景下，社交电商通过创新思维、方法、技术与工具，以信息技术促进行业数字化转型，推动实现行业专业化、标准化、数字化的新发展目标，适应我国数字经济发展的需要。

社交电商是社会发展的新需求。新冠肺炎疫情的突然出现，"无接触"式的居家生活让人们的线下社交活动急剧减少，以社交电商为代表的新经济模式平复了社会焦虑，推动了经济发展，创造了新的就业，让全社会首次对社交电商有了全新认知。社交电商表现出强大的社会正能量，在优化资源配置、促进跨界融合发展方面发挥了重要作用。

社交电商是指基于社群生态和社交网络体系，以信任为核心的社交型交易模式。社交电商运营以人为中心，依托社交网络信任链，借助互联网社交工具，融入关注、分享、互动等社交元素，通过打造社群生态和社交网络体系，构建以信任为基础的社交电商生态，创造新价值。社交电商本质上是电商行业营销模式与销售渠道的一种创新，社交网络已不再局限于信息传递，而是通过构建社群生态、打造社交网络体系信任链，形成更强大的社交网络体系价值链，如图 1 所示。通过社交构建并扩大社群用户规模，提升用户黏性，产生用户真实需求，根据用户需求定制产品和服务，进而拉动生产环节，带动整个可信任供应链的良性循环，从而形成全新的社交商务模式。

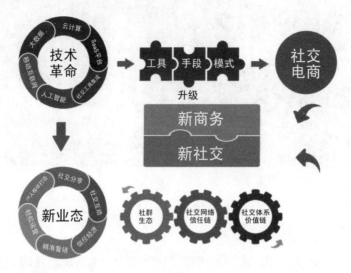

图1　社交网络体系价值链

二、社交电商运营平台

社交电商运营平台综合运用大数据、人工智能、移动互联网等新一代信息技术，借助全流程的电商平台及社交工具，真实还原业务场景，构建具有场景真、覆盖广、技术新等特点，集网店营销、电商直播、社交工具应用、商务数据分析等功能为一体的社交电商运营综合实战平台。

社交电商运营平台按企业真实业务流程对业务环节各岗位进行专业化打造，整合微信、微博、H5、直播等工具，构建跨平台、跨流程、跨业务、跨区域的专业化社交电商运营业态，大幅提高工作效率；通过智能化、共享化、规模化、真实化的训练，让学习者快速掌握新技术、新模式、新业态背景下社交电商专项业务工作。社交电商运营平台工作流程如图2所示。

三、《社交电商运营职业技能等级标准》及其培训资源

《社交电商运营职业技能等级标准》立足于"1+X"作为职业教育制度设计这一根本，校准"X"对"1"进行"补充、拓展、深化"的基本定位，着力围绕数字经济时代国家需要、市场需求和学习者就业从业能力提升，以行业龙头企业和典型平台、典型业态为背景，以学习者为中心，开展"书证"融合、课程融合、场景融合、教培融合、产教融合，并服务于院校专业建设、课程建设、教师队伍建设，深化"三教改革"。

《社交电商运营职业技能等级标准》聚焦行业职业岗位群，通过打造社群生态和社交网络体系，构建以信任为基础的社交电商生态，基于社交网络信任链，对产品和服务进行策划、推广、运营。社交电商运营1+X职业技能等级证书突出社交电商分享、交互、互动、信任、精准投递等业务特点，打通电子商务类专业和市场营销类专业的培养界限，以"社交+商务""社交+营销""社交+运营"等创新形式，着力培养大批"善社交、精商务、懂营销、长运营"的复合创新升级型技能人才，服务于电商行业数字营销和新商务、新社交的创新发展。

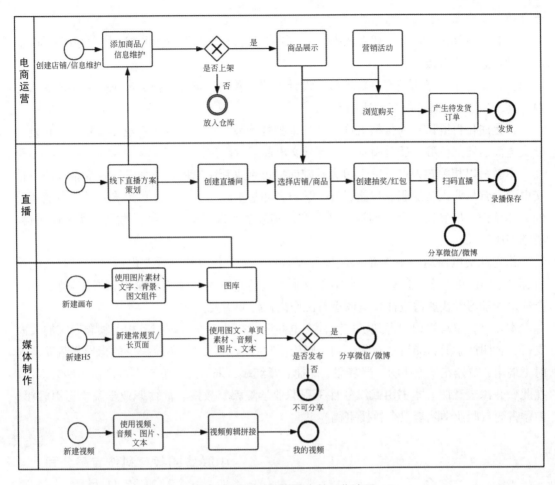

图2 社交电商运营平台的工作流程

《社交电商运营职业技能等级标准》依据实际应用中不同层级的要求，基于社交电商运营真实业务所涉领域相关工作顺序与技能复杂程度进行划分，将能力层次分为初级、中级、高级三个级别，精准对接社交电商相关岗位群，贯通项目调研、产品打造、营销内容设计制作、用户粉丝运营管理、社群运营管理、总结分析与复盘等业务过程。初级证书标准，定位为基础操作技能型应用，聚焦社交电商信息收集与调研、社交营销页面设计与发布、社群营销内容制作与发布、社交平台用户触达与分类、社群粉丝互动与管理等工作领域；中级证书标准，定位为进阶技能型应用，聚焦社交电商产品规划、社交电商内容策划、社交电商营销与传播、社交电商转化与复购、社交电商数据分析等工作领域；高级证书标准，定位为高阶管理决策型应用，聚焦社交电商运营规划、社交电商团队组建、社交电商考核评价、社交电商方案设计等工作领域。

按照《社交电商运营职业技能等级标准》初级、中级、高级划分原则开发相应的培训教材，完成标准、教材、培训考核评价平台、考核大纲等资源一体化开发，并对培训指导方法、培训评价站点、培训评价办法等培训条件和制度办法进行系统化设计。

《社交电商运营职业技能等级标准》和本系列教材、资源有以下几个显著特点。

一是等级标准设计在院校内运用场景覆盖中职、高职、应用型本科，有效服务于"1+X"

制度改革全覆盖。

二是充分体现"X"对"1"的补位作用，既能精准对岗解决先进性、适时性、好用性问题，又推动业态转型升级。

三是立足于与学历教育有效衔接，设计了课程置换、学分置换、实训实习实践置入等"1"与"X"完全融合的多种适用形式。

四是岗位群既讲求对接精准度，持证即独怀绝技，又讲求分布广泛；既精准对接外部社交电商运营岗位群，还对岗企业内部社交电商运营岗位群。

本教材以相关知识点系统学习为基础前提，聚焦新一轮科技革命和产业变革环境下社交电商运营从业人员的职业技能提升。学习者通过本教材的学习，可形成对社交电商运营的立体认识，能利用社交电商运营平台结合实战案例进行实操演练，做到"所见即所得、所学即所用"。

作为社交电商运营1+X证书制度配套教材，本教材对接《社交电商运营职业技能等级标准》（中级）及社会实际，真实业务示例或仿真案例教学贯穿全书，通过强化训练，能够培养学习者快速适应社交电商运营工作岗位任职需要。

本教材在编写过程中得到了广大社交电商运营行业企业、院校及相关领导专家的大力支持，感谢产学通智能科技有限公司、财天下科技有限公司等单位提供的指导与帮助，同时王瑞珺、贾桂花、王伟明、严梦甜、沈捷、童红斌、朱衍红等参与本书撰稿与修订工作，在此一并深表感谢。本书由武汉软件工程职业学院郭黎教授、淄博职业学院毕思勇教授、内蒙古商贸职业学院李卫东教授审稿

中联集团教育科技有限公司

2021 年 11 月

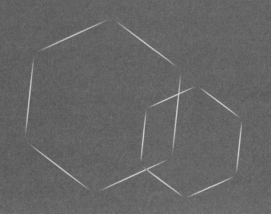

目　录

■ **工作领域一　社交电商产品规划**　　　　　　　　　　　　　　1

　　任务一　选品与设计产品组合　/　2

　　任务情境　/　2

　　　　子任务一　构建粉丝画像　/　3

　　　　子任务二　重构产品组合　/　9

　　　　子任务三　撰写产品组合设计报告　/　16

　　任务二　挖掘产品卖点与分析差异化　/　21

　　任务情境　/　21

　　　　子任务一　挖掘产品卖点　/　23

　　　　子任务二　收集竞品卖点　/　27

　　　　子任务三　设计广告标语　/　35

　　任务三　设计产品定价策略　/　40

　　任务情境　/　40

　　　　子任务一　优化单品定价　/　42

　　　　子任务二　完善组合套装定价　/　51

　　　　子任务三　设计批量折扣方案　/　56

■ **工作领域二　社交电商内容策划**　　　　　　　　　　　　　　62

　　任务一　策划图文内容　/　63

　　任务情境　/　63

　　　　子任务一　设计社群营销内容　/　66

　　　　子任务二　审核图文信息内容　/　72

　　　　子任务三　创建图文素材库　/　87

任务二　策划短视频内容 / 90

任务情境 / 90

　　子任务一　设计短视频脚本 / 92

　　子任务二　审核短视频内容 / 100

　　子任务三　创建短视频素材库 / 105

任务三　策划直播内容 / 108

任务情境 / 108

　　子任务一　设计直播场景 / 108

　　子任务二　编写直播脚本 / 115

任务四　策划其他内容 / 123

任务情境 / 123

　　子任务一　制作创意二维码 / 126

　　子任务二　制作 H5 页面 / 130

　　子任务三　新增导航页 / 134

■ 工作领域三　社交电商营销与传播　　　　　　　　139

任务一　应用普惠性营销杠杆 / 140

任务情境 / 140

　　子任务一　设计会员等级和升级规则 / 144

　　子任务二　设计会员折扣 / 155

　　子任务三　设计营销传播机制 / 166

任务二　设计营销传播活动 / 181

任务情境 / 181

　　子任务一　设计事件营销传播方案 / 182

　　子任务二　设计跨界营销传播方案 / 186

■ 工作领域四　社交电商转化与复购　　　　　　　　194

任务一　应用转化漏斗 / 195

任务情境 / 195

　　子任务一　设计曝光量优化方案 / 200

　　子任务二　设计访问量优化方案 / 210

　　子任务三　设计咨询量提升方案 / 215

子任务四　设计下单率、复购率提升方案　/　219

任务二　分类分层管理粉丝　/　225

任务情境　/　225

子任务一　设计标签字段　/　229

子任务二　粉丝分组并建群　/　235

任务三　应用转化与复购技巧　/　240

任务情境　/　240

子任务一　设计粉丝互动机制　/　243

子任务二　确定信息分发时间　/　254

子任务三　制定催付话术　/　259

子任务四　制定关联推荐方案　/　264

子任务五　制定推新话术　/　269

■ 工作领域五　社交电商数据分析　　274

任务一　分析社群运营数据　/　275

任务情境　/　275

子任务一　社群运营数据采集与统计　/　276

子任务二　社群运营数据分析与报告　/　284

任务二　分析直播运营数据　/　292

任务情境　/　292

子任务一　直播数据采集与统计　/　293

子任务二　直播数据分析与报告　/　303

任务三　分析短视频数据　/　317

任务情境　/　317

子任务一　短视频数据采集与统计　/　318

子任务二　短视频数据分析与报告　/　326

工作领域一
社交电商产品规划

1. 知识目标

（1）理解粉丝画像及其意义。

（2）理解粉丝消费的痛点。

（3）掌握产品组合、流量款、利润款等相关概念。

（4）掌握产品卖点的含义、挖掘卖点的方法。

（5）理解 FAB 法则的含义与应用价值。

（6）了解影响产品定价的因素，定价的常见目标，定价的常见方法。

2. 技能目标

（1）能够建立用户标签体系，对企业的不同用户群体进行精确画像。

（2）能够根据企业的营销目标进行有针对性的选品及产品组合设计。

（3）能够撰写选品与产品组合设计报告。

（4）能够使用 FAB 法进行卖点挖掘。

（5）能够收集竞品的卖点信息。

（6）能够遵循设计要领设计广告标语。

（7）能够根据企业的经营目标选择合适的定价策略，并能就单品、组合、批量制订合理的定价方案。

3. 素养目标

（1）培养学生良好的职业素养。

（2）培养学生创新、创意思想和能力。

（3）培养学生发现问题和解决问题的能力。

任务一　选品与设计产品组合

任务情境

唐韵温泉度假村，坐落于"中国温泉之城·东方养生胜地"的金华市武义县，占地170余亩，是集温泉沐浴、客房餐饮、商旅会议、棋牌娱乐、疗养度假等多种功能于一体的综合性生态健康旅游胜地。

1. 分析唐韵温泉现有产品组合

（1）酒景类产品。唐韵温泉是浙江省最早开发利用温泉资源的企业之一。经地勘单位探明，唐韵温泉日涌水量1500吨以上，出水温度41.2℃。温泉区整体命名为大唐韵吕露天温泉。大唐韵吕露天温泉规划建设了江南华清池主题文化温泉区、法善香汤主题文化温泉区、四季花开时尚休闲主题文化温泉区及唐韵私家泡池等唐朝温泉文化主题专区。温泉单品成人门市价248元/位，网络挂牌价198元/位；儿童（1~1.4米）温泉门市价128元/位，网络挂牌价98元/位。

唐韵温泉最新产品表

唐韵温泉度假村以温泉经营为中心，依托文化和养生两大支点，以"玉唐富贵花满楼"为文化特色主题，旨在打造如玉般的精品品质度假村。酒店客房以四星级标准建造，设有各类客房232间，能满足不同客人的住宿需求，各类房型风格不一，分为中式豪华标间、日式豪华标间、湖景房、园林房、温泉房及私家楼顶温泉套房等。

度假村设有中餐厅、西餐厅、宴会厅，可同时容纳800多人用餐，能满足游客、婚宴、公司年会、大型会议等不同群体的用餐需求。

（2）自由行套餐。唐韵温泉根据不同的用户群体推出了不同主题的自由行套餐，如唐韵乐养踏春出游季3天2晚游、唐韵温泉4天3晚养生游、唐韵温泉乐养4天3晚游、唐韵温泉2天1晚精品游等。套餐主要包含交通、住宿、用餐、景点及一些增值服务。另外，唐韵温泉还特意针对疗休养人群推出了一个5天4晚的疗休养套餐。套餐

唐韵温泉自由行套餐

包括住宿、用餐、健康评估、体验中药药浴、中医理疗项目、景区外游玩及其他一些增值服务。

（3）会议/年会产品。唐韵温泉度假村内设有会议场地，内有投影仪、立式讲台、门口LED显示屏、指示牌、台签等硬件设施，能满足各种规模的学术报告、学术交流、公司员工会议、商务洽谈、培训讲座、招商推广等不同需求。

（4）疗休养产品。唐韵医院建设在温泉景区内，由浙江唐韵温泉度假村有限公司全额投资，于2019年11月建成，是一所以温泉水疗为特色，集康复理疗、医疗保健、健康管理、教育培训为一体的康复专科医院，是市级医保定点医院。

（5）服务。唐韵温泉还设有专门的足疗房、鱼疗池、SPA按摩室、儿童玩乐区等休闲娱乐服务。

唐韵温泉现有产品组合如表 1-1 所示。

表 1-1　唐韵温泉现有产品组合

产品类别	产品项目
酒景类产品	温泉门票、客房、餐饮（婚宴、宴会）
自由行套餐	一晚两餐、亲子游套餐
会议/年会产品	承接各种类型的会议、年会
疗休养产品	疗养院、康复医院
服务	足疗房、鱼疗池、SPA 按摩室、儿童玩乐区

2. 唐韵温泉现有产品组合存在的问题

（1）对年轻消费群体了解不够。近年来，温泉度假产品的消费群体在年龄结构上发生了明显的变化，"80 后""90 后"乃至"00 后"逐渐成为温泉度假产品的重要消费群体。来自携程的大数据显示，温泉景区的游客群体越来越年轻化：25~30 岁的年轻人，占当季温泉酒店住客的 12%，上升比例最快；30~35 岁的轻熟人群，为温泉酒店最大消费群体，占 20%。

这些年轻群体有着完全不同于以往消费者的性格、文化和需求特征。了解他们的需求，是温泉度假产品经营者的新挑战，也是必须把握的机遇。

（2）产品定位不准确。由于对新生代群体的需求偏好缺乏了解，唐韵温泉在产品设计上为年轻人考虑得较少。现有产品体系较好地满足了中老年群体的需求，但是，对于年轻人群体需求，如家庭游、亲子游、打卡游等，缺乏整体上的设计和规划。

如网红打卡游，要想让新生代消费者觉得产品"够好玩"，温泉度假酒店得让他们"有的玩"，即设计并提供能够激发他们兴趣的场景，然后再通过一切可能的创意吸引他们去体验这些场景并找到乐趣。

（3）产品特色不鲜明。唐韵温泉度假村产品以温泉为载体，虽然融合了温泉、酒店、康养、会议、休闲娱乐等多样化、综合化的产品和服务，但纵观同类型的温泉酒店、温泉度假村，产品服务的内容和形式上都趋于雷同，缺乏特色。

3. 破局之法

（1）构建粉丝画像。唐韵温泉目前以中老年群体为主，要吸引更多的年轻人群体、打卡游群体、周边游群体等目标人群，需要构建完整准确的粉丝画像。

（2）重构产品组合。唐韵温泉现有的产品组合不足以满足不同人群的需求，需要对现有产品组合进行重构。

（3）撰写产品组合设计报告。

■ 子任务一　构建粉丝画像

━ 一、任务准备

企业要想给用户提供合适的产品，首先需要了解自己的用户，摸清他们真正的需求。

1

而用户画像是帮助我们了解用户的一个有效工具。

（一）知识准备

知识点一：粉丝画像

粉丝画像是指根据粉丝属性、习惯、偏好、行为等信息抽象描述出来的标签化粉丝模型，是关于粉丝的印象或标签的集合。粉丝画像是由一组真实的数据推断而来，有一定的代表性的印象与标签的集合，当将这些印象和标签组合起来，就能把一个群体具体成一个抽象的"人"的形象。简单地说就是给粉丝打标签，通过这些高度概括的标签，可以更好地认识粉丝、了解粉丝、理解粉丝。

小米的粉丝画像

知识点二：标签与用户画像

标签是对某一类特定群体或对象的某项特征进行抽象分类或者概括。用户画像的本质，就是对用户特征的标签化。用户画像的核心在于给用户打标签，如年龄、性别、地域、用户偏好等，每一个标签通常是人为规定的特征标识，用高度精炼的特征描述一类人。

由此，用户画像可以为企业提供足够的信息，帮助企业快速找到精准的用户群体，并获取用户的准确需求。

用户画像与
精准营销

同时，从真实的用户信息中抽象出典型用户模型后，企业通过收集与分析用户的社会属性、消费行为和生活习惯等主要信息，完整描述产品和服务的目标用户特征，为企业所有与用户有关的决策过程提供有效信息，指导企业的产品服务研发和市场营销活动。

（二）操作准备

步骤一：收集用户信息

用户信息是进行用户画像的基础。用户信息可分为静态信息和动态信息，包括用户行为信息、用户偏好信息、用户交易信息等，企业一般根据需要收集相关信息。用户信息主要来源于以下几个渠道。

（1）企业自己的网站、App 上用户主动填写或留下的信息。

（2）企业社交账号提供的用户画像功能，如微信公众号、微博、小红书等都提供相应的用户画像功能。

（3）通过有目的的调研和访谈获取用户信息。

步骤二：构建用户画像标签体系

构建用户画像的核心工作是给用户打标签，即将用户的每个具体信息抽象成标签，利用这些标签将用户形象具体化，从而为用户提供有针对性的产品和服务。

标签体系

用户画像是虚构的角色，可以帮助了解用户的需求、体验、行为和目标，可以帮助识别出哪些用户对企业感兴趣，进而指导企业的产品组合设计。唐韵温泉应该根据自己的业务目标创建用户画像。

（三）任务要领

静态标签是指在一定的时间范围内具有相对稳定性的信息，它是建立用户画像的基础，是最基本的用户信息，如性别、学历、婚姻、职业、地域等。

用户画像的
维护和完善

动态标签是指在一定的时间范围内动态变化的信息，用户偏好特征和行为特征会随时发生动态变化，如用户的上网行为、产品偏好、购买行为等。

企业只有结合静态标签和动态标签，给用户打上不同的标签，才能建立完整立体的用户画像。

（四）任务流程

子任务一构建粉丝画像操作流程如图 1-1 所示。

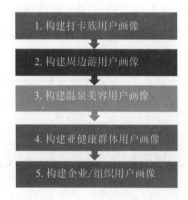

图 1-1 子任务一构建粉丝画像操作流程

二、任务操作

操作要求：结合任务情境及任务准备，根据操作提示逐步完成每个用户群体画像。

本任务操作的最终目标：对唐韵温泉的不同用户群体进行精准画像。

步骤一：构建打卡族用户画像

【创建用户画像标签】

操作提示：根据唐韵温泉对打卡族用户的理解和需求分析，对其所关注的特征进行标签构建。

□ 基本特征标签：

标签 1 _____ 标签 2 _____ 标签 3 _____

标签 4 _____ 标签 5 _____ 标签 6 _____

□ 社会特征标签：

标签 1 _____ 标签 2 _____ 标签 3 _____

标签 4 _____ 标签 5 _____ 标签 6 _____

□ 偏好特征标签：

标签 1 _____ 标签 2 _____ 标签 3 _____

1

标签 4 _____ 标签 5 _____ 标签 6 _____

□ 行为特征标签：

标签 1 _____ 标签 2 _____ 标签 3 _____

标签 4 _____ 标签 5 _____ 标签 6 _____

【用户画像描述】

操作提示：分析打卡族用户画像标签，对其进行用户画像描述。

_____

_____

_____

步骤二：构建周边游用户画像

【创建用户画像标签】

操作提示：根据唐韵温泉对周边游用户的理解和需求分析，对其所关注的特征进行标签构建。

　　□ 基本特征标签：

标签 1 _____ 标签 2 _____ 标签 3 _____

标签 4 _____ 标签 5 _____ 标签 6 _____

　　□ 社会特征标签：

标签 1 _____ 标签 2 _____ 标签 3 _____

标签 4 _____ 标签 5 _____ 标签 6 _____

　　□ 偏好特征标签：

标签 1 _____ 标签 2 _____ 标签 3 _____

标签 4 _____ 标签 5 _____ 标签 6 _____

　　□ 行为特征标签：

标签 1 _____ 标签 2 _____ 标签 3 _____

标签 4 _____ 标签 5 _____ 标签 6 _____

【用户画像描述】

操作提示：分析周边游用户画像标签，对其进行用户画像描述。

_____

_____

_____

步骤三：构建温泉美容用户画像

【创建用户画像标签】

操作提示：根据唐韵温泉对温泉美容用户的理解和需求分析，对其所关注的特征进行标签构建。

　　□ 基本特征标签：

标签 1 _____ 标签 2 _____ 标签 3 _____

标签 4 _____ 标签 5 _____ 标签 6 _____

　　□ 社会特征标签：

标签 1 _____ 标签 2 _____ 标签 3 _____

标签 4 _____ 标签 5 _____ 标签 6 _____

□ 偏好特征标签：

标签 1 _____ 标签 2 _____ 标签 3 _____

标签 4 _____ 标签 5 _____ 标签 6 _____

□ 行为特征标签：

标签 1 _____ 标签 2 _____ 标签 3 _____

标签 4 _____ 标签 5 _____ 标签 6 _____

【用户画像描述】

操作提示：分析温泉美容用户画像标签，对其进行用户画像描述。

_____

_____

_____

步骤四：构建亚健康群体用户画像

【创建用户画像标签】

操作提示：根据唐韵温泉对亚健康群体用户的理解和需求分析，对其所关注的特征进行标签构建。

□ 基本特征标签：

标签 1 _____ 标签 2 _____ 标签 3 _____

标签 4 _____ 标签 5 _____ 标签 6 _____

□ 社会特征标签：

标签 1 _____ 标签 2 _____ 标签 3 _____

标签 4 _____ 标签 5 _____ 标签 6 _____

□ 偏好特征标签：

标签 1 _____ 标签 2 _____ 标签 3 _____

标签 4 _____ 标签 5 _____ 标签 6 _____

□ 行为特征标签：

标签 1 _____ 标签 2 _____ 标签 3 _____

标签 4 _____ 标签 5 _____ 标签 6 _____

【用户画像描述】

操作提示：分析亚健康群体用户画像标签，对其进行用户画像描述。

_____

_____

_____

步骤五：构建企业 / 组织用户画像

【创建用户画像标签】

操作提示：根据唐韵温泉对企业 / 组织用户的理解和需求分析，对其所关注的特征进行标签构建。

□ 基本特征标签：

标签 1 _____ 标签 2 _____ 标签 3 _____

标签 4 _____ 标签 5 _____ 标签 6 _____

□ 社会特征标签：

标签 1 _____ 标签 2 _____ 标签 3 _____

标签 4 _____ 标签 5 _____ 标签 6 _____

□ 偏好特征标签：

标签 1 _____ 标签 2 _____ 标签 3 _____

标签 4 _____ 标签 5 _____ 标签 6 _____

□ 行为特征标签：

标签 1 _____ 标签 2 _____ 标签 3 _____

标签 4 _____ 标签 5 _____ 标签 6 _____

【用户画像描述】

操作提示：分析企业 / 组织用户画像标签，对其进行用户画像描述。

_____

_____

_____

三、任务评价

子任务一构建粉丝画像评价如表 1-2 所示。

表 1-2　子任务一构建粉丝画像评价

序号	项　　目	分值	评分点	自　　评	教　师　评	类型 1. 能力 2. 素养
1	打卡族用户画像标签创建	10	合理			1+2
	打卡族用户画像描述	10	准确			1+2
2	周边游用户画像标签创建	10	合理			1+2
	周边游用户画像描述	10	准确			1+2
3	温泉美容用户画像标签创建	10	合理			1+2
	温泉美容用户画像描述	10	准确			1+2
4	亚健康群体用户画像标签创建	10	合理			1+2
	亚健康群体用户画像描述	10	准确			1+2
5	企业 / 组织用户画像标签创建	10	合理			1+2
	企业 / 组织用户画像描述	10	准确			1+2
得分合计						

■ 子任务二 重构产品组合

一、任务准备

对温泉度假村不同群体进行画像只是第一步，接下来要在此基础上进行产品创新。

（一）知识准备

知识点一：产品组合

产品组合是企业提供给用户的一组产品，它可以是不同系列的多个产品的组合，也可以是同一系列的多个产品的组合，还可以是同一产品的批量（多数量）组合。通过提供产品组合，一方面可以给市场用户提供便利，让某个需求及周边相关需求一次得到满足；另一方面对于高频易耗的产品进行批量销售，不仅降低了产品的单价，为用户节省了成本，满足了用户的需求，也有利于提升企业的产品销售。

小米的产品组合

知识点二：产品层次

产品层次是指从满足用户需求的角度把产品分为核心产品、有形产品和延伸产品几个层次。核心产品层次是满足用户需求的核心内容，即能提供给用户的、用户所追求的最基本的实际效用和利益。它是消费者真正购买或使用该产品的原因。有形产品层次是核心产品的载体、实现形式、具体表现形态，是产品出现在市场上的外貌。有形产品层次包括产品的品质、特色、包装、品牌、结构、式样等，是最直观，也是最能吸引用户的一个层次。延伸产品层次也称附加产品层次，它体现产品的服务性，是指用户通过购买产品能得到的或期望得到的各种附加服务和附加利益。

温泉度假村的
产品层次

知识点三：用户的痛点

用户的痛点有两层含义：①用户在正常的生活当中所碰到的问题、纠结和抱怨，如果这些事情不解决，他就会浑身不舒服，甚至会很痛苦；②企业出于营销需要营造出来的痛点，即让用户感觉不购买该企业的产品和服务就会有种"痛"，感觉不买就会后悔的这种"痛"。

小米对痛点的
做法

知识点四：新产品概念设计

新产品概念设计是指从分析用户需求到形成概念产品的一系列有序的、有组织的、有目标的设计活动，是一个从模糊到清晰、由粗到细、由抽象到具体，不断演进变化的过程。产品概念设计的最终目的是开发新产品，而新产品需要满足用户的需求，这就要求以用户需求为主要设计依据来设计产品。用户需求可分为显性需求和隐性需求：用户的显性需求能够通过市场调查分析直接获知，进而指导产品的概念设计；而用户的隐性需求则需要充分挖掘需求信息，并预测用户的期望。

产品概念设计
小贴士

（二）操作准备

不同的用户群体有不同的需求和消费特点，如年轻人与中老年人在消费观念和购买习惯上存在着巨大的差异，女性用户与男性用户在消费行为与产品需求方面也有差异。因此，企业要想同时满足不同年龄、不同性别、不同消费能力的用户需求，靠同样的产品和服务几乎是做不到的。

确定流量款和
利润款产品

唐韵温泉用户，有不同年龄段的人，有对温泉产品需求上不同诉求的人，有消费能力上不同层次的人。所以，在对度假村的产品组合重构设计之前，一定要先明确了解不同细分群体的产品需求。

（三）任务要领

1. 温泉度假产品的开发路径

传统温泉产品主要包括温泉浴、医疗、康体、餐饮等几个方面。当前，温泉旅游度假区由于其独特的自然属性和度假功能，正处于高速发展的时期，温泉产品的内涵和外延也在不断地扩大和更新，温泉度假产品的开发可以从纵向和横向两个方面努力。

准确定位产品

纵向产品的延伸主要是丰富以温泉为依托的产品类型，打造多样化的温泉疗养和娱乐休闲活动，改变温泉产品的单一性和重复性。

横向产品组合则是利用度假区与度假区的组合方式，整合温泉资源、山地生态、宗教文化、民俗风情、田园风光，突出"温泉、山地、田园"三位一体，天人合一的自然、和谐、生态理念，打造集温泉度假、会议会展、休闲观光、体育娱乐、温泉住宅、乡村度假于一体的生态型情景式休闲度假温泉目的地。

2. 产品组合设计要满足不同群体的差异化需求

随着新生代消费群体的崛起，温泉度假产品的客源市场从过去以保健养生为目的的休闲度假客人为主的局面已经发生了变化。酒店产品应以温泉为载体，以保健、休闲度假、疗休养、网红打卡、会议/年会等为主要方向，有重点、有层次地开发出多样化的产品，不断完善休闲度假设施功能，满足用户不同需求。温泉度假产品还需要研究用户的个性化需求，提供个性化产品，以满足不同用户群体的差异化需求。例如，从化的网红温泉圣托利温泉庄园，拍出来的照片就像是在希腊，还有玻璃船、棉花堡温泉池、粉红色温泉池、波波温泉池，满足了年轻用户群体的打卡需求。从化的圣托利温泉庄园的蓝白地中海风情如图 1-2 所示。

图 1-2　从化的圣托利温泉庄园的蓝白地中海风情

3.产品组合设计可以整合周边资源

　　企业在为市场用户提供产品和服务时，除利用自身拥有的资源外，还可以整合相关资源。唐韵温泉在设计产品组合时，可以自身为核心，整合当地及周围的旅游资源，丰富产品组合，最大限度地满足用户需求。

（四）任务流程

　　子任务二重构产品组合操作流程如图 1-3 所示。

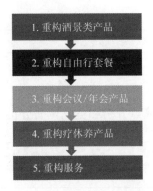

图 1-3　子任务二重构产品组合操作流程

二、任务操作

　　操作要求：结合任务情境及任务准备，根据操作提示逐步完成唐韵温泉产品组合的重构设计。

　　本任务操作的最终目标：重构唐韵温泉的产品组合，使之能够满足不同用户群体的不同需求。

　　步骤一：重构酒景类产品

【用户需求与痛点分析】

操作提示：分析唐韵温泉各类用户群体对酒景类产品的需求和消费特点。

□打卡族用户需求与痛点：

用户需求＿＿＿＿＿＿＿＿＿＿＿＿＿＿＿＿＿＿＿＿＿＿＿＿＿＿＿＿＿＿＿＿＿＿＿

用户痛点＿＿＿＿＿＿＿＿＿＿＿＿＿＿＿＿＿＿＿＿＿＿＿＿＿＿＿＿＿＿＿＿＿＿＿

□周边游用户需求与痛点：

用户需求＿＿＿＿＿＿＿＿＿＿＿＿＿＿＿＿＿＿＿＿＿＿＿＿＿＿＿＿＿＿＿＿＿＿＿

用户痛点＿＿＿＿＿＿＿＿＿＿＿＿＿＿＿＿＿＿＿＿＿＿＿＿＿＿＿＿＿＿＿＿＿＿＿

□温泉美容用户需求与痛点：

用户需求＿＿＿＿＿＿＿＿＿＿＿＿＿＿＿＿＿＿＿＿＿＿＿＿＿＿＿＿＿＿＿＿＿＿＿

用户痛点＿＿＿＿＿＿＿＿＿＿＿＿＿＿＿＿＿＿＿＿＿＿＿＿＿＿＿＿＿＿＿＿＿＿＿

□亚健康群体用户需求与痛点：

用户需求＿＿＿＿＿＿＿＿＿＿＿＿＿＿＿＿＿＿＿＿＿＿＿＿＿＿＿＿＿＿＿＿＿＿＿

用户痛点＿＿＿＿＿＿＿＿＿＿＿＿＿＿＿＿＿＿＿＿＿＿＿＿＿＿＿＿＿＿＿＿＿＿＿

1

【竞品调研分析】

操作提示：对温泉酒景类产品的竞争产品进行以下 3 类产品调研。

□ 省内温泉酒景类产品调研：

温泉产品概况＿＿＿＿＿＿＿＿＿＿＿＿＿＿＿＿＿＿＿＿＿＿＿＿＿

酒店产品概况＿＿＿＿＿＿＿＿＿＿＿＿＿＿＿＿＿＿＿＿＿＿＿＿＿

餐饮产品概况＿＿＿＿＿＿＿＿＿＿＿＿＿＿＿＿＿＿＿＿＿＿＿＿＿

□ 省外温泉酒景类产品调研：

温泉产品概况＿＿＿＿＿＿＿＿＿＿＿＿＿＿＿＿＿＿＿＿＿＿＿＿＿

酒店产品概况＿＿＿＿＿＿＿＿＿＿＿＿＿＿＿＿＿＿＿＿＿＿＿＿＿

餐饮产品概况＿＿＿＿＿＿＿＿＿＿＿＿＿＿＿＿＿＿＿＿＿＿＿＿＿

【酒景类产品重构】

操作提示：根据用户需求与痛点分析和竞品调研分析，对酒景类产品进行重构。

现有产品提升改造＿＿＿＿＿＿＿＿＿＿＿＿＿＿＿＿＿＿＿＿＿＿＿

＿＿＿＿＿＿＿＿＿＿＿＿＿＿＿＿＿＿＿＿＿＿＿＿＿＿＿＿＿＿＿＿

＿＿＿＿＿＿＿＿＿＿＿＿＿＿＿＿＿＿＿＿＿＿＿＿＿＿＿＿＿＿＿＿

新产品开发设计（可以是产品概念设计）＿＿＿＿＿＿＿＿＿＿＿＿＿

＿＿＿＿＿＿＿＿＿＿＿＿＿＿＿＿＿＿＿＿＿＿＿＿＿＿＿＿＿＿＿＿

＿＿＿＿＿＿＿＿＿＿＿＿＿＿＿＿＿＿＿＿＿＿＿＿＿＿＿＿＿＿＿＿

步骤二：重构自由行套餐

【用户需求与痛点分析】

操作提示：唐韵温泉各类用户群体对自由行套餐的需求和消费特点。

□ 打卡族用户需求与痛点：

用户需求＿＿＿＿＿＿＿＿＿＿＿＿＿＿＿＿＿＿＿＿＿＿＿＿＿＿＿＿

用户痛点＿＿＿＿＿＿＿＿＿＿＿＿＿＿＿＿＿＿＿＿＿＿＿＿＿＿＿＿

□ 周边游用户需求与痛点：

用户需求＿＿＿＿＿＿＿＿＿＿＿＿＿＿＿＿＿＿＿＿＿＿＿＿＿＿＿＿

用户痛点＿＿＿＿＿＿＿＿＿＿＿＿＿＿＿＿＿＿＿＿＿＿＿＿＿＿＿＿

□ 温泉美容用户需求与痛点：

用户需求＿＿＿＿＿＿＿＿＿＿＿＿＿＿＿＿＿＿＿＿＿＿＿＿＿＿＿＿

用户痛点＿＿＿＿＿＿＿＿＿＿＿＿＿＿＿＿＿＿＿＿＿＿＿＿＿＿＿＿

□ 亚健康群体用户需求与痛点：

用户需求＿＿＿＿＿＿＿＿＿＿＿＿＿＿＿＿＿＿＿＿＿＿＿＿＿＿＿＿

用户痛点＿＿＿＿＿＿＿＿＿＿＿＿＿＿＿＿＿＿＿＿＿＿＿＿＿＿＿＿

【竞品调研分析】

操作提示：对温泉度假自由行套餐的竞争产品进行产品种类和内容调研。

□ 省内温泉度假自由行套餐调研：

自由行套餐种类＿＿＿＿＿＿＿＿＿＿＿＿＿＿＿＿＿＿＿＿＿＿＿＿＿

自由行套餐内容＿＿＿＿＿＿＿＿＿＿＿＿＿＿＿＿＿＿＿＿＿＿＿＿＿＿＿

□ 省外温泉度假自由行套餐调研：

自由行套餐种类＿＿＿＿＿＿＿＿＿＿＿＿＿＿＿＿＿＿＿＿＿＿＿＿＿＿＿

自由行套餐内容＿＿＿＿＿＿＿＿＿＿＿＿＿＿＿＿＿＿＿＿＿＿＿＿＿＿＿

【自由行套餐重构】

操作提示：根据用户需求与痛点分析和竞品调研分析，对自由行套餐进行重构。

□ 现有产品提升改造＿＿＿＿＿＿＿＿＿＿＿＿＿＿＿＿＿＿＿＿＿＿＿＿＿

＿＿＿＿＿＿＿＿＿＿＿＿＿＿＿＿＿＿＿＿＿＿＿＿＿＿＿＿＿＿＿＿＿＿＿

＿＿＿＿＿＿＿＿＿＿＿＿＿＿＿＿＿＿＿＿＿＿＿＿＿＿＿＿＿＿＿＿＿＿＿

□ 新产品开发设计（可以是产品概念设计）＿＿＿＿＿＿＿＿＿＿＿＿＿＿＿

＿＿＿＿＿＿＿＿＿＿＿＿＿＿＿＿＿＿＿＿＿＿＿＿＿＿＿＿＿＿＿＿＿＿＿

＿＿＿＿＿＿＿＿＿＿＿＿＿＿＿＿＿＿＿＿＿＿＿＿＿＿＿＿＿＿＿＿＿＿＿

步骤三：重构会议 / 年会产品

【用户需求与痛点分析】

操作提示：分析唐韵温泉各类用户群体对会议 / 年会产品的需求和消费特点。

用户需求＿＿＿＿＿＿＿＿＿＿＿＿＿＿＿＿＿＿＿＿＿＿＿＿＿＿＿＿＿＿＿

用户痛点＿＿＿＿＿＿＿＿＿＿＿＿＿＿＿＿＿＿＿＿＿＿＿＿＿＿＿＿＿＿＿

【竞品调研分析】

操作提示：对温泉景区会议 / 年会产品的竞争产品进行产品概况和内容调研。

□ 省内温泉景区会议 / 年会产品调研：

会议 / 年会产品概况＿＿＿＿＿＿＿＿＿＿＿＿＿＿＿＿＿＿＿＿＿＿＿＿＿

会议 / 年会产品内容＿＿＿＿＿＿＿＿＿＿＿＿＿＿＿＿＿＿＿＿＿＿＿＿＿

□ 省外温泉景区会议 / 年会产品调研：

会议 / 年会产品概况＿＿＿＿＿＿＿＿＿＿＿＿＿＿＿＿＿＿＿＿＿＿＿＿＿

会议 / 年会产品内容＿＿＿＿＿＿＿＿＿＿＿＿＿＿＿＿＿＿＿＿＿＿＿＿＿

【会议 / 年会产品重构】

操作提示：根据用户需求与痛点分析和竞品调研分析，对会议 / 年会产品进行重构。

现有产品提升改造＿＿＿＿＿＿＿＿＿＿＿＿＿＿＿＿＿＿＿＿＿＿＿＿＿＿

＿＿＿＿＿＿＿＿＿＿＿＿＿＿＿＿＿＿＿＿＿＿＿＿＿＿＿＿＿＿＿＿＿＿＿

＿＿＿＿＿＿＿＿＿＿＿＿＿＿＿＿＿＿＿＿＿＿＿＿＿＿＿＿＿＿＿＿＿＿＿

新产品开发设计（可以是产品概念设计）＿＿＿＿＿＿＿＿＿＿＿＿＿＿＿＿

＿＿＿＿＿＿＿＿＿＿＿＿＿＿＿＿＿＿＿＿＿＿＿＿＿＿＿＿＿＿＿＿＿＿＿

＿＿＿＿＿＿＿＿＿＿＿＿＿＿＿＿＿＿＿＿＿＿＿＿＿＿＿＿＿＿＿＿＿＿＿

步骤四：重构疗休养产品

【用户需求与痛点分析】

操作提示：分析唐韵温泉各类用户群体对疗休养产品的需求和消费特点。

用户需求＿＿＿＿＿＿＿＿＿＿＿＿＿＿＿＿＿＿＿＿＿＿＿＿＿＿＿＿＿＿＿

用户痛点_____

【竞品调研分析】

操作提示：对温泉疗休养的竞争产品进行产品概况和内容调研。

□ 省内温泉疗休养产品调研：

疗休养产品概况_____

疗休养产品内容_____

□ 省外温泉疗休养产品调研：

疗休养产品概况_____

疗休养产品内容_____

【疗休养产品重构】

操作提示：根据用户需求与痛点分析和竞争对手调研分析，对疗休养产品进行重构。

现有产品提升改造_____

_____

_____

新产品开发设计（可以是产品概念设计）_____

_____

_____

步骤五：重构服务

【用户需求与痛点分析】

操作提示：分析唐韵温泉各类用户群体对服务产品的需求和消费特点。

□ 打卡族用户需求与痛点：

用户需求_____

用户痛点_____

□ 周边游用户需求与痛点：

用户需求_____

用户痛点_____

□ 温泉美容用户需求与痛点：

用户需求_____

用户痛点_____

□ 亚健康群体用户需求与痛点：

用户需求_____

用户痛点_____

【竞品调研分析】

操作提示：对温泉度假服务的竞争产品进行产品概况和内容调研。

□ 省内温泉度假服务产品调研：

服务产品概况_____

服务产品内容_____

□ 省外温泉度假服务产品调研：

服务产品概况_____

服务产品内容_____

【服务产品重构】

操作提示：根据用户需求与痛点分析和竞品调研分析，对服务产品进行重构。

现有产品提升改造_____

_____

_____

新产品开发设计（可以是产品概念设计）_____

_____

_____

三、任务评价

子任务二重构产品组合评价如表 1-3 所示。

表 1-3　子任务二重构产品组合评价

序号	项　　目		分值	评分点	自　评	教 师 评	类型 1.能力 2.素养
1	重构酒景类产品	需求与痛点分析	5	准确			1+2
		竞品调研分析	5	有参照价值			1+2
		产品重构	10	合理、创新			1+2
2	重构自由行套餐	需求与痛点分析	5	准确			1+2
		竞品调研分析	5	有参照价值			1+2
		产品重构	10	合理、创新			1+2
3	重构会议/年会产品	需求与痛点分析	5	准确			1+2
		竞品调研分析	5	有参照价值			1+2
		产品重构	10	合理、创新			1+2
4	重构疗休养产品	需求与痛点分析	5	准确			1+2
		竞品调研分析	5	有参照价值			1+2
		产品重构	10	合理、创新			1+2
5	重构服务	需求与痛点分析	5	准确			1+2
		竞品调研分析	5	有参照价值			1+2
		产品重构	10	合理、创新			1+2
得分合计							

1

■ 子任务三 撰写产品组合设计报告

一、任务准备

（一）知识准备

知识点一：设计报告撰写规范

产品组合设计报告是根据企业的自身状况、市场需求及竞争环境变化，对企业的产品选择、优化、升级、新产品开发、产品组合等进行整体规划后所形成的书面报告。

市场定位

一份完整的产品组合设计报告一般应该包括企业产品组合目前存在的问题分析、产品组合设计的目标、市场分析、SWOT 分析、产品组合规划、成本利润估算等。

市场分析是对产品所在的市场进行宏观、微观、竞争状况、市场规模等的分析。市场分析一般包括行业背景分析、市场现状分析、用户分析等。

知识点二：SWOT 分析

SWOT 分析包括 S（strengths）优势、W（weaknesses）劣势、O（opportunities）机会、T（threats）威胁。优势是指一个企业超越竞争对手的能力，或是企业所特有的能提高竞争力的优势，如产品质量、成本优势；劣势是指一个企业与其竞争对手相比，做得不好或没有做到的地方，从而使自己与竞争对手相比处于劣势，如品牌老化、竞争力不足；机会是企业的外部因素，如出现新的市场、新的需求，或竞争对手出现失误等；威胁是指来自企业外部的不利因素，如出现新的竞争对手、替代产品增多、客户偏好改变等。

SWOT 分析法

（二）操作准备

步骤一：准备资料和素材

在撰写产品组合设计报告之前，要准备好报告所需的资料和素材。对企业自身系统的了解和把握是设计报告的基础，所以有必要重新明确唐韵温泉的定位，产品和服务体系，面临的问题，解决问题的方向，可利用的资源等。此外，还需要收集准备产品所在市场的相关信息、竞争状况、用户信息等。

步骤二：拟定报告提纲

虽然产品设计报告的结构大体相同，但是具体到不同企业也会有差异。唐韵温泉的产品组合设计报告是对原有产品的重构，报告可以主要围绕现有产品组合存在的问题、产品组合设计的目标、市场分析（包括温泉产品整体市场状况、竞争及竞品分析、用户分析等）、产品组合设计（包括原有产品优化提升、新产品的开发设计、产品组合的设计）及财物分析（成本利润估算）等几个主要方面撰写。

（三）任务要领

收集市场信息需遵循以下原则。

准确性原则：信息的准确性是指信息的事实性，要求收集到的信息真实可靠，这是对信息收集工作的最基本要求。不符合事实的信息不具有价值，甚至可能会给决策带来负面的价值。为达到这样的要求，信息收集者就必须对收集到的信息进行核实，力求把误差降到最低限度。

市场分析的要求

全面性原则：要求所收集的信息要广泛、全面、完整。只有广泛、全面地收集信息，才能完整地反映管理活动和决策对象发展的全貌，为决策的科学性提供保障。

信息的及时性：及时获得信息对于企业的正确决策有着非常重要的作用。信息都具有一定的时效性，过了时效就不再具有价值或价值大幅下降。

（四）任务流程

子任务三撰写产品组合设计报告操作流程如图 1-4 所示。

图 1-4　子任务三撰写产品组合设计报告操作流程

二、任务操作

操作要求：结合任务情境及任务准备，根据操作提示逐步完成产品组合设计报告的撰写。本任务操作的最终目标：完成唐韵温泉产品组合设计报告。

步骤一：问题与目标描述

【唐韵温泉现有产品组合问题描述】

操作提示：根据用户群体对唐韵温泉产品的需求和消费特点，分析现有产品组合的问题。

_____

_____

_____

【唐韵温泉产品组合重构目标】

操作提示：针对唐韵温泉现有产品组合的问题，对产品组合进行目标重构。

_____

_____

_____

步骤二：市场分析

【温泉度假产品需求分析】

操作提示：根据各类用户群体的差异化需求对温泉度假产品进行需求分析。

_____

_____

_____

【温泉度假产品地域分布】

操作提示：对温泉度假产品所在地域进行分析。

_____

_____

_____

【温泉度假产品竞争分析】

操作提示：对温泉度假产品的竞争对手进行具体分析。

□ 总体竞争格局：

_____

_____

_____

□ 竞品及市场定位分析：

竞品一企业名称_____

市场定位_____

_____

特色分析_____

_____

竞品二企业名称_____

市场定位_____

_____

特色分析_____

_____

竞品三企业名称_____

市场定位_____

_____

特色分析_____

_____

_____

【温泉度假产品的用户画像】

结合子任务一把用户数据画成相应的图表，进行图文分析。

□基本特征：

□社会特征：

□偏好特征：

□行为特征：

步骤三：SWOT 分析

操作提示：根据以上问题描述与市场分析，对唐韵温泉度假村进行 SWOT 分析。

优势（S）	1. ＿＿＿＿＿＿＿＿＿＿ 2. ＿＿＿＿＿＿＿＿＿＿ 3. ＿＿＿＿＿＿＿＿＿＿ 4. ＿＿＿＿＿＿＿＿＿＿ 5. ＿＿＿＿＿＿＿＿＿＿	1. ＿＿＿＿＿＿＿＿＿＿ 2. ＿＿＿＿＿＿＿＿＿＿ 3. ＿＿＿＿＿＿＿＿＿＿ 4. ＿＿＿＿＿＿＿＿＿＿ 5. ＿＿＿＿＿＿＿＿＿＿	机会（O）
劣势（W）	1. ＿＿＿＿＿＿＿＿＿＿ 2. ＿＿＿＿＿＿＿＿＿＿ 3. ＿＿＿＿＿＿＿＿＿＿ 4. ＿＿＿＿＿＿＿＿＿＿ 5. ＿＿＿＿＿＿＿＿＿＿	1. ＿＿＿＿＿＿＿＿＿＿ 2. ＿＿＿＿＿＿＿＿＿＿ 3. ＿＿＿＿＿＿＿＿＿＿ 4. ＿＿＿＿＿＿＿＿＿＿ 5. ＿＿＿＿＿＿＿＿＿＿	威胁（T）

步骤四：产品组合重构

【产品组合重构的总体思想】

操作提示：根据以上 3 个步骤，对唐韵温泉度假村产品组合进行重构。

_____

_____

_____

【现有产品优化改进】

操作提示：根据以上 3 个步骤，对唐韵温泉度假村现有产品进行优化改进。

_____

_____

_____

1

【新产品开发】

操作提示：根据以上 3 个步骤，为唐韵温泉度假村开发设计新产品。

_____

_____

_____

步骤五：财务分析

【产品组合重构带来的成本分析】

操作提示：对步骤四中重构的产品组合进行成本估算。

_____

_____

_____

【产品组合重构后利润展望】

操作提示：分析重构后的产品组合产生的利润值。

_____

_____

_____

【产品组合重构后对企业市场地位及竞争力提升分析】

操作提示：根据市场分析和 SWOT 分析，分析产品组合重构对唐韵温泉度假村市场地位及竞争力的影响。

_____

_____

_____

三、任务评价

子任务三撰写产品组合设计报告评价如表 1-4 所示。

表 1-4　子任务三撰写产品组合设计报告评价

序号	项　　目	分值	评分点	自　　评	教　师　评	类型 1.能力 2.素养
1	问题描述	10	准确			1+2
	重构目标	10	合理			1+2
2	需求分析	5	准确客观			1+2
	地域分布	5	准确客观			1+2
	竞争分析	5	准确客观			1+2
	用户画像	5	准确			1+2

续表

序号	项　目	分值	评分点	自　评	教师评	类型 1. 能力 2. 素养
3	优势分析	5	准确客观			1+2
	劣势分析	5	准确客观			1+2
	机会分析	5	准确客观			1+2
	威胁分析	5	准确客观			1+2
4	总体思想	5	合理创新可实现			1+2
	优化改进	10	合理创新可实现			1+2
	新品开发	10	合理创新可实现			1+2
5	成本分析	5	合理			1+2
	利润展望	5	合理客观			1+2
	竞争力提升分析	5	合理客观			1+2
得分合计						

【任务拓展】韩都衣舍"小组制"产品开发模式

任务二　挖掘产品卖点与分析差异化

任务情境

　　随着经济和社会环境的发展变化,企业面对的消费群体和消费需求也时刻发生着变化,由此促使企业动态地更新产品和服务,调整产品卖点,实现差异化营销,否则将不能满足新的消费群体和消费需求,更无法应对日益激烈的市场竞争。

　　唐韵温泉所在的温泉度假领域,随着"80后""90后"甚至"00后"消费群体的崛起,过去的产品理念和卖点已无法吸引这些新的消费群体,因此,重新挖掘产品卖点,找到能够引起粉丝共鸣的核心卖点在社交电商时代已经成为企业竞争制胜的一个关键。

　　1. 分析唐韵温泉现有卖点

　　(1)露天温泉卖点。温泉作为温泉度假村其他产品和服务的基本载体,作为重要卖点进行传播是再自然不过。

　　以露天温泉为主导产品的唐韵温泉也不例外,其主导产品唐韵露天温

唐韵温泉卖点

1

泉以"诗画江南"为文化底蕴，富含露天温泉项目近 20 余种，西湖池"婀娜多姿"；钱塘江池"潮起潮落"；米酒池"暗香浮动"；名花池"浪漫怡人"；女贞子池"青春焕发"；此外还有芦荟池、瓜果池、牛奶池、咖啡池等。另有日式私家露天温泉贵宾房和中式室内温泉贵宾房。由此看出，唐韵温泉把各色温泉池作为露天温泉的最大卖点。

（2）历史文化卖点。历史文化卖点主要表现在两个方面：①唐韵温泉自身从发现到当前状况的前后历史变迁；②唐韵温泉、唐韵主题酒店和大唐街市等。

（3）宴会/年会服务卖点。唐韵温泉宴会/年会服务卖点主要强调规模和齐全的服务。例如，唐韵的官网上介绍"浙江唐韵温泉度假的餐厅同时可容纳 800 多人用餐，其中有 17 间包厢，2 个宴会厅，能够举办各种类型的宴会。此外，还拥有能够满足不同规模的会议/年会场所，并能够提供一站式会务服务"。

（4）康复医院卖点。2019 年 11 月，唐韵温泉度假村有限公司全额投资建成的武义唐韵医院就建在温泉景区内，是一所以温泉水疗为特色，集康复理疗、医疗保健、健康管理、教学培训于一体的康复专科医院，能为各类康复人群提供专业的康复治疗和康复指导，为各类老年群体提供健康、快乐的医养服务，为各类旅居者提供特色的中医药康养服务。

（5）高性价比卖点。唐韵温泉高性价比的卖点在不同产品、不同阶段促销活动中均有体现，例如，乐养套餐、精品游套餐、度假村月卡、疗休养大优惠、周末同价套餐、双12 年终盛典促销等，都以高性价比作为主要卖点。

2. 唐韵温泉卖点存在的问题

（1）对用户需求痛点反应不够。卖点是用来解决需求的，如果卖点不能满足交易对象需求问题，不能解决消费痛点，那就不是好的卖点。对于用户的需求，应该从广义上去理解，可以是物质方面的需求，也可以是精神方面的需求；可以是有形的需求，也可以是无形的需求。

当前，"80 后""90 后"消费群体已经成为市场的中坚力量。尤其是以"90 后"为代表的新消费群体，对消费需求有更多的个性化追求，他们喜欢能代表自己与众不同的东西，他们喜欢不被定义，喜欢追求酷，希望购买那些能为自己代言的产品。

唐韵温泉对不同用户群体，尤其是年轻一代用户群体，在温泉度假产品需求方面缺乏深刻认识。

（2）对竞品卖点反应不够。露天温泉、宴会或会务、性价比这些卖点，每一家度假型酒店都这么宣传，卖点没有差异化。

如果在满足目标受众需求与竞品对比中体现不出优势，那么企业的卖点就不能称为卖点。所以，企业挖掘卖点一定要做竞品卖点调研，了解用户还有哪些需求没有得到满足，用户可能需要什么，找到差异化卖点。

（3）核心卖点不明确。核心卖点是指可以瞬间让顾客记住，从而体现出这个品牌或产品区别于其他品牌或产品的竞争力的卖点。对唐韵温泉官网、在线旅游电商平台、微信小程序、抖音等社交媒体上发布的信息进行综合分析，找不到唐韵温泉的核心卖点。

（4）没有特色鲜明的广告标语。唐韵温泉对外传播的信息更多的是对产品属性、特点、功能的介绍，没有对品牌和产品做更高层次的卖点设计，没有能够给人留下印象深刻的品牌标语和产品广告语。

3.破局之法

（1）挖掘产品卖点。FAB法是卖点挖掘的一种有效方法，唐韵温泉要对Feature、Advantage、Benefit三要素进行全面分析，找到产品的卖点。

（2）收集竞品卖点。知己知彼，方能百战百胜。唐韵温泉在明确目标群体需求的基础上，首先要做的是对竞品卖点收集与分析，了解竞品的卖点策略，为自己的差异化营销做准备。

（3）设计广告标语。在对目标群体、竞争对手和企业自身进行充分了解和精准洞察基础上，找到最合适的卖点，设计唐韵温泉富有自己特色的广告标语。

■ 子任务一　挖掘产品卖点

一、任务准备

当提到某个企业的某一款产品时，用户会想到什么；在用户面临众多的可供选择的产品时，他们是如何做出选择的？类似的问题往往都与产品的卖点相关。企业的产品要想赢得用户，获得粉丝的追捧，离不开卖点的挖掘与提炼。

（一）知识准备

知识点一：卖点及核心卖点

互联网行业有句话："挖不出产品的卖点，打不到买家的痛点，就卖不出去你的产品。"那么到底什么是卖点呢？

产品的卖点也是产品的竞争点，是与其他同类商品相比所具有的独特优势和特点。卖点的来源主要有两个方面：①产品的设计人员根据消费者的需求设计出来的优势和特点；②通过营销策划人员的想象力、创造力赋予产品的优势和特点。卖点不论从何而来，只要能在营销的战略战术中化为消费者能够接受、认同的利益和效用，就能达到产品畅销、建立品牌的目的。

卖点挖掘三原则

卖点有多种角度，可以是材质，也可以是外观；可以是工艺，也可以是这个品牌虚拟的某个特质；但是核心卖点只有一个，就是能够体现这个产品最核心竞争力的一个点。它也被称为"杀手级"的卖点，这个卖点可以瞬间让客户记住，从而体现出本产品区别于其他产品的竞争力。这个极其明显的竞争力就被称为核心卖点。

知识点二：FAB法则

FAB对应的是Feature、Advantage和Benefit 3个英文单词。Feature是指产品的特征和属性（包括看得见的和看不见的）。Advantage是指产品的作用或优势，是Feature的延伸。Benefit是指利益或价值，是因为产品的前两个要素，能够给消费者带来的利益或价值（解决问题，满足需求）。从概念可知，FAB事实上关注的是客户的买点。

FAB法则

（二）操作准备

步骤一：了解用户需求

挖掘产品的卖点，企业首先要知道用户的需求是什么，用户有哪些痛点没解决，用户会在什么点上感到惊喜和兴奋。例如一款同样的护肤品套装，一个企业不考虑用户喜欢什么风格，或者是否有送礼需求，直接用一个普通的盒子包装，另一个企业则通过小红书、抖音等平台了解到用户的审美偏好与需求，并且让设计师设计出一款仪式感满满的精致礼盒，可想而知，最后的结果是怎样的。

了解用户
需求的途径

步骤二：分析产品自身的属性

产品卖点的挖掘，最基础的是从产品自身属性及特色出发。例如，产品的内在方面包括产品的材质、质量、工艺、安全性能、参数、内在结构等；外在方面包括产品的款式、风格、颜色、价格等。此外，产品属性还包括企业的服务、承诺、荣誉、理念、情怀等。

（三）任务要领

想要发挥 FAB 法则真正效用的唯一前提，就是找到消费者的真正需求点，即消费痛点。只有真正清楚消费者的痛点在哪，才能从产品属性引申到作用（产品优势），进而表述产品所能为消费者带来的利益。如果从一开始，消费者的痛点就没抓准，则是达不到预期效果的。例如，顾客想买的是一件"保暖舒适"的羽绒服，若一味地就"款式版型"这一卖点大书特书，怎么也转不到"保暖舒适"的正题上，这种情况下，再怎么运用 FAB 法则，也照样打动不了顾客。

FAB 法则使用要点

（四）任务流程

子任务一挖掘产品卖点操作流程如图 1-5 所示。

图 1-5　子任务一挖掘产品卖点操作流程

二、任务操作

操作要求：结合任务情境及任务准备，根据操作提示逐步完成 FAB 法卖点挖掘。

本任务操作的最终目标：使用 FAB 法挖掘唐韵温泉不同产品的卖点。

步骤一：F、A、B 卖点分析

本步骤可参照上文操作准备内容。

唐韵温泉 F、A、B 卖点分析如表 1-5 所示。

表 1-5　唐韵温泉 F、A、B 卖点分析

露天温泉	F（属性）	A（作用）	B（利益）
1			
2			
3			
4			
5			
主题酒店	F（属性）	A（作用）	B（利益）
1			
2			
3			
4			
5			
会议 / 年会	F（属性）	A（作用）	B（利益）
1			
2			
3			
4			
5			
自由行套餐	F（属性）	A（作用）	B（利益）
1			
2			
3			
4			
5			
疗休养产品	F（属性）	A（作用）	B（利益）
1			
2			
3			
4			
5			
服务产品	F（属性）	A（作用）	B（利益）
1			
2			
3			
4			
5			

步骤二：FAB 法卖点描述

卖点描述可以参考知识点二 FAB 法则。卖点描述应该根据产品的实际情况，有几个卖点就做几个卖点的描述，可以少于 5 个，也可以多于 5 个。

【露天温泉 FAB 卖点描述】

操作提示：根据步骤一 F、A、B 卖点分析进行描述。

卖点 1 _____

卖点 2 _____

卖点 3 _____

卖点 4 _____

卖点 5 _____

【主题酒店 FAB 卖点描述】

卖点 1 _____

卖点 2 _____

卖点 3 _____

卖点 4 _____

卖点 5 _____

【自由行套餐 FAB 卖点描述】

卖点 1 _____

卖点 2 _____

卖点 3 _____

卖点 4 _____

卖点 5 _____

【疗休养产品 FAB 卖点描述】

卖点 1 _____

卖点 2 _____

卖点 3 _____

卖点 4 _____

卖点 5 _____

【服务产品 FAB 卖点描述】

卖点 1 _____

卖点 2 _____

卖点 3 _____

卖点 4 _____

卖点 5 _____

三、任务评价

子任务一挖掘产品卖点评价如表 1-6 所示。

表 1-6　子任务一挖掘产品卖点评价

序号	项　目	分值	评 分 点	自　评	教 师 评	类型 1. 能力 2. 素养
1	F 分析	20	熟悉产品 客观准确 列举全面			1
2	A 分析	20	对应产品属性 合理描述产品优势或作用			1
3	B 分析	20	了解用户的需求 需求点描述准确			1
4	FAB 卖点描述	40	符合 FAB 卖点逻辑 是否形成差异化卖点 语言简洁生动			1+2
		得分合计				

■ 子任务二　收集竞品卖点

一、任务准备

要很好地挖掘产品的卖点，实现差异化营销，其中重要的一环就是先要了解自己的竞争对手，弄清楚自己的产品有哪些竞品，了解竞品的卖点，正所谓"知己知彼，才能百战百胜"。

（一）知识准备

知识点：竞品卖点收集的意义

商场如战场，竞品分析是对现有的或潜在的竞争产品进行比较分析，就像是战前侦查，通过分析找到市场空隙，就是敌人最薄弱的地方。然后用自己最优势的兵力进行攻击，这就是分析的目的。

竞品

如果产品没有竞争对手，卖点提炼只需考虑产品自身功能点和消费者痛点两个因素，找到两者的交集，就形成了产品所要主打的核心卖点。而在激烈的市场竞争中，除考虑产品自身和消费者两方面的因素外，竞争对手也是必须重点研究和分析的对象，其核心目的在于建立自身产品与竞争对手产品的卖点差异化。对卖点进行差异化分析，打造新颖卖点，形成鲜明的诉求区隔，使产品脱颖而出，给足消费者购买理由。

（二）操作准备

步骤一：确定竞品

竞品卖点收集的前提是选对竞品，然后才是收集分析。如果竞品没选对，最后就会得出错误的结论，进而做出错误的营销决策。既然是竞品，就意味着不同竞品之间有着同样的用户群，或满足的是同样的需求。竞品主要分为两种：解决同种需求的同类产品和解决同种需求的不同产品，即直接竞品和替代竞品或潜在的竞争对手。对唐韵温泉而言，其他的温泉度假酒店会构成直接竞争，而其他类型的度假酒店则会构成间接竞争。

竞品衡量指标

步骤二：竞品卖点信息收集

1.查看竞品官网

很多企业都有自己的官方网站，网站上会介绍企业与产品的基本信息，可以从中收集卖点信息。

竞品卖点
信息收集

2.竞品的关键词

分析竞争对手产品的关键词，如竞争对手产品的淘宝关键词、百度竞价的关键词等。

3.查阅产品的详情页

查看竞品的产品详情页，可以从竞品的产品属性、海报、图片、细节展示等找产品的卖点。

4.竞品推广文案查阅

竞品的推广文案是企业获取竞品卖点信息的一个重要渠道。社交电商时代，竞品的推广信息可能会发布在一些主流的互联网社交平台上，如微博、微信公众号、抖音、小红书、知乎等，可以输入关键字，筛选相关信息。通过对竞品推广文案的分析，了解竞品的最新卖点。

5.查阅用户的评论

了解用户对竞品卖点的反应有很多方法，其中最简单有效的方法就是查看用户评价（图1-6）。用户对商家的正反面评价都反映了需求的满足状况，以及对商家产品卖点的反馈。

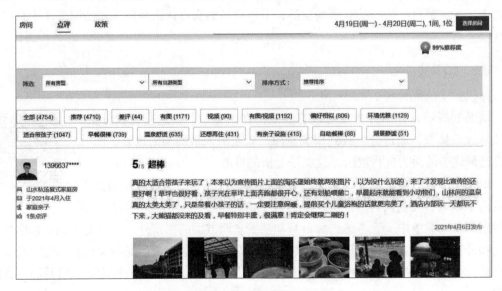

图 1-6　用户对商家的点评

（三）任务要领

1. 抓住重点

市场上可能存在大大小小、数量众多的竞争企业和竞争产品，不能眉毛胡子一把抓，试图收集所有相关的信息，要注意抓重点，收集那些最具代表性的企业、最具代表性的竞品卖点即可。

2. 关注竞品的产品设计思路

卖点的背后是企业对应的产品设计思路。当企业收集到某个竞品的独特功能时，要了解竞品为何要设计该功能，该功能的目的是什么，是为了吸引新用户还是促进老用户消费。

3. 关注竞品卖点的市场表现

收集竞品的卖点本身不是目的，研究竞品卖点的市场表现，为企业挖掘差异化卖点提供参考，实现差异化营销才是最终目的。而要研究竞品卖点的市场表现，不仅需要查阅相关市场数据，更应该了解竞品用户对竞品卖点的反应。

卖点的表现形式

4. 持续跟踪竞品的卖点

因为竞争对手及产品卖点都会随时间的推移而动态变化，所以竞品卖点分析不是一次性工作，企业需要持续跟踪竞争对手及卖点的变化。

（四）任务流程

子任务二收集竞品卖点操作流程如图 1-7 所示。

图 1-7　子任务二收集竞品卖点操作流程

二、任务操作

操作要求：结合任务情境及任务准备，根据操作提示完成分析定义竞品、竞品卖点收集、竞品卖点分析。

本任务操作的最终目标：通过对竞品卖点信息的收集与分析，为企业差异化营销提供参考与支持。

步骤一：分析定义竞品

竞品的选择应该考虑地域因素，例如省内及周边的企业对竞争更加直接。

【直接竞品】

操作提示：根据直接竞品定义，分析唐韵温泉度假村直接竞品。

□ 竞品 1：

企业名称＿＿＿＿＿＿＿＿＿ 企业地域＿＿＿＿＿＿＿＿ 产品（服务）名称＿＿＿＿＿＿＿

产品功能＿＿＿＿＿＿＿＿＿ 产品地位＿＿＿＿＿＿＿＿＿＿＿＿＿＿＿＿＿＿＿＿＿＿＿＿

用户群体＿＿＿＿＿＿＿＿＿＿＿＿＿＿＿＿＿＿＿＿＿＿＿＿＿＿＿＿＿＿＿＿＿＿＿＿

□ 竞品 2：

企业名称＿＿＿＿＿＿＿＿＿ 企业地域＿＿＿＿＿＿＿＿ 产品（服务）名称＿＿＿＿＿＿＿

产品功能＿＿＿＿＿＿＿＿＿ 产品地位＿＿＿＿＿＿＿＿＿＿＿＿＿＿＿＿＿＿＿＿＿＿＿＿

用户群体＿＿＿＿＿＿＿＿＿＿＿＿＿＿＿＿＿＿＿＿＿＿＿＿＿＿＿＿＿＿＿＿＿＿＿＿

□ 竞品 3：

企业名称＿＿＿＿＿＿＿＿＿ 企业地域＿＿＿＿＿＿＿＿ 产品（服务）名称＿＿＿＿＿＿＿

产品功能＿＿＿＿＿＿＿＿＿ 产品地位＿＿＿＿＿＿＿＿＿＿＿＿＿＿＿＿＿＿＿＿＿＿＿＿

用户群体＿＿＿＿＿＿＿＿＿＿＿＿＿＿＿＿＿＿＿＿＿＿＿＿＿＿＿＿＿＿＿＿＿＿＿＿

□ 竞品 4：

企业名称＿＿＿＿＿＿＿＿＿ 企业地域＿＿＿＿＿＿＿＿ 产品（服务）名称＿＿＿＿＿＿＿

产品功能＿＿＿＿＿＿＿＿＿ 产品地位＿＿＿＿＿＿＿＿＿＿＿＿＿＿＿＿＿＿＿＿＿＿＿＿

用户群体＿＿＿＿＿＿＿＿＿＿＿＿＿＿＿＿＿＿＿＿＿＿＿＿＿＿＿＿＿＿＿＿＿＿＿＿

□ 竞品 5：

企业名称＿＿＿＿＿＿＿＿＿ 企业地域＿＿＿＿＿＿＿＿ 产品（服务）名称＿＿＿＿＿＿＿

产品功能＿＿＿＿＿＿＿＿＿ 产品地位＿＿＿＿＿＿＿＿＿＿＿＿＿＿＿＿＿＿＿＿＿＿＿＿

用户群体＿＿＿＿＿＿＿＿＿＿＿＿＿＿＿＿＿＿＿＿＿＿＿＿＿＿＿＿＿＿＿＿＿＿＿＿

【间接竞品】

操作提示：根据间接竞品定义，分析唐韵温泉度假村间接竞品。

□ 竞品 1：

企业名称＿＿＿＿＿＿＿＿＿ 企业地域＿＿＿＿＿＿＿＿ 产品（服务）名称＿＿＿＿＿＿＿

产品功能＿＿＿＿＿＿＿＿＿ 产品地位＿＿＿＿＿＿＿＿＿＿＿＿＿＿＿＿＿＿＿＿＿＿＿＿

用户群体＿＿＿＿＿＿＿＿＿＿＿＿＿＿＿＿＿＿＿＿＿＿＿＿＿＿＿＿＿＿＿＿＿＿＿＿

□ 竞品 2：

企业名称＿＿＿＿＿＿＿＿＿ 企业地域＿＿＿＿＿＿＿＿ 产品（服务）名称＿＿＿＿＿＿＿

产品功能＿＿＿＿＿＿＿＿＿ 产品地位＿＿＿＿＿＿＿＿＿＿＿＿＿＿＿＿＿＿＿＿＿＿＿＿

用户群体＿＿＿＿＿＿＿＿＿＿＿＿＿＿＿＿＿＿＿＿＿＿＿＿＿＿＿＿＿＿＿＿＿＿＿＿

□ 竞品 3：

企业名称＿＿＿＿＿＿＿＿＿ 企业地域＿＿＿＿＿＿＿＿ 产品（服务）名称＿＿＿＿＿＿＿

产品功能＿＿＿＿＿＿＿＿＿ 产品地位＿＿＿＿＿＿＿＿＿＿＿＿＿＿＿＿＿＿＿＿＿＿＿＿

用户群体＿＿＿＿＿＿＿＿＿＿＿＿＿＿＿＿＿＿＿＿＿＿＿＿＿＿＿＿＿＿＿＿＿＿＿＿

步骤二：收集竞品卖点

竞品卖点根据实际收集，可以少于 4 个，也可以多于 4 个。

【直接竞品】

□ 竞品 1：

卖点 1 _____　　卖点 2 _____

卖点 3 _____　　卖点 4 _____

□ 竞品 2：

卖点 1 _____　　卖点 2 _____

卖点 3 _____　　卖点 4 _____

□ 竞品 3：

卖点 1 _____　　卖点 2 _____

卖点 3 _____　　卖点 4 _____

□ 竞品 4：

卖点 1 _____　　卖点 2 _____

卖点 3 _____　　卖点 4 _____

□ 竞品 5：

卖点 1 _____　　卖点 2 _____

卖点 3 _____　　卖点 4 _____

【间接竞品】

□ 竞品 1：

卖点 1 _____　　卖点 2 _____

卖点 3 _____　　卖点 4 _____

□ 竞品 2：

卖点 1 _____　　卖点 2 _____

卖点 3 _____　　卖点 4 _____

□ 竞品 3：

卖点 1 _____　　卖点 2 _____

卖点 3 _____　　卖点 4 _____

步骤三：分析竞品卖点

操作提示：分析卖点是属于功能卖点、价格卖点，还是情怀卖点。

【直接竞品】

□ 竞品 1：

卖点 1 卖点类型 _____ 是否其独有 _____

满足用户需求（解决痛点）_____

市场反响 _____

卖点 2 卖点类型 _____ 是否其独有 _____

满足用户需求（解决痛点）_____

市场反响 _____

卖点 3 卖点类型 _____ 是否其独有 _____

满足用户需求（解决痛点）_____

市场反响 _____

卖点 4 卖点类型 _____ 是否其独有 _____

满足用户需求（解决痛点）_____

市场反响_____

□ 竞品 2：

卖点 1 卖点类型_____是否其独有_____

满足用户需求（解决痛点）_____

市场反响_____

卖点 2 卖点类型_____是否其独有_____

满足用户需求（解决痛点）_____

市场反响_____

卖点 3 卖点类型_____是否其独有_____

满足用户需求（解决痛点）_____

市场反响_____

卖点 4 卖点类型_____是否其独有_____

满足用户需求（解决痛点）_____

市场反响_____

□ 竞品 3：

卖点 1 卖点类型_____是否其独有_____

满足用户需求（解决痛点）_____

市场反响_____

卖点 2 卖点类型_____是否其独有_____

满足用户需求（解决痛点）_____

市场反响_____

卖点 3 卖点类型_____是否其独有_____

满足用户需求（解决痛点）_____

市场反响_____

卖点 4 卖点类型_____是否其独有_____

满足用户需求（解决痛点）_____

市场反响_____

□ 竞品 4：

卖点 1 卖点类型_____是否其独有_____

满足用户需求（解决痛点）_____

市场反响_____

卖点 2 卖点类型_____是否其独有_____

满足用户需求（解决痛点）_____

市场反响_____

卖点 3 卖点类型_____是否其独有_____

满足用户需求（解决痛点）_____

市场反响_____

卖点 4 卖点类型_____是否其独有_____

满足用户需求（解决痛点）_____

市场反响_____

□ 竞品 5：

卖点 1 卖点类型_____是否其独有_____

满足用户需求（解决痛点）_____

市场反响_____

卖点 2 卖点类型_____是否其独有_____

满足用户需求（解决痛点）_____

市场反响_____

卖点 3 卖点类型_____是否其独有_____

满足用户需求（解决痛点）_____

市场反响_____

卖点 4 卖点类型_____是否其独有_____

满足用户需求（解决痛点）_____

市场反响_____

【间接竞品】

□ 竞品 1：

卖点 1 卖点类型_____是否其独有_____

满足用户需求（解决痛点）_____

市场反响_____

卖点 2 卖点类型_____是否其独有_____

满足用户需求（解决痛点）_____

市场反响_____

卖点 3 卖点类型_____是否其独有_____

满足用户需求（解决痛点）_____

市场反响_____

卖点 4 卖点类型_____是否其独有_____

满足用户需求（解决痛点）_____

市场反响_____

□ 竞品 2：

卖点 1 卖点类型_____是否其独有_____

满足用户需求（解决痛点）_____

市场反响_____

卖点 2 卖点类型_____是否其独有_____

满足用户需求（解决痛点）_____

市场反响_____

卖点 3 卖点类型_____是否其独有_____

满足用户需求（解决痛点）_____

市场反响_____

卖点 4 卖点类型_____　　是否其独有_____

满足用户需求（解决痛点）_____

市场反响_____

□ 竞品 3：

卖点 1 卖点类型_____　　是否其独有_____

满足用户需求（解决痛点）_____

市场反响_____

卖点 2 卖点类型_____　　是否其独有_____

满足用户需求（解决痛点）_____

市场反响_____

卖点 3 卖点类型_____　　是否其独有_____

满足用户需求（解决痛点）_____

市场反响_____

卖点 4 卖点类型_____　　是否其独有_____

满足用户需求（解决痛点）_____

市场反响_____

三、任务评价

子任务二收集竞品卖点评价如表 1-7 所示。

表 1-7　子任务二收集竞品卖点评价

序号	项　　目	分值	评　分　点	自　评	教　师　评	类型 1.能力 2.素养
1	直接竞品选择	10	对行业有全局的了解 掌握竞品选择依据 直接竞品选择合理			1
2	间接竞品选择	10	对间接竞争市场的了解 掌握竞品选择依据 间接竞品选择合理			1
3	直接竞品卖点收集	25	对卖点收集方式的掌握 卖点提炼准确合理			1
4	间接竞品卖点收集	15	对卖点收集方式的掌握 卖点提炼准确合理			1
5	直接竞品卖点分析	25	理解不同卖点的类型 对卖点客观准确的评价			1+2
6	间接竞品卖点分析	15	理解不同卖点的类型 对卖点客观准确的评价			1+2
		得分合计				

■ 子任务三　设计广告标语

一、任务准备

　　产品是连接品牌与消费者的核心要素，顾客选择一个品牌的前提是要先知道企业在卖什么。而广告标语（Slogan）可以有效地将产品及品牌信息传递出去，让顾客对产品及品牌有基本的认识，更有助于顾客做出购买选择。所以，广告标语对企业来说是非常重要的，一句好的广告标语往往能够迅速扩大产品的知名度，提高产品的销量，企业必须重视广告标语设计。

六大广告标语类型

（一）知识准备

知识点：广告标语

　　广告标语形式上一般由非常简短的语言构成，有时甚至只由几个词语构成，它通过最简洁有力的语言准确传递出品牌的核心理念或产品的关键利益，是一种较长时期内反复使用的、特定的商业用语，例如"百度一下，你就知道"。百度的广告标语如图 1-8 所示。

三大广告标语功能

图 1-8　百度的广告标语

（二）操作准备

步骤一：全面罗列卖点

　　在熟悉企业文化、业务、产品的基础上，全面罗列卖点，包括企业优势、产品优势、产品优势能满足目标受众需求的内容、产品与竞品相比的优势等。

步骤二：收集竞品广告标语

　　收集竞品广告标语，分析竞品广告标语的类型、卖点。竞品广告标语包括直接竞品和间接竞品。

确定广告标语的
目的与受众

步骤三：找出差异化卖点

　　调查企业自身资源可满足目标受众需求的实际情况，结合竞品的广告标语和卖点信息，找出企业既能满足目标市场需求又能形成差异化竞争的核心卖点。

（三）任务要领

　　下面是广告标语设计需要遵循的一些基本指导思想。

简短易记，形象生动；

突出卖点，创意新颖；

阐明利益，激发兴趣；

情感亲和，引人共鸣；

号召力强，促发行动；

适应媒体，长期使用。

四大广告标语
设计要点

（四）任务流程

子任务三设计广告标语操作流程如图 1-9 所示。

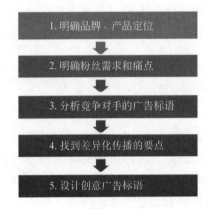

图 1-9　子任务三设计广告标语操作流程

二、任务操作

操作要求：根据任务情境明确企业定位、产品定位，明确粉丝需求和痛点，再通过对竞争对手广告标语的采集，找到对应的差异化卖点。

本任务操作的最终目标：设计唐韵温泉品牌和产品的广告标语。

步骤一：明确品牌、产品定位

从低端、中端、高端角度分析产品层次，市场形象、地位是指企业对自身的期望。

【唐韵的基本定位】

操作提示：对唐韵温泉度假村进行定位分析。

用户群体＿＿＿＿＿＿＿＿＿＿＿＿＿＿＿＿＿＿＿＿＿＿＿＿＿＿＿＿＿＿＿＿

产品层次＿＿＿＿＿＿＿＿＿＿＿＿＿＿＿＿＿＿＿＿＿＿＿＿＿＿＿＿＿＿＿＿

品牌卖点＿＿＿＿＿＿＿＿＿＿＿＿＿＿＿＿＿＿＿＿＿＿＿＿＿＿＿＿＿＿＿＿

满足用户的哪些需求＿＿＿＿＿＿＿＿＿＿＿＿＿＿＿＿＿＿＿＿＿＿＿＿＿＿

希望确立的市场形象、地位＿＿＿＿＿＿＿＿＿＿＿＿＿＿＿＿＿＿＿＿＿＿

【产品的基本定位】

操作提示：对唐韵温泉度假村各类产品进行定位分析。

□露天温泉定位：

产品层次＿＿＿＿＿＿＿＿＿＿＿＿＿＿＿用户群体＿＿＿＿＿＿＿＿＿＿＿＿

产品卖点：1. _____　　2. _____　　3. _____
　　　　　　4. _____　　5. _____　　6. _____

满足用户的哪些需求_____

希望确立的市场形象、地位_____

□ 主题酒店定位：

产品层次_____用户群体_____

产品卖点：1. _____　　2. _____　　3. _____
　　　　　　4. _____　　5. _____　　6. _____

满足用户的哪些需求_____

希望确立的市场形象、地位_____

□ 自由行套餐定位：

产品层次_____用户群体_____

产品卖点：1. _____　　2. _____　　3. _____
　　　　　　4. _____　　5. _____　　6. _____

满足用户的哪些需求_____

希望确立的市场形象、地位_____

□ 宴会 / 年会产品定位：

产品层次_____用户群体_____

产品卖点：1. _____　　2. _____　　3. _____
　　　　　　4. _____　　5. _____　　6. _____

满足用户的哪些需求_____

希望确立的市场形象、地位_____

□ 疗休养产品定位：

产品层次_____用户群体_____

产品卖点：1. _____　　2. _____　　3. _____
　　　　　　4. _____　　5. _____　　6. _____

满足用户的哪些需求_____

希望确立的市场形象、地位_____

步骤二：明确粉丝需求和痛点

分析粉丝的需求和痛点，可以多于 6 个方面，也可以少于 6 个方面。

□ 露天温泉需求及痛点：

需求 1. _____　　需求 2. _____　　需求 3. _____
需求 4. _____　　需求 5. _____　　需求 6. _____
痛点 1. _____　　痛点 2. _____　　痛点 3. _____

□ 主题酒店需求及痛点：

需求 1. _____　　需求 2. _____　　需求 3. _____
需求 4. _____　　需求 5. _____　　需求 6. _____
痛点 1. _____　　痛点 2. _____　　痛点 3. _____

□ 自由行套餐需求及痛点：

需求 1._____ 需求 2._____ 需求 3._____

需求 4._____ 需求 5._____ 需求 6._____

痛点 1._____ 痛点 2._____ 痛点 3._____

□ 宴会 / 年会产品需求及痛点：

需求 1._____ 需求 2._____ 需求 3._____

需求 4._____ 需求 5._____ 需求 6._____

痛点 1._____ 痛点 2._____ 痛点 3._____

□ 疗休养产品需求：

需求 1._____ 需求 2._____ 需求 3._____

需求 4._____ 需求 5._____ 需求 6._____

痛点 1._____ 痛点 2._____ 痛点 3._____

步骤三：分析竞争对手的广告标语

分析竞争对手的广告标语是品牌的还是产品的。

【分析直接竞品广告标语】

操作提示：对直接竞品广告标语进行分析。

□ 竞品 1：

企业名称_____产品名称_____

广告标语_____

广告标语类型_____广告标语卖点_____

□ 竞品 2：

企业名称_____产品名称_____

广告标语_____

广告标语类型_____广告标语卖点_____

□ 竞品 3：

企业名称_____产品名称_____

广告标语_____

广告标语类型_____广告标语卖点_____

□ 竞品 4：

企业名称_____产品名称_____

广告标语_____

广告标语类型_____广告标语卖点_____

□ 竞品 5：

企业名称_____产品名称_____

广告标语_____

广告标语类型_____广告标语卖点_____

【分析间接竞品标语】

操作提示：对间接竞品广告标语进行分析。

☐ 竞品 1：

企业名称＿＿＿＿＿＿＿＿＿＿＿＿＿＿　产品名称＿＿＿＿＿＿＿＿＿＿＿＿＿＿＿

广告标语＿＿＿＿＿＿＿＿＿＿＿＿＿＿＿＿＿＿＿＿＿＿＿＿＿＿＿＿＿＿＿＿＿＿

广告标语类型＿＿＿＿＿＿＿＿＿＿＿＿＿　广告标语卖点＿＿＿＿＿＿＿＿＿＿＿＿＿

☐ 竞品 2：

企业名称＿＿＿＿＿＿＿＿＿＿＿＿＿＿＿＿　产品名称＿＿＿＿＿＿＿＿＿＿＿＿＿＿＿

广告标语＿＿＿＿＿＿＿＿＿＿＿＿＿＿＿＿＿＿＿＿＿＿＿＿＿＿＿＿＿＿＿＿＿＿

广告标语类型＿＿＿＿＿＿＿＿＿＿＿＿＿　广告标语卖点＿＿＿＿＿＿＿＿＿＿＿＿＿

☐ 竞品 3：

企业名称＿＿＿＿＿＿＿＿＿＿＿＿＿＿＿＿　产品名称＿＿＿＿＿＿＿＿＿＿＿＿＿＿＿

广告标语＿＿＿＿＿＿＿＿＿＿＿＿＿＿＿＿＿＿＿＿＿＿＿＿＿＿＿＿＿＿＿＿＿＿

广告标语类型＿＿＿＿＿＿＿＿＿＿＿＿＿　广告标语卖点＿＿＿＿＿＿＿＿＿＿＿＿＿

步骤四：找到差异化传播的要点

操作提示：分析卖点类型是产品功能卖点、文化创意卖点，还是情怀理念卖点。

☐ 露天温泉：

差异化卖点＿＿＿＿＿＿＿＿＿＿＿＿＿　卖点类型＿＿＿＿＿＿＿＿＿＿＿＿＿＿＿

☐ 主题酒店：

差异化卖点＿＿＿＿＿＿＿＿＿＿＿＿＿　卖点类型＿＿＿＿＿＿＿＿＿＿＿＿＿＿＿

☐ 自由行套餐产品：

差异化卖点＿＿＿＿＿＿＿＿＿＿＿＿＿　卖点类型＿＿＿＿＿＿＿＿＿＿＿＿＿＿＿

☐ 会议 / 年会产品：

差异化卖点＿＿＿＿＿＿＿＿＿＿＿＿＿　卖点类型＿＿＿＿＿＿＿＿＿＿＿＿＿＿＿

☐ 疗休养产品：

差异化卖点＿＿＿＿＿＿＿＿＿＿＿＿＿　卖点类型＿＿＿＿＿＿＿＿＿＿＿＿＿＿＿

步骤五：设计创意广告标语

操作提示：先确定设计哪种类型标语，再进行广告标语设计。

品牌广告标语 1 ＿＿＿＿＿＿＿＿＿＿＿＿＿＿＿＿＿＿＿＿＿＿＿＿＿＿＿＿＿＿＿

品牌广告标语 2 ＿＿＿＿＿＿＿＿＿＿＿＿＿＿＿＿＿＿＿＿＿＿＿＿＿＿＿＿＿＿＿

露天温泉广告标语＿＿＿＿＿＿＿＿＿＿＿＿＿＿＿＿＿＿＿＿＿＿＿＿＿＿＿＿＿＿

主题酒店广告标语＿＿＿＿＿＿＿＿＿＿＿＿＿＿＿＿＿＿＿＿＿＿＿＿＿＿＿＿＿＿

自由行套餐广告标语＿＿＿＿＿＿＿＿＿＿＿＿＿＿＿＿＿＿＿＿＿＿＿＿＿＿＿＿＿

会议 / 年会产品广告标语＿＿＿＿＿＿＿＿＿＿＿＿＿＿＿＿＿＿＿＿＿＿＿＿＿＿＿

疗休养产品广告标语＿＿＿＿＿＿＿＿＿＿＿＿＿＿＿＿＿＿＿＿＿＿＿＿＿＿＿＿＿

1

三、任务评价

子任务三设计广告标语评价如表 1-8 所示。

表 1-8 子任务三设计广告标语评价

序号	项　目	分值	评　分　点	自　评	教　师　评	类型 1.能力 2.素养
1	唐韵的基本定位	5	对唐韵温泉的整体了解定位准确			1+2
2	产品的基本定位	10	对不同产品的了解 定位准确			1+2
3	用户需求分析	10	对不同群体的需求的把握 全面了解需求			1
4	用户痛点分析	15	能够从需求中发现痛点 准确描述痛点			1
5	竞品广告标语分析	15	直接竞品广告标语分析 间接竞品广告标语分析			1
6	寻找差异化卖点	15	了解卖点类型 了解竞品卖点 了解用户没有被满足的需求 了解自身满足用户需求的能力 找到合理的差异化卖点			1+2
7	广告标语设计	30	广告标语类型合理 广告标语创意新颖 广告标语简洁生动			1+2
	得分合计					

【任务拓展】"你本来就很美"这句广告标语，如何在 12 年后依旧赢得女人心

任务三　设计产品定价策略

任务情境

"价格不对，努力白费"，产品的价格直接关系企业的营收和业绩。因此，每一个企业

都必须认真对待产品的定价问题。

1. 分析唐韵产品定价

唐韵温泉产品的价格体系主要由门市价、散客价、协议价、平日价、周末价、短假期（元旦、中秋、三八妇女节）价格、长假期（十一、春节、五一、永康五金博览会、门博会）价格组成，覆盖了酒店业最常见的产品定价形式。

唐韵产品定价

2. 唐韵产品定价存在的问题

（1）缺乏对不同目标群体需求的考虑。唐韵温泉面对的客户群体包括年轻的打卡族、周边游用户群体、温泉美容用户群体、亚健康群体、企业/组织用户等，每一个群体都有相对独特的需求及相应的价格接受能力，对价格的敏感程度不一样，在定价时要充分考虑这些不同。

（2）对市场竞争反应不够。唐韵温泉地处武义，除了唐韵温泉外，当地还有其他温泉度假产品。此外，周边地区如临安、湖州、南京等地都有不同类型的温泉度假产品。除了直接竞争，当地及周边地区的度假型、会议酒店构成间接竞争。唐韵温泉在产品定价时要全面应对两种不同类型的竞争关系。

（3）渠道多，价格体系混乱。唐韵温泉度假村的销售渠道包括门市、旅行社、在线旅游平台，对应的就形成门市价、旅行社的协议价、OTA价格。此外，不同的OTA平台上的价格也存在差异，例如温泉门票在携程网和欣欣旅游网的价格就不同。同时，由于温泉度假产品受到季节、节假日的影响，又形成了淡旺季价格，平日价和周末价，短假期和长假期价格，不同渠道、不同时间节点都会形成价格差异，价格体系显得较为混乱。

（4）产品价格水平整体偏高。温泉度假产品淡旺季需求差异明显，旺季时往往一房难求，淡季时则入住率较低。除了季节性因素的影响，温泉度假产品还受周边同行竞争的影响。唐韵温泉系列产品如温泉门票、客房、套装等产品相比周边竞品定价偏高。相对较高的定价，尤其是淡季会直接影响对客源市场的吸引力。

（5）定价形式缺乏创新。唐韵温泉在产品定价时虽然考虑了不同的人群、不同的渠道、不同的时间因素，价格形式复杂多样，但定价形式仍然有待创新。例如，在组合套装定价上，只有客房与温泉的组合；在会议产品的定价上，缺乏与酒景类产品的协同；对于批量折扣定价，除了在B端普遍使用，在C端缺乏尝试。

3. 破局之法

（1）优化单品定价。在现有单品定价的基础上，优化单品定价，使产品价格更好地满足不同用户群体的需求，更好地应对市场竞争。

（2）完善组合套装定价。在现有的温泉与客房套装设计基础上，推出更多的其他类型的套装组合，满足不同用户群体的需求。

（3）设计批量折扣方案。建立起针对C端用户的批量折扣方案，增加产品销售，维系长期的用户关系，增加用户的忠诚度，提升企业的经营业绩。

1

■ 子任务一　优化单品定价

一、任务准备

　　为产品制定一个最合适的价格，对大多数企业来说都是一个不小的挑战。合理的产品定价不仅能够满足顾客的需求，还能有效应对市场竞争，进而实现企业的盈利目标。

　　（一）知识准备

　　知识点一：影响定价的因素

　　影响定价的因素，如图 1-10 所示。

图 1-10　影响定价的因素

　　知识点二：产品定价基础方法

　　企业产品定价通常需要考虑消费者的需求与购买能力、产品的自身因素、市场竞争状况。相应地也就形成了企业产品定价的 3 种基础方法：基于成本的定价、基于竞争对手的定价和基于产品价值的定价。

　　（二）操作准备

　　步骤一：合理评估企业所处的地位

　　企业在行业领域的市场地位很大程度上影响产品的定价策略及最终可能的市场价格。

基础和常见的
定价方式

　　产品价格要具备市场竞争力，企业才能够赚取足够利润。如果企业所在的是一个相对成熟的市场，就可以选择对标同行竞品。如果企业所在的是一个全新的产品市场，即尚未遇到市场竞品，那么企业也需要预判未来出现竞品后的价格对标局面，预留操作空间，不能将价格定得过高或过低。

　　步骤二：估算成本分析与企业收益

　　产品成本估算是定价的基础，也是预估企业销售指标与整体利润的基础。企业要通过综合的成本分析，找到产品的盈亏平衡点（如通过固定成本与可变成本来计算盈亏平衡点），并依据不同产品价格下的企业可能的销量与销售收入，估算企业相对应的营收与利润。

在产品定价基础上对企业收益预估是产品商业化的重要环节，这会影响企业一个财务年度整体经营指标的制定。

步骤三：评估客户的感知价值

企业要进行产品定价，需要评估客户的产品感知价值，即客户认为这个产品能够为他提供多少价值。客户感知价值是客户在感知到产品或服务的利益之后，减去其在获取产品或服务时所付出的成本，从而得到的对产品或服务效用的主观评价。

感知价值

步骤四：收集竞品价格信息

企业在给产品定价时必须考虑竞争者的产品和价格。企业需要对市场上的同类产品及替代品做价格调研，收集分析竞品的市场定位、竞品的品质、竞品的价格、竞品的销量、竞品的成本、竞品的价格变化趋势等，为企业产品定价做参考。如果企业的产品和竞争者的同种产品质量差不多，那么两者的价格也应大体一样；如果企业的产品不如竞争者的产品，那么价格就应定低一些；如果企业的产品优于竞争者的产品，那么价格就可以定高一些。

（三）任务要领

1. 合理确定产品定价目标

定价目标一般可以从 3 个方面来考量，即提升市场竞争力、满足市场用户需求、赚取整体利润。这 3 个定价目标又可以细分为几个子目标，包括提升市场份额、提高市场增长速度、提高消费者满意度、增加消费者贡献值、降低产品推广成本、达到目标利润等。

合理的利润率

产品定价可以是为了达成其中一个目标，也可以是对几个目标的综合考虑。

产品在定价前，需要依据公司战略、市场战略、产品组合战略等，确定该系列或该产品的定价目标。

2. 产品定价要与企业的品牌定位保持一致

品牌定位会影响产品定位，从而影响产品价格。如专注打造高端的品牌推出的产品和低端品牌的产品相比，即便产品在成本、功能和效果上不存在任何差异，价格也会相差很大。

品牌作为企业的无形资产，具备较强的市场影响力，也是消费者建立信任感的基础，需要企业从各个方面持续地维护和打造，推出与品牌定位相符的产品。

3. 注意定价 3 个主要因素之间的关系

成本、竞争、客户感知价值是影响价格的 3 个主要因素，但是具体到某个产品定价，这 3 个因素发挥的作用不是同等重要的，往往以其中一个为主体，其他两个为辅助，最后确定产品的价格。

（四）任务流程

子任务一优化单品定价操作流程如图 1-11 所示。

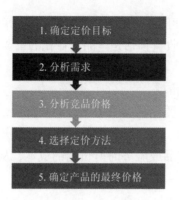

图 1-11　子任务一优化单品定价操作流程

二、任务操作

操作要求：结合任务情境及任务准备，根据操作提示逐步完成唐韵温泉的单品定价。为了方便，假设产品成本是相应单品淡季平日价的 50%，定价过程中需要考虑产品成本都以 50% 计算。

本任务操作的最终目标：为唐韵温泉的单品制定最合适的价格。

步骤一：确定定价目标

操作提示：合理确定唐韵温泉单品的定价目标，定价目标可以只有一个，也可以同时有多个，根据实际情况填写。

产品定价目标 1 ＿＿＿＿＿＿＿＿＿＿＿＿＿＿＿＿＿＿＿＿＿＿＿＿＿＿＿＿＿＿＿＿＿＿

产品定价目标 2 ＿＿＿＿＿＿＿＿＿＿＿＿＿＿＿＿＿＿＿＿＿＿＿＿＿＿＿＿＿＿＿＿＿＿

产品定价目标 3 ＿＿＿＿＿＿＿＿＿＿＿＿＿＿＿＿＿＿＿＿＿＿＿＿＿＿＿＿＿＿＿＿＿＿

步骤二：分析需求

操作提示：结合本工作领域任务一、任务二两个任务，就不同群体对不同产品的需求及感知价值进行分析。

【分析温泉产品需求】

打卡族群体会用＿＿＿＿＿＿＿＿＿＿＿＿＿＿＿＿＿＿＿＿来满足＿＿＿＿＿＿＿＿＿

＿＿＿＿＿＿＿＿＿＿＿＿＿＿＿＿＿＿＿＿，为此，他们愿意支付＿＿＿＿＿＿＿＿元。

周边游群体会用＿＿＿＿＿＿＿＿＿＿＿＿＿＿＿＿＿＿＿＿来满足＿＿＿＿＿＿＿＿＿

＿＿＿＿＿＿＿＿＿＿＿＿＿＿＿＿＿＿＿＿，为此，他们愿意支付＿＿＿＿＿＿＿＿元。

温泉美容群体会用＿＿＿＿＿＿＿＿＿＿＿＿＿＿＿＿＿＿来满足＿＿＿＿＿＿＿＿＿

＿＿＿＿＿＿＿＿＿＿＿＿＿＿＿＿＿＿＿＿，为此，他们愿意支付＿＿＿＿＿＿＿＿元。

亚健康群体会用＿＿＿＿＿＿＿＿＿＿＿＿＿＿＿＿＿＿＿＿来满足＿＿＿＿＿＿＿＿＿

＿＿＿＿＿＿＿＿＿＿＿＿＿＿＿＿＿＿＿＿，为此，他们愿意支付＿＿＿＿＿＿＿＿元。

企业 / 组织会用＿＿＿＿＿＿＿＿＿＿＿＿＿＿＿＿＿＿＿＿来满足＿＿＿＿＿＿＿＿＿

＿＿＿＿＿＿＿＿＿＿＿＿＿＿＿＿＿＿＿＿，为此，他们愿意支付＿＿＿＿＿＿＿＿元。

【分析客房用户需求】

打卡族群体会用＿＿＿＿＿＿＿＿＿＿＿＿＿＿＿＿＿＿＿＿来满足＿＿＿＿＿＿＿＿＿

＿＿＿＿＿＿＿＿＿＿＿＿＿＿＿＿＿＿＿＿，为此，他们愿意支付＿＿＿＿＿＿＿＿元。

周边游群体会用＿＿＿＿＿＿＿＿＿＿＿＿＿＿＿＿＿＿＿＿来满足＿＿＿＿＿＿＿

＿＿＿＿＿＿＿＿＿＿＿＿＿＿＿＿＿＿，为此，他们愿意支付＿＿＿＿＿＿元。

温泉美容群体会用＿＿＿＿＿＿＿＿＿＿＿＿＿＿＿＿＿＿＿＿来满足＿＿＿＿＿＿＿

＿＿＿＿＿＿＿＿＿＿＿＿＿＿＿＿＿＿，为此，他们愿意支付＿＿＿＿＿＿元。

亚健康群体会用＿＿＿＿＿＿＿＿＿＿＿＿＿＿＿＿＿＿＿＿＿来满足＿＿＿＿＿＿＿

＿＿＿＿＿＿＿＿＿＿＿＿＿＿＿＿＿＿，为此，他们愿意支付＿＿＿＿＿＿元。

企业 / 组织会用＿＿＿＿＿＿＿＿＿＿＿＿＿＿＿＿＿＿＿＿＿来满足＿＿＿＿＿＿＿

＿＿＿＿＿＿＿＿＿＿＿＿＿＿＿＿＿＿，为此，他们愿意支付＿＿＿＿＿＿元。

【分析会议室用户需求】

企业 / 组织会用＿＿＿＿＿＿＿＿＿＿＿＿＿＿＿＿＿＿＿＿＿来满足＿＿＿＿＿＿＿

＿＿＿＿＿＿＿＿＿＿＿＿＿＿＿＿＿＿，为此，他们愿意支付＿＿＿＿＿＿元。

步骤三：分析竞品价格

操作提示：分析竞争企业的产品定价情况，如果分析的温泉酒店没有自由行产品，可以分析有自由行业务的酒店作为定价参考。竞品分析中"市场表现"是指竞品是否受欢迎、销售情况等；"利润情况"在能够收集的资料基础上进行估算即可，可以用单品毛利润率表示；"定价目标"是根据各方面的资料分析该竞争企业当前的定价期望达到的目标。

【分析温泉竞品价格】

☐ 竞品 1：

企业名称＿＿＿＿＿＿＿＿＿＿＿＿＿＿＿地域＿＿＿＿＿＿＿＿＿＿＿＿＿＿＿＿＿

主要目标群体＿＿＿＿＿＿＿＿＿＿＿＿＿＿＿＿＿＿＿＿＿＿＿＿＿＿＿＿＿＿＿＿

温泉特色 / 优势＿＿＿＿＿＿＿＿＿＿＿＿＿＿＿＿＿＿＿＿＿＿＿＿＿＿＿＿＿＿＿

温泉门票价格＿＿＿＿＿＿＿＿＿＿＿＿＿＿＿＿＿＿＿＿＿＿＿＿＿＿＿＿＿＿＿＿

市场表现＿＿＿＿＿＿＿＿＿＿＿＿＿＿＿＿＿＿＿＿＿＿＿＿＿＿＿＿＿＿＿＿＿＿

利润情况＿＿＿＿＿＿＿＿＿＿＿＿＿＿＿＿＿＿＿＿＿＿＿＿＿＿＿＿＿＿＿＿＿＿

定价目标＿＿＿＿＿＿＿＿＿＿＿＿＿＿＿＿＿＿＿＿＿＿＿＿＿＿＿＿＿＿＿＿＿＿

☐ 竞品 2：

企业名称＿＿＿＿＿＿＿＿＿＿＿＿＿＿＿地域＿＿＿＿＿＿＿＿＿＿＿＿＿＿＿＿＿

主要目标群体＿＿＿＿＿＿＿＿＿＿＿＿＿＿＿＿＿＿＿＿＿＿＿＿＿＿＿＿＿＿＿＿

温泉特色 / 优势＿＿＿＿＿＿＿＿＿＿＿＿＿＿＿＿＿＿＿＿＿＿＿＿＿＿＿＿＿＿＿

温泉门票价格＿＿＿＿＿＿＿＿＿＿＿＿＿＿＿＿＿＿＿＿＿＿＿＿＿＿＿＿＿＿＿＿

市场表现＿＿＿＿＿＿＿＿＿＿＿＿＿＿＿＿＿＿＿＿＿＿＿＿＿＿＿＿＿＿＿＿＿＿

利润情况＿＿＿＿＿＿＿＿＿＿＿＿＿＿＿＿＿＿＿＿＿＿＿＿＿＿＿＿＿＿＿＿＿＿

定价目标＿＿＿＿＿＿＿＿＿＿＿＿＿＿＿＿＿＿＿＿＿＿＿＿＿＿＿＿＿＿＿＿＿＿

☐ 竞品 3：

企业名称＿＿＿＿＿＿＿＿＿＿＿＿＿＿＿地域＿＿＿＿＿＿＿＿＿＿＿＿＿＿＿＿＿

主要目标群体＿＿＿＿＿＿＿＿＿＿＿＿＿＿＿＿＿＿＿＿＿＿＿＿＿＿＿＿＿＿＿＿

温泉特色 / 优势＿＿＿＿＿＿＿＿＿＿＿＿＿＿＿＿＿＿＿＿＿＿＿＿＿＿＿＿＿＿＿

温泉门票价格＿＿＿＿＿＿＿＿＿＿＿＿＿＿＿＿＿＿＿＿＿＿＿＿＿＿＿＿＿＿＿＿

市场表现＿＿＿＿＿＿＿＿＿＿＿＿＿＿＿＿＿＿＿＿＿＿＿＿＿＿＿＿＿＿＿＿＿＿

1

利润情况_____

定价目标_____

【分析客房竞品价格】

□ 竞品 1：

企业名称_____地域_____

主要目标群体_____

客房特色 / 优势_____

客房价格_____

市场表现_____

利润情况_____

定价目标_____

□ 竞品 2：

企业名称_____地域_____

主要目标群体_____

客房特色 / 优势_____

客房价格_____

市场表现_____

利润情况_____

定价目标_____

□竞品 3：

企业名称_____地域_____

主要目标群体_____

客房特色 / 优势_____

客房价格_____

市场表现_____

利润情况_____

定价目标_____

【分析会议室竞品定价】

□ 竞品 1：

企业名称_____地域_____

主要目标群体_____

会议室特色 / 优势_____

会议室价格_____

市场表现_____

利润情况_____

定价目标_____

□ 竞品 2：

企业名称_____地域_____

主要目标群体_____

会议室特色 / 优势_____

会议室价格_____

市场表现_____

利润情况_____

定价目标_____

□ 竞品 3：

企业名称_____地域_____

主要目标群体_____

会议室特色 / 优势_____

会议室价格_____

市场表现_____

利润情况_____

定价目标_____

【分析自由行产品竞品定价】

□ 竞品 1：

企业名称_____地域_____

自由行产品名称_____价格_____

自由行产品行程_____

_____

自由行产品特色 / 优势_____

主要目标群体_____

市场表现_____

利润情况_____

定价目标_____

□ 竞品 2：

企业名称_____地域_____

自由行产品名称_____价格_____

自由行产品行程_____

_____

自由行产品特色 / 优势_____

主要目标群体_____

市场表现_____

利润情况_____

定价目标_____

□ 竞品 3：

企业名称_____地域_____

自由行产品名称_____价格_____

1

自由行产品行程_____

_____

自由行产品特色／优势_____

主要目标群体_____

市场表现_____

利润情况_____

定价目标_____

步骤四：选择定价方法

操作提示：参照子任务一的知识点二，结合实际选择唐韵温泉不同产品的基础定价方法。

温泉系列产品考虑到_____

_____等因素，

所以选择基于_____为主，其他方法为辅的定价方法。

游泳教学考虑到_____

_____等因素，

所以选择基于_____为主，其他方法为辅的定价方法。

客房考虑到_____

_____等因素，

所以选择基于_____为主，其他方法为辅的定价方法。

会议室考虑到_____

_____等因素，

所以选择基于_____为主，其他方法为辅的定价方法。

自由行产品考虑到_____

_____等因素

所以选择基于_____为主，其他方法为辅的定价方法。

步骤五：确定产品的最终价格

【温泉系列产品定价】

温泉系列产品定价如表 1-9 所示。

表 1-9 温泉系列产品定价

露 天 温 泉	门 市 价 格	散 客 价	
		温　泉	温泉（住店客）
成人			
亲子票（1 大 1 小）			
家庭票（2 大 1 小）			
亲亲鱼疗			
1.4 米以下儿童			
温泉年卡			

【游泳教学定价】

游泳教学定价如表 1-10 所示。

表 1-10　游泳教学定价

游泳教学	课程内容	散客价
大班游泳教学	15 次大班课，送浮板、泳具、免费茶点	

【客房定价】

结合企业的经营目标，客房定价时需考虑打卡族、周边游、温泉美容、亚健康、企业 / 组织等不同群体用户的不同需求。客房定价如表 1-11 所示。

表 1-11　客房定价

客　房		平　日　价		周　末　价	
		旺季	淡季	旺季	淡季
双床房	中式豪华双标				
	日式豪华双标				
	园林标准房				
	园林麻将房				
大床房	湖景家庭房				
	湖景大床房				
	至尊（精品）大床房				
温泉房	湖景（精品）温泉房				
	中式温泉房				
套房	湖景套房 A				
	湖景套房 B				
	湖景套房 C				
	尚品居房				
	帝王房				

【会议室定价】

多功能会议厅和唐韵 1 号厅在使用时可根据会议形式需要做灵活调整。会议室定价如表 1-12 所示。

表 1-12　会议室定价

会　议　室	面积 / 平方米	会议形式	人数 / 人	会议室价格
多功能会议厅	576	剧院式	700	
		课桌式	450	
		回字式	200	
		宴会式	400	

续表

会 议 室	面积/平方米	会议形式	人数/人	会议室价格
唐韵 1 号厅	155	剧院式	120	
		课桌式	100	
		回字式	50	
		宴会式	80	
唐韵 2 号厅	48	回字式	20	
唐韵 3 号厅	72	回字式	40	
唐韵 5 号厅	50	沙发式	20	
唐韵 6 号厅	154	剧院式	120	
		课桌式	80	
		回字式	50	
玉唐富贵楼 3F	150	回字式	32	

【自由行产品定价】

自由行产品定价如表 1-13 所示。

表 1-13　自由行产品定价

自 由 行	主 题	平 日 价		周 末 价	
		旺 季	淡 季	旺 季	淡 季
乐养套餐	四天三晚（两人成团）				

三、任务评价

子任务一优化单品定价评价如表 1-14 所示。

表 1-14　子任务一优化单品定价评价

序号	项　目	分值	评　分　点	自评	教师评	类型 1.能力 2.素养
1	定价目标分析	15	结合企业实际 目标准确合理			1+2
2	产品需求分析	15	有市场细分思想 对不同用户群体的需求把握准确			1
3	竞品价格信息收集	10	信息收集能力 竞品的准确把握 竞品选择合理			1
4	竞品定价分析	10	有系统思想 分析准确			1
5	定价方法选择	15	从企业、产品实际出发 定价方法选择合理			1+2
6	唐韵单品定价	35	能灵活运用定价方法 定价合理			1+2
	得分合计					

■ 子任务二　完善组合套装定价

一、任务准备

近年来，组合套装定价已成为企业一种常用的营销策略，也是很多电商平台都在使用的一种促销方式。组合套装是最佳的促进成交的方式之一，它会让买家产生赚取了优惠的错觉，使企业的产品有机会更快售出。

（一）知识准备

知识点一：组合套装定价的意义

组合套装定价，不管是企业还是消费者都能从中受益。

首先，对于用户而言，组合套装定价一方面可以降低选择和购买成本；另一方面可以尝试使用一些以前没接触过，但是很好用的产品。

对于企业而言，组合套装定价不仅可以降低用户对价格的敏感度，促进用户购买，扩大产品销售，提升客单价，提升销售和利润，还能通过组合套装定价使新产品得到有效的推广。

组合套装定价

此外，组合套装定价还能避免消费者意识到价格歧视。例如，产品 A 要清仓，如果单纯打折，原价 50 元只卖 10 元，可能会使老客户或近期消费者产生挫败感。如果产品 A 和其他商品组合销售，就能够有效避免价格歧视问题。

知识点二：组合套装定价的两种基本形式

组合套装定价作为企业的一种常见营销手段，有两种基本形式。

（1）同一产品的多种数量组合，即 $a×n$ 型套餐，a 代表某一产品，n 代表数量，例如洗发水两瓶装或 3 瓶装。

（2）几种不同产品的套装，即 $a+b+…$ 型套餐，这里 a、b 等代表某一产品。

百雀羚的不同套装如图 1-12 所示。

图 1-12　百雀羚的不同套装

（二）操作准备

步骤一：选择用来做组合套装的单品

套装产品设计不合理，不仅无法达到营销目标，还会干扰用户的购买选择。所以企业做组合套装定价，需要研究自己的产品中哪些适合做组合套装。企业不仅要确保套装产品在功能或目的上互补，还要确保这些产品畅销。在特定的情况下，也可以选择功能彼此独立的产品。

要想设计出合理的套装产品，企业可以分析以往的销售记录，看哪些产品是用户经常一起购买的，这些经常一起购买的单品就可以作为套装产品来设计。企业还可以通过一些电商平台了解套装的组成及定价，例如有些平台的"经常一起购买""人气配件"功能，还可以通过消费者调研的方式获取相关信息。京东产品组合功能如图1-13所示。

图 1-13　京东产品组合功能

步骤二：准确估算套装产品的成本和收益

在做套装产品定价时，一定要准确估算套装产品的成本和收益。做组合套装需要付出额外的成本费用，虽然也可以获得比单独销售更高的额外收益，但是，只有当额外的收益大于额外的成本时，产品套装定价方案才是可行的。

（三）任务要领

1.组合套装要以用户需求为导向

不同的用户对同一产品会有不同的心理期望，即便是同一消费者，其需求也可能处于动态变化之中。随着社会发展和技术的进步，用户的消费场景和体验场景也在不断变化，这导致了用户的需求也在不断地更新迭代。因此，企业应该将用户需求的动态变化作为紧密关注的数据。

组合套装的条件

2.将消费选择权真正交还给用户

自愿是市场交易的基本原则，双方自由选择，将选择权交还用户，是对用户最基本的尊重。对于套装产品的设计，需要给予用户自主选择权利，推荐真正实用划算的套装，而不是通过套装组合强买强卖。否则，会损害企业的品牌形象和口碑，得不偿失。

（四）任务流程

子任务二完善组合套装定价操作流程如图1-14所示。

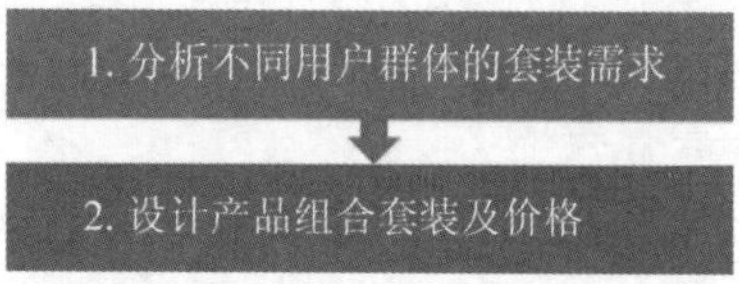

1. 分析不同用户群体的套装需求

2. 设计产品组合套装及价格

图 1-14　子任务二完善组合套装定价操作流程

二、任务操作

操作要求：结合任务情境及任务准备，根据操作提示逐步完成唐韵温泉的组合套装定价。本任务操作的最终目标：为唐韵温泉设计合理的组合套装价格体系。

步骤一：分析不同用户群体套装需求

操作提示：根据实际分析不同用户群体的组合套装需求，如出游时是习惯一个人还是几个人在一起，一次出游大概需要几天时间，经济状况及对价格的敏感度，对哪些温泉度假产品有需求，并在此基础上挑选相应的产品做组合套装，确定与单买套装内产品合理的价差范围。

【分析打卡族组合套装需求】

出游人数＿＿＿＿＿＿＿＿＿＿＿＿＿＿　　出游天数＿＿＿＿＿＿＿＿＿＿＿＿＿＿＿＿

经济支付能力＿＿＿＿＿＿＿＿＿＿＿＿　对价格是否敏感＿＿＿＿＿＿＿＿＿＿＿＿＿

产品与服务需求＿＿＿＿＿＿＿＿＿＿＿＿＿＿＿＿＿＿＿＿＿＿＿＿＿＿＿＿＿＿＿＿

可以挑选哪些产品做组合套装＿＿＿＿＿＿＿＿＿＿＿＿＿＿＿＿＿＿＿＿＿＿＿＿＿＿

组合套餐价差范围＿＿＿＿＿＿＿＿＿＿＿＿＿＿＿＿＿＿＿＿＿＿＿＿＿＿＿＿＿＿＿

【分析周边游用户组合套装需求】

出游人数＿＿＿＿＿＿＿＿＿＿＿＿＿＿　　出游天数＿＿＿＿＿＿＿＿＿＿＿＿＿＿＿＿

经济支付能力＿＿＿＿＿＿＿＿＿＿＿＿　对价格是否敏感＿＿＿＿＿＿＿＿＿＿＿＿＿

产品与服务需求＿＿＿＿＿＿＿＿＿＿＿＿＿＿＿＿＿＿＿＿＿＿＿＿＿＿＿＿＿＿＿＿

可以挑选哪些产品做组合套装＿＿＿＿＿＿＿＿＿＿＿＿＿＿＿＿＿＿＿＿＿＿＿＿＿＿

组合套装价差范围＿＿＿＿＿＿＿＿＿＿＿＿＿＿＿＿＿＿＿＿＿＿＿＿＿＿＿＿＿＿＿

【分析温泉美容用户组合套装需求】

出游人数＿＿＿＿＿＿＿＿＿＿＿＿＿＿　　出游天数＿＿＿＿＿＿＿＿＿＿＿＿＿＿＿＿

经济支付能力＿＿＿＿＿＿＿＿＿＿＿＿　对价格是否敏感＿＿＿＿＿＿＿＿＿＿＿＿＿

产品与服务需求＿＿＿＿＿＿＿＿＿＿＿＿＿＿＿＿＿＿＿＿＿＿＿＿＿＿＿＿＿＿＿＿

可以挑选哪些产品做组合套装＿＿＿＿＿＿＿＿＿＿＿＿＿＿＿＿＿＿＿＿＿＿＿＿＿＿

组合套餐价差范围＿＿＿＿＿＿＿＿＿＿＿＿＿＿＿＿＿＿＿＿＿＿＿＿＿＿＿＿＿＿＿

【分析亚健康群体组合套装需求】

出游人数＿＿＿＿＿＿＿＿＿＿＿＿＿＿　　出游天数＿＿＿＿＿＿＿＿＿＿＿＿＿＿＿＿

经济支付能力＿＿＿＿＿＿＿＿＿＿＿＿　对价格是否敏感＿＿＿＿＿＿＿＿＿＿＿＿＿

产品与服务需求＿＿＿＿＿＿＿＿＿＿＿＿＿＿＿＿＿＿＿＿＿＿＿＿＿＿＿＿＿＿＿＿

可以挑选哪些产品做组合套装＿＿＿＿＿＿＿＿＿＿＿＿＿＿＿＿＿＿＿＿＿＿＿＿＿＿

组合套装价差范围_____

【分析企业 / 组织用户组合套装需求】

出游人数_____ 出游天数_____

经济支付能力_____ 对价格是否敏感_____

产品与服务需求_____

可以挑选哪些产品做组合套装_____

组合套装价差范围_____

步骤二：设计产品组合套装及价格

操作提示："套装类型"一栏可以是两种产品的组合，也可以是三种产品的组合，还可以是更多产品的组合，产品组合可根据实际需要增减，把产品名称和价格填入相应栏目；组合套装根据实际情况考虑淡旺季的区别。

【打卡族组合套装定价】

打卡族组合套装定价如表 1-15 所示。

表 1-15　打卡族组合套装定价

套　装	套　装　类　型	单房价		单门票						套餐价		价差	
		淡	旺	淡	旺	淡	旺	淡	旺	淡	旺	淡	旺
套装（例）	湖景大床房 + 双人温泉门票	648		316						900		64	
套装 1													
套装 2													
套装 3													
套装 4													
套装 5													

【周边游用户组合套装定价】

周边游用户组合套装定价如表 1-16 所示。

表 1-16　周边游用户组合套装定价

套　装	套　装　类　型	单房价		单门票						套餐价		价差	
		淡	旺	淡	旺	淡	旺	淡	旺	淡	旺	淡	旺
套装（例）	湖景大床房 + 双人温泉门票	648		316						900		64	
套装 1													
套装 2													
套装 3													
套装 4													
套装 5													

【温泉美容用户组合套装定价】

温泉美容用户组合套装定价如表 1-17 所示。

表 1-17 温泉美容用户组合套装定价

套 装	套 装 类 型	单房价		单门票						套餐价		价差	
		淡	旺	淡	旺	淡	旺	淡	旺	淡	旺	淡	旺
套装（例）	湖景大床房 + 双人温泉门票		648		316						900		64
套装 1													
套装 2													
套装 3													
套装 4													
套装 5													

【亚健康群体组合套装定价】

亚健康群体组合套装定价如表 1-18 所示。

表 1-18 亚健康群体组合套装定价

套 装	套 装 类 型	单房价		单门票						套餐价		价差	
		淡	旺	淡	旺	淡	旺	淡	旺	淡	旺	淡	旺
套装（例）	湖景大床房 + 双人温泉门票		648		316						900		64
套装 1													
套装 2													
套装 3													
套装 4													
套装 5													

【企业 / 组织用户组合套装定价】

企业 / 组织用户组合套装定价如表 1-19 所示。

表 1-19 企业 / 组织用户组合套装定价

套 装	套 装 类 型	单房价		单门票						套餐价		价差	
		淡	旺	淡	旺	淡	旺	淡	旺	淡	旺	淡	旺
套装（例）	湖景大床房 + 双人温泉门票		648		316						900		64
套装 1													
套装 2													
套装 3													
套装 4													
套装 5													

三、任务评价

子任务二完善组合套装定价评价如表 1-20 所示。

1

表 1-20　子任务二完善组合套装定价评价

序号	项　目	分值	评　分　点	自评	教师评	类型 1. 能力 2. 素养
1	需求分析	20	有市场细分思想 对不同群体需求分析准确			1
2	组合套装设计	40	有创新思想 结合企业、产品、用户实际 套装合理			1+2
3	组合套装定价	40	有成本、竞争、用户感知价值的定价思想体系 定价合理			1
			得分合计			

■ 子任务三　设计批量折扣方案

一、任务准备

批量折扣是企业用来鼓励消费者大量购买或集中购买的一种方法，在电商交易中普遍应用。

（一）知识准备

知识点一：批量折扣的基本形式

批量折扣有两种基本形式：累计批量折扣和一次性批量折扣。

累计批量折扣是指顾客在一定时期内（如一个月、半年、一年等），购买企业产品累计达到一定的数量或金额时，按总量给予一定的折扣。其目的是鼓励顾客持续购买本企业的产品，建立长期稳定的顾客关系，有利于企业合理安排生产经营。

批量折扣

一次性批量折扣是指顾客单次购买某种产品达到一定数量或购买多种产品达到一定金额而给予一定折扣优惠的定价策略。例如，企业规定，一次购买 100~200 件，给予按标价 10% 的折扣，200 件以上给予 15% 的折扣，不足 100 件没有折扣。其目的是鼓励顾客加大一次性购买数量，促进产品多销、快销，便于企业大批量生产和销售。

知识点二：批量折扣的优惠形式

批量折扣的优惠形式包括直接优惠和间接优惠。

直接优惠如满折（单次或累计消费金额满多少给予相应折扣的优惠）、满减（单次或累计消费达到规定金额后，可以在总价基础上减免一定的金额，如满 100 元减 10 元）、满减券（单次或累计消费达到相应的金额后，可以用来抵扣产品部分价格的一种券，如满 500 元赠 1 张 50 元抵扣券）。

间接优惠如满赠（消费者购买金额满多少时，可获得商家免费赠送的另一种物品）。

（二）操作准备

步骤一：分析产品适合哪种批量折扣

一次性批量折扣对短期交易的商品、季节性商品、零星交易的商品，以及临近过期、滞销、易腐、易损商品的销售比较适宜。累计批量折扣适用于顾客对产品和服务有持续性需求的情况，企业着眼于构建长期顾客关系。

分析不同用户
群体的需求

唐韵温泉度假村产品主要包括酒景产品、自由行套餐、会议 / 年会产品、疗休养产品及服务产品。酒景产品，在淡季时可以做一次性批量折扣，针对亚健康群体和疗休养目标群体，可以设计累计批量折扣。所以，做批量折扣方案时，应具体分析不同产品的特点。

步骤二：收集竞品的批量折扣信息

市场竞争激烈，企业的定价行为不单单是自身的个体行为，必须要放到竞争环境中去考虑。如果定价不合理，最终会影响企业自身形象定位，不但不能获得更多业务，还会使一些现有顾客或潜在顾客远离。

唐韵温泉在使用批量折扣定价时，可以在收集同行和竞品的批量折扣方案的基础上，为自己的批量折扣方案设计提供横向参考。

（三）任务要领

批量折扣的关键在于合理确定给予折扣的起点、折扣档次及每个档次的折扣率。假如享受折扣的批量起点定得很高，则只有很少的顾客可以获得优惠，绝大多数顾客将感到失望；而如果批量起点定得很低，折扣比例不合理，又起不到鼓励顾客购买和促进企业销售的作用。因此，企业应结合产品特点、销售目标、成本水平、企业资金利润率、需求规模、购买频率、竞争者手段及传统的商业惯例等因素来确定科学的折扣标准和比例。

设计批量阶梯

（四）任务流程

子任务三设计批量折扣方案操作流程如图 1-15 所示。

图 1-15　子任务三设计批量折扣方案操作流程

二、任务操作

操作要求：结合任务情境及任务准备，根据操作提示逐步完成唐韵温泉的批量折扣方案设计。

本任务操作的最终目标：为唐韵温泉设计系统的批量折扣优惠方案。

步骤一：决定优惠形式

操作提示：参照子任务三的知识点二，选择批量折扣的优惠形式，并简单说明理由。

【一次性批量折扣优惠形式】

温泉门票优惠形式_____

理由_____

客房优惠形式_____

理由_____

年卡/季卡优惠形式_____

理由_____

会议室优惠形式_____

理由_____

自由行优惠形式_____

理由_____

SPA 服务优惠形式_____

理由_____

游泳教学优惠形式_____

理由_____

主题晚宴优惠形式_____

理由_____

【累计批量折扣优惠形式】

累计批量折扣优惠形式_____

理由_____

步骤二：设计批量折扣标准

操作提示：优惠基准即达到优惠的起点，优惠幅度即达到相应的优惠级别给予什么幅度的折扣优惠，并简单阐述理由。

【一次性批量折扣优惠基准】

温泉门票优惠基准 ≥ _____张

优惠幅度设计_____

理由_____

客房优惠基准 ≥ _____间或晚

优惠幅度设计_____

理由_____

年卡/季卡优惠基准 ≥ _____张

优惠幅度设计_____

理由_____

会议室优惠基准 ≥ _____场

优惠幅度设计_____

理由_____

自由行优惠基准 ≥ _____人

优惠幅度设计_____

理由_____

SPA 服务优惠基准 ≥ _____人 / 次

优惠幅度设计_____

理由_____

游泳教学优惠基准 ≥ _____人

优惠幅度设计_____

理由_____

主题晚宴优惠基准 ≥ _____桌

优惠幅度设计_____

理由_____

【累计批量折扣优惠基准 】

累计批量折扣时间周期_____（月 / 季 / 年）

累计批量折扣优惠基准 ≥ _____元

优惠幅度设计_____

理由_____

步骤三：设计批量折扣体系

操作提示：将对应级别的购买数量，淡旺季的批量折扣填入对应的表格。

【设计一次性批量折扣体系 】

一次性批量折扣体系设计如表 1-21 所示。

表 1-21　一次性批量折扣体系设计

产品 / 折扣级别	购买数量	淡季折扣	旺季折扣
温泉门票	如 ≥5 张	如 10%（9 折）	如 5%（95 折）
级别 1			
级别 2			
级别 3			
级别 4			
级别 5			
客房	如 H3 间或 3 晚	如 10%（9 折）	如 5%（95 折）
级别 1			
级别 2			
级别 3			
级别 4			
级别 5			

续表

产品 / 折扣级别	购买数量	淡季折扣	旺季折扣
年卡 / 季卡	如 ≥5 张	如 10%（9 折）	如 5%（95 折）
级别 1			
级别 2			
级别 3			
级别 4			
级别 5			
会议室	如 ≥3 场	如 10%（9 折）	如 5%（95 折）
级别 1			
级别 2			
级别 3			
级别 4			
级别 5			
自由行	如 ≥3 人	如 10%（9 折）	如 5%（95 折）
级别 1			
级别 2			
级别 3			
级别 4			
级别 5			
SPA 服务	如 ≥3 人 / 次	如 10%（9 折）	如 5%（95 折）
级别 1			
级别 2			
级别 3			
级别 4			
级别 5			
游泳教学私教	如 ≥2 人	如 10%（9 折）	如 5%（95 折）
级别 1			
级别 2			
级别 3			
级别 4			
级别 5			
大班游泳教学	如 ≥2 人	如 10%（9 折）	如 5%（95 折）
级别 1			
级别 2			
级别 3			
级别 4			
级别 5			
主题晚宴	如 ≥5 桌	如 10%（9 折）	如 5%（95 折）
级别 1			
级别 2			
级别 3			
级别 4			
级别 5			

【设计累计批量折扣体系】

累计批量折扣体系设计如表 1-22 所示。

表 1-22　累计批量折扣体系设计

级　　别	消费金额 /[元 / 月（季、年）]	价　格　折　扣
级别 1		
级别 2		
级别 3		
级别 4		
级别 5		

三、任务评价

子任务三设计批量折扣方案评价如表 1-23 所示。

表 1-23　子任务三设计批量折扣方案评价

序号	项　目	分值	评　分　点	自　评	教师评	类型 1. 能力 2. 素养
1	选择一次性批量折扣优惠形式	10	理解折扣的不同形式 结合产品实际 优惠形式选择合理			1+2
2	选择累计批量折扣优惠形式	10	能与一次性批量明确区别开 优惠形式选择合理			1+2
3	设计一次性批量折扣基准	20	基准合理 折扣幅度合理 结合用户消费实际			1
4	设计累计批量折扣基准	20	周期设定合理 基准设计合理 结合用户消费实际			1
5	设计一次性批量折扣	25	级别区间合理 淡旺季折扣合理			1
6	设计累计批量折扣	15	消费金额设置考虑用户消费实际情况 折扣设计合理			1
	得分合计					

【任务拓展】采取渗透定价的小米

工作领域二
社交电商内容策划

学 习 目 标

1. 知识目标

（1）掌握社群营销内容写作。

（2）掌握图文信息内容的呈现方法。

（3）掌握建立图文内容素材库的方法。

（4）掌握编写短视频创意文案的方法。

（5）掌握短视频的审核及发布。

（6）掌握创建视频素材库的方法。

（7）掌握编写直播场景设计方案的方法。

（8）掌握编写直播脚本的方法。

（9）掌握直播复盘的技巧。

（10）掌握制作二维码内容和使用场景的方法。

（11）掌握设计 H5 场景及内容的方法。

（12）掌握位置信息页面展示内容设计的方法。

2. 技能目标

（1）能够根据产品卖点和目标人群，设计社群营销内容大纲和内容记忆点。

（2）能够对图文信息的内容和呈现效果进行把控，提出优化建议，并安排发布。

（3）能够根据所经营的垂直类目，收集并建立图文内容素材库，并持续更新。

（4）能够根据产品卖点和目标人群，编写短视频创意文案。

（5）能够对短视频的呈现效果进行把控，提出优化建议，并安排发布。

（6）能够根据商用版权说明，创建视频素材库，并持续更新。

（7）能够根据产品卖点和目标人群，编写直播场景设计方案，包括场景道具、设备、布景等内容。

（8）能够根据产品卖点和目标人群，编写直播脚本，包括单品脚本、活动节点设置、现场展示方法、直播预告的文案、切片等内容。

（9）能够对整场直播活动进行复盘，并指出问题点，提出优化建议。

（10）能够确定二维码链接内容和二维码使用场景。

（11）能够根据产品卖点和目标人群，设计 H5 场景及内容。

（12）能够根据线下实体店位置及店内主题，设计位置信息页面展示内容。

3. 素养目标

（1）增强法制观念，树立遵纪守法意识。

（2）培养创新精神。

（3）培养正确的人生观、价值观、世界观。

任务一　策划图文内容

任务情境

唐韵温泉很早就意识到图文内容设计在社群营销中的重要性，对文案、图片等内容进行设计，并通过微信、小红书等多个社交平台，以及携程、马蜂窝、飞猪等一站式旅游服务平台，对企业品牌、企业活动进行宣传推介，提高品牌的知名度，在线下与当地旅行社合作，通过宣传海报等形式进行活动推广，增加品牌的曝光度。

1. 分析社群营销中唐韵的现状

（1）分析现有图文内容设计。唐韵温泉在 2013 年分别创建了浙江唐韵温泉度假村股份有限公司企业微信公众号和浙江唐韵温泉公众号，定期发布企业动态、优惠活动、社群营销内容广告等图文信息。

浙江唐韵温泉度假村股份有限公司微信公众号已经过官方认证，按照每个月两期的频率不定期发布企业动态、品牌活动等图文信息。该微信公众号头像辨识度较高，符合唐韵的品牌调性及内容风格，能给人清晰的认知。

浙江唐韵温泉微信公众号的内容主要是社群营销广告发布，前期发文的频率很高，一个月最多能发布20篇文章，但目前该公众号运营并不理想，最近的内容发布时间为2018年，账号活跃度不高。

温泉度假村微信公众号如图 2-1 和图 2-2 所示。

（2）分析现有运营平台。唐韵温泉现已入驻携程、马蜂窝、飞猪、小红书等平台，为目标用户提供产品推荐。通过文字、图片的形式，将温泉度假村的环境、餐饮、住宿等具体信息呈现在一站式的服务平台上，并且通过攻略、游记、评论等场景和内容分享做出精准的产品推荐，不仅为用户省去了旅行决策的时间，还能够定制个性化的旅行方案，为目标用户提供更好的旅行体验。扫码查看唐韵温泉在携程、马蜂窝、飞猪、

唐韵温泉在携程、马蜂窝、飞猪、小红书中的搜索情况

2

小红书中的搜索情况。

图 2-1　温泉度假村微信公众号（1）　　　　图 2-2　温泉度假村微信公众号（2）

（3）分析现有宣传方式。定期推出活动宣传海报，吸引用户根据活动内容参加，采用视觉传达的表现形式，运用图像、文字、色彩、版面、图形等元素，进行创意性设计，展现宣传信息，吸引潜在消费者，让消费者产生参加活动的欲望，起到促销推广的作用。宣传海报如图 2-3~ 图 2-5 所示。

图 2-3　宣传海报（1）　　　　图 2-4　宣传海报（2）　　　　图 2-5　宣传海报（3）

（4）分析现有运营技巧。唐韵团队将工作中的素材收集、整理，分类建立文字、图片素材库并分别按照内容命名，在创作中可以根据相应文件夹迅速调取素材，节省制作时间，提高工作效率。

2.唐韵在图文内容设计中存在的问题

（1）微信公众号中原创内容较少。目前唐韵公众号内容主要有原创、整合、约稿、历史文章重发、转载等，大多是对度假村、优惠活动的介绍，再就是公司新闻，而原创内容较少，微信公众号的内容创作，要以给用户带来价值为核心导向，必须在粉丝中塑造一个专属形象，当用户想到温泉度假酒店时，会立即联想起公众号中介绍的内容。为了达到这样的效果，必须在内容层面为用户提供辨识度高、持续一致的内容，如果内容过于生硬，很可能让用户产生厌烦情绪，从而导致取消关注和用户流失。

部分素材库

（2）平台中的图片质量有待进一步提高。图片的美观程度，往往决定了用户的第一印象，精美的图片可以吸引用户的注意力并使其对图片内容产生强烈的兴趣，进而主动点击了解相关产品，最终促成产品的购买。相反地，缺乏美感的图片会减少游客继续深入了解的愿望，影响浏览量和转化率。唐韵在平台照片的使用中存在个别图片图文不符的问题，影响了画面效果。携程平台中的图片如图 2-6、图 2-7 所示。

部分温泉度假村公众号展示

图 2-6　携程平台中的图片（1）

图 2-7　携程平台中的图片（2）

（3）宣传海报可适当增加创意元素。海报设计首先要有视觉冲击力，最好能够做到一秒吸睛；其次，海报内容要简洁明了，能够快、准、狠地抓住人们的痛点；再次海报文案不宜过多，一般以图片为主、文案为辅；最后，海报主题一定要字体醒目，这样才能更加准确地传达信息。现有部分海报存在对活动或景点的单纯性描述，并不能引起用户的消费兴趣，图 2-8、图 2-9 是唐韵的宣传海报，图 2-8 比图 2-9 设计感要强。

（4）文字素材内容较少，素材库没有形成体系。唐韵温泉现有的素材库中，图片素材比较多、文字素材较少，建立文字素材库，可以在缺乏灵感时从中得到启发，也可以在积累素材的过程中进行学习。若想在设计文案时拥有源源不断的灵感，保持高质量的输出，就必须建立专属的内容素材库，以便挖掘灵感、引经据典、高效协作。另外，除建立图片、文字的素材库之外，还可以建立灵感、矢量图、活动方案、行业报告、数据图表等素材库，

图 2-8　醉美唐韵

图 2-9　唐韵游泳培训班

形成素材库体系，方便按照工作内容随用随取。

3. 破局之法

（1）设计社群营销内容。社群营销内容的写作是有一定技巧的，不仅要有创意，还要有合适的切入点，能吸引读者阅读，并在潜移默化中，让其自然而然地获取社群营销内容所要传达的产品信息，根据产品卖点和目标人群，选择一个巧妙的产品信息进行植入，选取有诱惑力的标题、文章开头及设计结尾等进行社群营销内容设计。

（2）审核图文信息内容。图文信息内容审核主要是对图文内容和呈现效果进行把控，图文排版要美观大方，提供良好的用户体验，获得用户的支持，提升品牌的信誉度，同时对上传的图片、文字进行内容审核，对低质量的内容进行过滤筛选，从而生产高质量的内容，防止降低用户体验，保持良好的内容调性。

（3）创建图文素材库。俗话说"工欲善其事必先利其器"，做图文需要建立完备的素材库体系，通过日常的收集、积累并分门别类建立素材库，定期整理、持续更新，为今后的创作提供长久且不枯竭的原动力，为内容的输出提供强有力的支撑。

■ 子任务一　设计社群营销内容

一、任务准备

（一）知识准备

知识点一：社群营销内容定位

社群营销内容的市场竞争越来越激烈，为了能够让粉丝在内容层面想到你的领域时就能立马想到你，必须在内容层面明确"写什么"。

内容定位，你需要知道的

知识点二：社群营销内容写作架构

撰写社群营销内容时，需要找到一个好的切入点，收集各种写作素材，选取一个有诱惑力的标题，接着撰写正文，完成结尾的引导，这就是基本的写作思路。

具体写作思路
细节

知识点三：社群营销内容写作技巧

社群营销内容如何做才能有创意，让人眼前一亮，可以采用挖历史、讲故事、借东风、用数字、动真情、借助名人效应、挖掘与用户有关的内容等简单易学的技巧。

社群营销内容
写作技巧

创新思维培养与
训练

知识点四：开阔社群营销内容写作思路的方法

不管是提炼主题还是进行正文创作，都需要创意的支持才能推陈出新，可以通过创新思维的方法开阔思路，创新思维需要通过培养和训练不断提高。

（二）操作准备

步骤一：设定本次推广要达到的目标和效果

社群营销内容的目的是给自己的产品或者服务进行营销推广宣传，把目标用户变成实际用户，提高转化率，根据营销对象的不同，制定不同的社群营销内容。例如，唐韵温泉如果目标是对品牌进行推广，那么首先就需要对品牌有一个清晰的认识，并给予明确的定位，然后进行目标用户分析，再根据渠道的不同、受众的不同，以受众的需求创作有价值的内容。

步骤二：通过用户画像分析目标用户

通过用户画像的确定，在知道用户的标签及用户的偏好行为之后，可以有针对性地给用户推荐他们喜欢或者满足他们需求的广告。例如，针对学生，系统可能会推荐一些课程，针对白领，系统可能会推荐一些工作技能。

（三）任务要领

1. 深入了解目标消费者

要深入了解目标消费者，包括他们的教育程度、心理喜好、收入状况、阅读习惯等，这样才能被消费者关心和重视，促使他们阅读下去。

2. 选取好标题

好标题是成功的一半。由于生活、工作节奏快、信息量巨大，大多数消费者都习惯浏览式阅读，因此标题是否具有吸引力，成为能否抓住消费者注意力的关键。

3. 找一个好的主题

社群营销内容一定要有一个鲜明的主题，这样才能真正吸引读者，才能产生新闻效应，给消费者留下深刻印象。有了好的主题，它的内容也会随之变得生动，让人感到真实、可信，而不是让人觉得尽说些大话、空话，从而引起反感。一个好的主题是一篇社群营销内容的灵魂，也是撰写社群营销内容的至高境界。

4. 表现诉求手段多样化

社群营销内容的创作经常运用的表现诉求手法有新闻式、说理式、情感式、直接式、问答式等。社群营销内容文案要尝试从不同角度去丰富社群营销内容，增加社群营销内容的可读性、知识性。

5.社群营销内容与市场推广相衔接

社群营销内容的创作要有系列性，它一定随着市场营销的不断加深而相互呼应。市场变化了、广告投放策略变化了，社群营销内容也要变。

（四）任务流程

子任务一设计社群营销内容操作流程如图 2-10 所示。

图 2-10　子任务一设计社群营销内容操作流程

二、任务操作

操作要求：结合任务情境及任务准备，完成任务操作。

本任务操作的最终目标：完成唐韵温泉品牌推广社群营销内容大纲。

步骤一：寻找文章的切入点

【根据当前热点寻找文章的切入点】

操作提示：新浪微博每天都有大量新热点，而这些热点都是网友感兴趣的，从中可以挑选几个热点寻找文章的切入点。例如，今天的热点有"愚人节开玩笑""全球粮食上涨"等。

切入点 1 ＿＿＿＿＿＿＿＿＿＿＿＿＿＿＿＿＿＿＿＿＿＿＿＿＿＿＿＿＿＿

切入点 2 ＿＿＿＿＿＿＿＿＿＿＿＿＿＿＿＿＿＿＿＿＿＿＿＿＿＿＿＿＿＿

切入点 3 ＿＿＿＿＿＿＿＿＿＿＿＿＿＿＿＿＿＿＿＿＿＿＿＿＿＿＿＿＿＿

【根据用户的需求寻找文章的切入点】

操作提示：需求是指在特定的情况下产生的特定的问题，并且这个问题是可以解决的，需求分为刚性需求和非刚性需求。例如，你饿了，有卖馒头的，有卖汉堡的，虽然你很想吃汉堡，但是你的钱只够买馒头，你不吃就得饿着，所以馒头是刚性需求，汉堡对此时的你来说就是非刚性需求。

用户需求 1 ＿＿＿＿＿＿＿＿＿＿＿＿＿＿＿＿＿＿＿＿＿＿＿＿＿＿＿＿

用户需求 2 ＿＿＿＿＿＿＿＿＿＿＿＿＿＿＿＿＿＿＿＿＿＿＿＿＿＿＿＿

用户需求 3 ＿＿＿＿＿＿＿＿＿＿＿＿＿＿＿＿＿＿＿＿＿＿＿＿＿＿＿＿

【根据用户的痛点寻找文章的切入点】

操作提示：痛点就是让目标用户付出某种行动的最大阻碍。例如，在美图秀秀之前，大部分图像处理软件（如 Photoshop）都专注于提高处理图像的性能，这个时候，让用户使用图像处理软件的最大阻碍是什么呢？最大的阻碍可能是易用性，因此易用性可能就是痛点，而抓住这一痛点，专注于提高易用性的美图秀秀就取得了初期成功。

用户痛点 1 _____

用户痛点 2 _____

用户痛点 3 _____

【根据品牌的特点寻找文章的切入点】

操作提示：品牌具有个性，品牌具有专有性，品牌以顾客为中心，这都是品牌的特点。例如，海尔"真诚到永远"，给人一种优质、真诚和负责的感觉；迪士尼"让全世界开心起来"，带给人们的将全部是快乐的回忆。

品牌特点 1 _____

品牌特点 2 _____

品牌特点 3 _____

【分析竞争对手的弱点寻找文章的切入点】

操作提示：竞争对手就是你的敌人，知己知彼，百战不殆，要想占有更大的市场份额，分析竞争对手是必不可少的。例如，分析唐韵的竞争对手就是同区域、同类型的温泉度假酒店，分析它们的产品，找到它们的弱点。

竞争对手弱点 1 _____

竞争对手弱点 2 _____

竞争对手弱点 3 _____

步骤二：拟定标题

【根据热点事件拟定标题】

操作提示：标题结合最新的热点事件，不仅具有时效性，还能吸引大众对热点的关注，提高文章的打开率和转发率。

标题 1 _____

标题 2 _____

标题 3 _____

【运用数字拟定标题】

操作提示：数字能将模糊化的信息具体量化，适当使用数字可以在视觉上造成冲击，识别度高，更能吸引读者的目光。例如，她已经 47 岁了，浑身依旧充满了少女感，像 18 岁的小姑娘，是怎么做到的？

标题 1 _____

标题 2 _____

标题 3 _____

【借助名人效应拟定标题】

操作提示：名人效应就是名人本身的影响力，在其出现的时候达到事态扩大、影响加

2

强的效果，标题中出现名人会吸引读者打开阅读。例如，打造迪丽热巴同款水嫩果冻肌肤，只需要 3 招。

标题 1 _____

标题 2 _____

标题 3 _____

【运用场景代入拟定标题】

操作提示：通过场景代入，读者读完标题，一种情况是立即会有一种"这就是说我的，这些事情也是我干过的事情，好像这个画面就在我面前，让我有切肤之痛"；还有一种情况，标题中的讲述可以让你不熟悉的事物，变成你非常熟悉的事物，产生了强联系。例如，玩命工作，就是年轻时最好的生活；有了它，你可以 2 分钟搞定一张海报。

【利用疑问式 / 反问式拟定标题】

操作提示：这样的标题会引起用户的好奇心，激发人们阅读文章的兴趣，例如，在夏天，你应该如何有效防止中暑？

标题 1 _____

标题 2 _____

标题 3 _____

步骤三：设计文章结构

操作提示：社群营销内容以文章为表现形式，那它就具备了文章的一般结构。文章最基本的一般结构为起—承—转—合。"起"就是文章的开头，以求先声夺人；"承"是指中心思想的传承；"转"就是文章的传播，这也是社群营销内容是否影响人的重要方面；"合"是对文章的总结，以及中心思想的加强。

【开头】

操作提示：文章的开头要想吸引读者，可以描绘利益，告诉读者看了这篇文章会获得什么好处；也可以制造悬念，提起读者兴趣，让读者想要读下去；还可以用真情实感来拉近与读者之间的距离。

□ 描绘利益：

_____

_____

_____

□ 制造悬念：

_____

_____

_____

□ 真情实感：

_____

_____

_____

【正文】

操作提示：社群营销的目标主要是通过社群营销内容正文来反映，它起着介绍商品、树立商品的消费形象和推动购买的作用。

□ 符合事实性：

即朝着完全符合事实的方向构思。这种方法只要列明商品名称、规格、性能、价格、质量、特点、电话、地址即可。

_____

_____

_____

□ 说服性：

即按说服的方向构思，以消费者所能得到的利益为前提，说服其购买。说服的技巧有比较法、证明法、警告法等。

_____

_____

_____

□ 感情性：

即向感情方向构思，富有感情的词句能够打动消费者，使之产生购买意念。这种广告文讲究用词精美，字里行间充满感人的力量，属于感情性诉求。

_____

_____

_____

【结尾】

操作提示：社群营销内容的结尾可以再次强调正文中的结论，加深读者印象，还可以引导读者行动。

□ 加深读者印象：

_____

_____

_____

□ 引导读者行动：

_____

_____

_____

步骤四：完成内容大纲

【标题】

_____

【开头】

_____

_____

2

【正文】

_____

_____

_____

_____

【结尾】

_____

_____

_____

_____

三、任务评价

子任务一设计社群营销内容评价如表 2-1 所示。

表 2-1 子任务一设计社群营销内容评价

序号	项目	分值	评 分 点	自评	教师评	类型 1. 能力 2. 素养
1	寻找文章切入点	25	能够根据当下热点寻找切入点 能够根据用户需求寻找切入点 能够根据用户痛点寻找切入点 能够根据品牌特点寻找切入点 能够根据对手弱点寻找切入点			1+2
2	拟定标题	25	能够结合热点事件拟定标题 能够运用数字拟定标题 能够借助名人效应拟定标题 能够运用场景代入拟定标题 能够利用疑问反问拟定标题			1+2
3	设计文章结构	50	能够用利益描绘、悬念制造、情感渲染组织文章开头 正文的架构符合事实性、有说服性、感情丰富 结尾能加深读者印象并能鼓励行动			1+2
得分合计						

■ 子任务二 审核图文信息内容

一、任务准备

（一）知识准备

知识点一：图文内容的排版

好的图文排版不是一定要美轮美奂，而是能让内容条理清晰，让读者读起来更加舒服，让公众号视觉形象更加突出。"良仓"排版如图 2-11 所示。

图 2-11　"良仓"排版

1. 封面

文章封面是除标题之外，读者在点开文章前首先看到的信息。封面图片做得吸引力越强，读者打开的欲望也会越强。两条信息以上的封面图片选取风格，要与一条信息图片一致。如果实在找不到风格一致的图片，可以裁剪头条图片中的某一部分，作为封面。

封面页设计
风格分类

2. 颜色

公众号排版，使用的颜色不可超过 3 种，颜色一旦多起来，风格就难以固定。颜色最好根据品牌的调性去选择，如果整个品牌呈现一种积极向上的力量，可以选择橙色；如果呈现的是一种商务范气质，可以选择蓝色或红色。行动派公众号颜色如图 2-12 所示。

3. 插图

正文内容的插图风格要统一，建议每隔 5~6 段文字，插入一张图片作为留白，大片文字会给人一种压迫感，在恰当的位置插入一张图片，可以给读者一个休息的时间。单向街书店插图如图 2-13 所示。

4. 字体

关于字体大小的设置，正文内容尽量使用 14 号或 16 号字体，标题可以使用 18 号或 20 号。而一些备注性的文字、不太重要的信息，则可以使用 10 号，也就是字号最小的那个字体。

5. 图文行距和页边距

行距就是正文中每行文字之间的距离，跟 Word 一样，行间距小，文字会挤在一起，影响阅读。推荐图文的行间距是 1.5 倍或 1.75 倍行距，看起来比较舒服，特别是内容比较

2

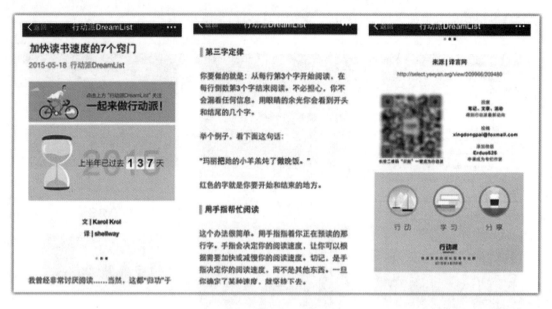

图 2-12　行动派公众号颜色

图 2-13　单向街书店插图

多的时候，1.75 倍行距比较合适。文字字体越小，行间距应该越大。

6. 底部

公众号文章底部，就是放置公众号二维码及简介的地方，引导读者关注。排版的方法主要有两种：一种是上下型排版，二维码在上面，公众号的简介在下面；另一种是左右型排版，通常可以做成一种小卡片的形式，这样看起来会更加精致。上下型排版如图 2-14 所示，左右型排版如图 2-15 所示。

图 2-14　上下型排版　　　　　　　　图 2-15　左右型排版

知识点二：海报的设计思路

提到海报，大家印象最深的莫过于各种旅游海报。"旅"是旅行，外出，即为了实现某一目的而在空间上从甲地到乙地的行进过程；"游"是外出游览、观光、娱乐，即为达到这些目的所做的旅行。两者合起来就是旅游。所以，旅行偏重于行，旅游不但有行，且有观光、娱乐含义。

1. 分析项目

旅游一般都选在风景优美或有文化历史的地方，所以整个海报需要体现景区的特点，并传递给人们美的感觉。杭州旅游海报如图 2-16 所示。

图 2-16　杭州旅游海报

2. 选择素材

因为是旅游类的项目，所以素材图片的选择肯定是关于旅游地区的一些风景图，图片最好能够体现旅游区的特色，能够让人一看到图片，就能立即想到相关的旅游区，并且图片的质量也是很重要的，高清、高质量的美图更能吸引用户的注意力，也更能传递出景区的特点。西藏旅游海报如图 2-17 所示。

3. 选择文字

对于旅游类的项目设计，在选择文字时要考虑行业的属性、调性、气质等多方面的因素，最好选择一些能够让人放松的字体，例如手写体，或将文字变形，变得更随性、轻盈，这样的字体也比较符合画面的气质。边境旅游海报字体如图 2-18 所示，成都旅游海报字体如图 2-19 所示。

图 2-17　西藏旅游海报　　　图 2-18　边境旅游海报字体　　　图 2-19　成都旅游海报字体

知识点三：图片拍摄技巧

在线旅游平台是免费宣传酒店的"宝地"，作为消费者点进酒店页面的第一印象，酒店照片展示对于平台酒店产品及服务的完善非常重要。

1. 构图均衡平稳

均衡式构图，给人以宁静和平稳感，但又没有绝对对称的那种呆板、无生气印象。要形成均衡式构图，关键是要选好均衡点。客房拍摄最好采用平摄，而俯拍和仰拍会使画面不均衡。均衡式构图如图 2-20、图 2-21 所示。

图 2-20　均衡式构图（1）　　　　　　　图 2-21　均衡式构图（2）

2. 强调拍摄主体

尽量选择一个物品作为主体，其他物品作为陪体。主体是照片中最重要的部分，无论把它放在照片的哪一个位置，拍摄时必须突出而鲜明。在构图时要考虑主体是否是画面的结构和内容的中心，要保证主体完整。假如想拍床，就不要露出太多的桌子；假如拍摄主体是桌子，就不要让窗户抢占了视线。强调拍摄主体如图 2-22 所示。

图 2-22　强调拍摄主体

3. 不要逆光拍摄

有的时候明明是朝南的大主卧，自带阳台光线又好，偏偏拍出来又黑又暗，看上去比朝北的卧室光线还要差。这是因为逆光拍摄会显暗，所以要进行顺光拍摄。

知识点四：审核图文内容

对于资讯类产品和内容产品来说，内容审核是必不可少的环节。人工智能的发展，可以借助机器替代一部分审核工作，但由于内容的复杂性，人工审核必不可少。

图文内容
审核详解

（二）操作准备

步骤一：熟记《广告法》禁用词类别

（1）表示权威性的禁忌词。包含"首 / 家 / 国"及相关词语，包含"最"及相关词语，包含"一"及相关词语，包含"级 / 极"及相关词语，表示品牌地位的相关词语；人民币图样；国家 ××× 领导人推荐、机关推荐、机关专供、特供；质量免检、无须国家质量检测、免抽检；老字号、中国驰名商标等。

（2）迷信用语。带来好运气、增强第六感、增加事业运、招财进宝、健康富贵、提升运气、有助事业、护身、平衡正负能量、调和气压、逢凶化吉、时来运转、万事亨通、旺人、旺财、助吉避凶、转富招福等迷信色彩的用语。

（3）打色情擦边球的用语。零距离接触、余温、余香、身体器官描述等违背社会良好风尚的色情暗示词语。

（4）虚假内容相关词语。史无前例、前无古人、永久、万能、祖传、特效、无敌、纯天然等无法提供证明的虚假宣传词语。

（5）涉嫌欺诈消费者的表述。点击领奖、恭喜获奖、全民免单、点击有惊喜、点击获取、点击转身、点击试穿、点击翻转、领取奖品、非转基因更安全等涉嫌诱导消费者的表述。

（6）激发消费者抢购心理的表述。秒杀、抢爆、再不抢就没了、不会再便宜了、错过就没机会了、万人疯抢、抢疯了、售罄、售空、史上最低价、错过不再/错过即无、全民疯抢/抢购、免费领、零首付、零距离、价格你来定等激发抢购心理的词语。

（7）限定时间的表述。限时须有具体时限，所有团购须标明具体活动日期，例如今日、今天、几天几夜、倒计时、趁现在、就、仅限、周末、周年庆、特惠趴、购物大趴、闪购、品牌团、精品团、单品团，严禁使用随时结束、仅此一次、随时涨价、马上降价、最后一波等无法确定时限的词语。

（8）医疗广告违禁词（包括医院、药品、医疗器械）。当天就见效、××天从根好、治愈率为××%、轻松告别、都治好、延长生命、医疗水平最高、更安全、恢复快、零事故、零担忧、完全清除、一次性治愈不复发、无一人复发、全部康复、彻底消除、显著改善等对医疗效果做出保证性承诺的词语。未标明"请按药品说明书或者在药师指导下购买和使用"字样。

（9）化妆品广告违禁词。特效、高效、全效、强效、速效、速白、一洗白、××天见效、××周期见效、超强、激活、全方位、全面、安全、无毒、溶脂、吸脂、燃烧脂肪、瘦身、瘦脸、瘦腿、减肥、延年益寿、提高（保护）记忆力、提高肌肤抗刺激、消除、清除、化解死细胞、去（祛）除皱纹、平皱、修复断裂弹性（力）纤维、止脱、采用新型着色机理永不褪色、迅速修复受紫外线伤害的肌肤、更新肌肤、破坏黑色素细胞、阻断（阻碍）黑色素的形成、丰乳、丰胸、使乳房丰满、预防乳房松弛下垂（美乳、健美类化妆品除外）、改善（促进）睡眠、舒眠等。

（10）房地产广告违禁词。

① 收益稳健、保证升值、无忧保障、稳定收益、即买即收租金、升值价值、价值洼地、价值天成、投资回报、众筹、抄涨、炒股不如买房、升值潜力无限、买到即赚到等对升值或者投资回报的承诺性词语。

② ××分钟可达火车站/机场/高速、仅需××分钟等以项目到达某一具体参照物的所需时间表示项目位置的词语。

③ 一河一岛五公园、两河一湖四公园、××医院规划建设中、××城轨交通规划中、××文化馆/体育馆/学校规划建设中、×××学校近在咫尺、升学无忧、教育护航、九年制教育、一站式教育、入住学区房、优先入学、12年教育无忧、让孩子赢在起跑线上等误导消费的词语。

④ 其他对规划或者建设中的交通、商业、文化教育设施以及其他市政条件作误导宣传的词语。

（11）教育培训广告违禁词。

① 记忆效率提升百倍、成绩飞跃、过目不忘、7天记住永不忘、通过率××%、高分王者、名列前茅、缔造传奇、百分百高薪就业、国家承认等对培训效果、获得学位学历等做出保证性承诺的词语。

② 命题专家联手、圈定考试范围、通往清华/北大的金钥匙等暗示有考试命题人员

参与培训的词语。

（12）金融广告违禁词。100% 本息保障、100% 胜率、×%~×% 年化收益率、无风险、保值增值、本息安心、稳赚、最专业、最安全等对未来收益做出保证性承诺的词语。应当对可能存在的风险以及风险责任承担有合理提示或者警示。

（13）虚假宣传专利技术。未取得专利权的，不得在广告中谎称取得专利权。禁止使用未授予专利权的专利申请和已经终止、撤销、无效的专利作广告。

步骤二：了解主流自检测平台

推荐使用网易易盾网站进行图文的自检自查，该网站为一站式数字内容风控平台，依托网易先进技术和实践经验，是国内领先的数字内容风控服务商，能够提供专业可靠的安全服务。涵盖内容安全、业务安全、移动安全，服务超 40 万开发者与数千家付费客户，是人民网、外交部、华泰证券、OPPO、知乎、B 站正在使用的图文视频检测工具，如图 2-23 所示。

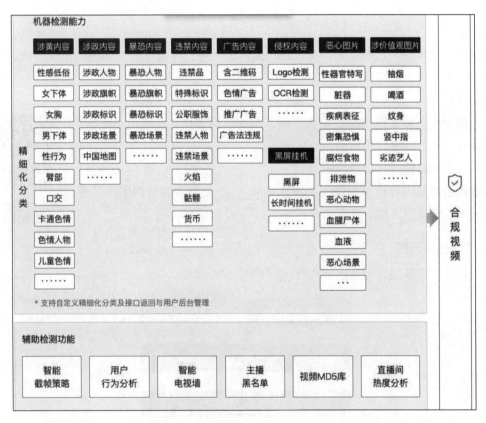

图 2-23　网易易盾的检测内容分类

（三）任务要领

旅游类公众号主要是以活动宣传、景点介绍为主，伴有故事征集，生活理念型社群营销内容。

1. 配色

旅游资讯类样式多样，颜色鲜艳，多以黄、红、绿、蓝等颜色为主，容易吸引人。景

2

点和民宿酒店类色调相对统一，营造一种高雅、简洁的风格。如 airbnb 爱彼迎的公众号做得就很简洁，首页有歌曲，配图以动图为主，每篇文章基本都配有视频，乐于营造慢生活、悠闲美好的家庭氛围。airbnb 爱彼迎公众号配色如图 2-24、图 2-25 所示。

图 2-24 airbnb 爱彼迎公众号配色（1）

图 2-25 airbnb 爱彼迎公众号配色（2）

2. 配图

配图除图片清晰、质量高、无水印、风格统一外，还需要注重多图的排版。旅游类推文应以图为主。

3. 样式

旅游资讯类样式运用是比较大胆的，整体版面多样，而酒店类则较少运用这种样式，一般较为简洁。

4. 常用的微信内容排版编辑器

常用的微信内容排版编辑器主要有秀米、135 编辑器和新榜编辑器等，几款编辑器侧重点不同，各有所长。

各类排版
编辑器特点

（四）任务流程

子任务二审核图文信息内容操作流程如图 2-26 所示。

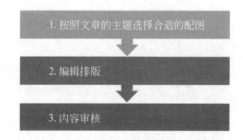

图 2-26 子任务二审核图文信息内容操作流程

二、任务操作

操作要求：结合任务情境及任务准备，完成任务操作。

本任务操作的最终目标：根据子任务一中社群营销内容完成一期唐韵温泉公众号的图

文排版。

步骤一：按照文章的主题选择合适的配图

操作提示：配图最主要的目的是用更直观的方式展示文字表达困难的内容，优秀的配图往往可以提升阅读的体验，让读者抛离晦涩难懂的文字来了解文章内容。抑或是一两个彩蛋，给读者惊喜。与此同时，图片的存在也给读者一定的休息空间，从而让读者在视觉上从密集的文字中脱离出来稍作休息，继续阅读。

【图片与内容要相符】文章中的配图，一定要有其存在的意义，碎片化时代，人们更愿意通过图片来了解世界。选图时首先要了解文章想要表达的内容，然后再去查找相关的内容。文章配图如图 2-27 所示。

图 2-27　文章配图

唐韵温泉公众号文章配图举例：

【图片质量】图片要清晰，图片是给予读者的第一感官，模糊的图片会瞬间拉低文章水平，一定要避免使用。另外，图片上不能有马赛克、Logo 和水印。清晰与模糊图片对比如图 2-28 所示。无水印与有水印图片对比如图 2-29 所示。

【图片效果】选择饱和度高的颜色鲜艳的图片。饱和度高的颜色鲜艳的图片可以在第一时间抓住用户的注意力，模糊外加色彩黯淡的图片，很容易让读者对文章失去兴趣。

2

(a) 清晰　　　　　　　　　　　　　　　(b) 模糊

图 2-28　清晰与模糊图片对比

(a) 无水印　　　　　　　　　　　　　　(b) 有水印

图 2-29　无水印与有水印图片对比

唐韵温泉公众号图片质量举例：

颜色鲜艳与色彩黯淡图片对比如图 2-30 所示。

(a) 颜色鲜艳　　　　　　　　　　　　　(b) 色彩黯淡

图 2-30　颜色鲜艳与色彩黯淡图片对比

唐韵温泉公众号图片效果举例：

【组图】组图要和谐，图片的色彩、风格、大小要保持统一，这样文章给人的体验会
比较好。组图和谐如图 2-31 所示。

图 2-31 组图和谐

唐韵温泉公众号组图举例：

【封面图】封面图要能够吸引人，用户在刷信息流的时候，第一眼吸引他的或许不是
标题，而是占据大篇幅的图片，一篇文章封面图的质量间接映射文章质量。要把最能吸引
人、最能说故事的图片呈现给大家。食谱封面图如图 2-32 所示。

图 2-32 食谱封面图

2

唐韵温泉公众号封面图举例：

步骤二：编辑排版

操作提示：公众号的排版配图十分重要，它几乎决定了阅读量和粉丝量，如果想要更美观，可以选择 Photoshop，将内容排到图片中，再把图片插入公众号中。

新榜编辑器排版教程

【用新榜编辑器进行排版】

使用新榜编辑器编辑完成的排版：

【用 Photoshop 进行排版】

如图 2-33、图 2-34 所示小标题都是图片，所以显得如此与众不同。

图 2-33　用图片做小标题（1）

图 2-34　用图片做小标题（2）

使用 Photoshop 编辑完成的排版：

步骤三：内容审核

操作提示：对社群营销内容内容进行审核，例如，在标题中看不到关键词，在内容中，关键词布局密度欠佳；原创度不高；句子读不通，有语法错误等。

请修改下面这篇社群营销内容，要求标题字数控制在 25 字以内，要有关键词，语句通顺，内容要符合品牌定位及产品推广。

主打"有态度的川菜"，王品开创"餐饮潮牌"

11 月，王品旗下川菜品牌"GUN8 辣椒"于上海开幕。不同于传统的川菜馆，"GUN8 辣椒"在品牌定位、菜品研发、门店装潢等方面都力求打破常规，创新突破。

川菜的口味大多浓郁且刺激，为年轻人所喜爱，所以王品在打造"GUN8 辣椒"这个新品牌时，目标消费者也定位在年轻人群。通过市场调研，王品发现，年轻人更喜欢去有个性、有话题，同时具备稀缺性的品牌餐厅。因此这次王品决定打破以往的传统模式，打造一个"有态度"的川菜品牌。

"GUN8 辣椒"在整个体验氛围上，希望从年轻人的思维和角度去设计，展现年轻人的态度。例如，"GUN8 辣椒"的命名是从翻滚吧辣椒衍生而来，辣椒在锅内翻滚，配合着不同的食材，演变成不同的美味。而在菜品的命名方面，

"GUN8 辣椒"希望困扰大家的负能量、减肥、套路、失恋通通"GUN8"。所以就有了十大必"GUN"菜："GUN8 负能量"——常旺鱼、"GUN8 减肥"——馋嘴蛙、"GUN8 套路"——烤脑花、"GUN8 失恋"——酸汤肥牛……"GUN8 辣椒"的态度不仅体现在命名上，店员的服装也很有态度。与十大必"GUN"菜的菜名相呼应，服务人员的衣服背后都印上"GUN8 负能量""GUN8 减肥"等印花，并且各有不同，让人忍俊不禁。辣椒的火辣和刺激加上"GUN8"一切的不如意、负能量，会不会让美食体验更具意义？

修改后：

_____

_____

_____

_____

_____

_____

_____

_____

_____

_____

_____

三、任务评价

子任务二审核图文信息内容评价如表 2-2 所示。

表 2-2　子任务二审核图文信息内容评价

序号	项　目	分值	评　分　点	自　评	教师评	类型 1.能力 2.素养
1	熟记《广告法》禁用词	30	熟记极限词 熟记欺诈虚假宣传用语 熟记房产、金融、美妆、医疗等行业的违禁语 举一反三，灵活运用			1+2
2	能够熟练使用自检工具	20	能够使用各类自检工具对自己的图文内容进行初审			1
3	掌握图文排版时图片质量要求	25	清晰无水印 与全文风格统一 符合版权要求			1

续表

序号	项　目	分值	评　分　点	自　评	教师评	类型 1. 能力 2. 素养
4	掌握文字内容的审核要点并完成审阅修订任务	25	标题中有关键词 正文关键词布局合理 原创度高 语句通顺 无语法错误			1+2
得分合计						

■ 子任务三　创建图文素材库

一、任务准备

（一）知识准备

知识点一：收集素材

做公众号要持续有力地产出优质内容，素材可以为创作提供依据，建立素材库时，需要有意积累大量知识并且进行迭代，在这个过程中，我们的认知会不断得到升级，经过思考形成自己的知识体系。素材可以是一句话、一段话、一篇文章、一张图片等。

素材分类及来源

知识点二：素材分类

收集的素材要按照相应的类别进行分类，针对现有的素材，把各式各样的素材资源进行合理划分，整理成属于自己的一套体系，并且将这个体系做成自己的素材库。可以将素材按以下几种类型进行分类：排版素材库、配图素材库、文章素材库、标题素材库等。分类便于快速找到想要的资料，所以资料分类保存是建立素材库的第一步。

建立素材库的
步骤

每次发现新的素材都可以按照以上方式分类归纳，定期删除过期的、增加新颖的，不断扩充更新素材库。每周整理一次素材库，这也符合将同类事物放到一起执行的效率法则。

（二）操作准备

步骤一：日常素材的收集

若要创作内容，必须要有大量的输入，去看书、去看别人的文章、去看电影、去思考，把你看到的有趣的事物、经典作品、真实故事、好的段子，甚至是一段影片、一条对话及冒出来的创意想法都要记录下来，分门别类，这会让你有足够的素材来丰富表达，空闲的时候，多去翻一下这些素材，可能就有新的思考，然后结合自己对生活的观察和思考，会有源源不断的写作素材。

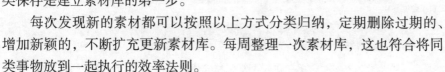

2

步骤二：运用素材收集工具

创作需要大量的素材做支撑，不管是做热点事件的创作还是平常的内容创作，都离不开相关素材的收集，素材收集工具可以帮助我们收集更多的素材，创作出更高质量的内容。

（三）任务要领

1. 素材收集工具

有道云笔记、印象笔记、捷径、讯飞语音速记、收趣、萝卜书摘、锤子便签、幕布等素材收集工具各有各的优势，适用于不同情景。

平时看纸质书籍，想要将图片保存下来，可以使用扫描全能王。如果是文字，可以使用传图识字小程序、白描等 App 软件，只需要拍下想要的文字图片，就可以自动识别文字，文字的导出可以是 Word、PDF 和纯文字，实用方便快捷。

2. 图片素材收集库

在各类图片素材收集库中，Unsplash 种类丰富，500px 是数量巨大的专业摄影图，Pixabay 拥有惊人的免费图片，Pexels 以生活清新类图片为主，而 PicJumbo 主打文艺小清新。

3. 热点素材收集网站

主要的热点素材收集网站包括百度搜索风云榜、新榜、头条指数、微博热搜、搜狗微信搜索等。

各类素材收集工具具体用途

图片素材收集库

各类收集网站特点

（四）任务流程

子任务三创建图文素材库操作流程如图 2-35 所示。

图 2-35　子任务三创建图文素材库操作流程

二、任务操作

操作要求：结合任务情境及任务准备，完成任务操作。

本任务操作的最终目标：建立唐韵温泉的图文素材库。

步骤一：收集相关的素材

操作提示：旅游文章主要分为 3 类：旅游游记、景点介绍、活动图文。要注意收集日常产生的新想法、灵感；也可以把行业内做得比较好的公众号拿出来研究，包括文章选题、颜色、字体、排版、布局、主题、公众号调性等；也可以从四季开展的活动角度去收集相关的素材，例如春天的赏花季、夏天的亲子游、秋天的采摘季、冬天的滑雪季等；还有一般活动的素材，如试睡、试吃的体验等。

【灵感素材】

1. _____　　2. _____

3. _____　　4. _____

5. _____　　6. _____

【公众号素材】

1. _____　　2. _____

3. _____　　4. _____

5. _____　　6. _____

【四季活动素材】

春: _____　　夏: _____

秋: _____　　冬: _____

【一般活动素材】

1. _____　　2. _____

3. _____　　4. _____

5. _____　　6. _____

步骤二：将素材库里的素材按照属性、用途进行分类

操作提示：搭建好素材库之后，很重要的一点，就是构建自己熟悉的检索方式，建立目录时，尽量简洁清晰，或借助思维导图，根据推理逻辑来排布。思维导图如图2-36所示。

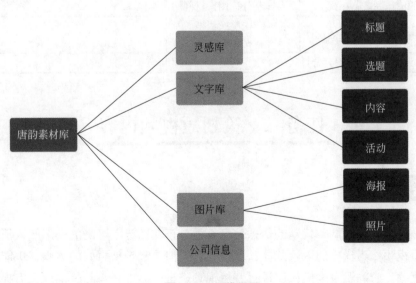

图2-36　思维导图

2

参照图 2-36 构建自己的素材库：

步骤三：整理、更新素材库

操作提示：在素材库框架上，将收集到的素材放入素材库，并分别命名文件夹和文件，有针对性、有目的地增补更多素材。

三、任务评价

子任务三创建图文素材库评价如表 2-3 所示。

表 2-3 子任务三创建图文素材库评价

序号	项　目	分值	评　分　点	自　评	教　师　评	类型 1.能力 2.素养
1	掌握各类素材工具的用途	20	全面且准确			1
2	熟记各类素材网站	20	全面且准确 能够举一反三			1
3	能够通过不同主题编写收集素材的清单列表	30	思路开阔 充分运用素材网站			1+2
4	做好素材分类文件夹的设计	30	结构层次清晰 素材种类丰富			1+2
得分合计						

任务二　策划短视频内容

任务情境

短视频是移动互联网时代新的传播信息符号，正在以势不可当的姿态闯入消费者的娱乐生活，短视频作为优质的内容载体，不仅能够给消费者带来更好的体验，也能直接提高商家的转化率。唐韵温泉度假村通过抖音短视频进行产品推介、品牌推广，以提高产品销量及品牌的曝光度。

1. 唐韵温泉度假村在设计短视频内容方面的现状

唐韵温泉度假村在抖音上分别建有唐韵温泉度假村和唐韵温泉两个抖音号，视频中能够展示唐韵温泉度假村优美的环境、古典的建筑，画面唯美，能够体现唐韵的主题，并且搭配较舒适的背景音乐，创造出一个惬意舒适的环境氛围；另外，通过企业家为企业代言，推介产品，能够迅速取得用户的信任。唐韵温泉度假村短视频内容如图 2-37、图 2-38 所示。

图 2-37　唐韵温泉度假村短视频内容（1）　　　图 2-38　唐韵温泉度假村短视频内容（2）

2. 唐韵温泉度假村在设计短视频内容方面存在的问题

（1）唐韵温泉度假村抖音作品数量少，视频内容略显单调。做短视频首先要有自己的定位，找到自己内容的方向、人设、风格、记忆点，有自己的创作思路，以及做短视频的目标、创意、执行力等。有趣的、好玩的、有用的、好看的内容，才能吸引用户观看、关注、评论、点赞，帮助视频上热门、涨粉。若想呈现出能够引起用户共鸣、新鲜的、独特的创意视频，就必须进行脚本的创意策划，在拍摄短视频之前，对短视频内容、立意、画面呈现等进行设计，可以将温泉度假村的主要功能——温泉、酒店产品、服务及企业文化价值等相关内容进行策划，然后按照脚本创意策划流程拍摄剪辑。

（2）视频内容呈现方式比较单一。现有视频主要是通过图文和个人叙述式的展示形式将酒店环境及古风的主题进行展现，内容呈现方式比较单一，在内容展示方面，还可以通过情景剧、vlog 等形式呈现。

（3）视频素材较少，没有建立视频素材库。唐韵温泉度假村素材库中缺少视频类素材，没有单独建立视频素材库。在短视频中，内容是爆款的必备条件，优质的内容一方面要看创作者对信息的整合能力；另一方面要看创作者的素材挖掘能力。

3. 破局之法

（1）设计短视频脚本。脚本是将图像、台词、音乐等各种元素串联起来的文案剧本，决定短视频的风格和走向。从文案到台词与对白，从视觉到听觉，短视频脚本文案的撰写

2

有着很多特殊性，想要在短视频流量的洪流中脱颖而出，顺利抓住用户的注意力，就需要写好一个脚本。

（2）审核短视频内容。短视频对内容的价值更加关注，对创作者的要求越来越高，若想创作出用户喜爱的作品，就要注重内容的呈现。短视频内容呈现形式有个人叙述式、图文式、问答式、剧情式、vlog 等，通过不同的呈现方式，可以让用户得到更多有价值的内容，吸引用户关注。

（3）创建短视频素材库。当有足够数量的优秀素材可供挑选时，才能够创造出优秀的视频。在平日用心去寻找合适的素材，例如，当下热门的话题创作素材、同行的热门作品提炼素材、媒体网站和搜索网站收集的视频、音频等，做好各种素材的归类，逐步搭建自己专业的素材库。

■ 子任务一　设计短视频脚本

一、任务准备

（一）知识准备

知识点一：短视频脚本

短视频脚本是拍摄短视频的依据，脚本的创作是为了提前统筹安排好每个人、每一步所要做、该做、怎么做的事情，它是为效率和结果服务的。参与视频拍摄、剪辑的人员，包括摄影师、演员、剪辑师等，他们的一切行为和动作都要服从于脚本。

短视频脚本作用

知识点二：短视频脚本的写作方法

1. 确定短视频定位

在写文案脚本之前，首先要明白这个短视频的受众群体是谁，他们的年龄段、职业、爱好、消费能力等情况，对于观众的画像越明确越好。例如，受众是老年人，但宣传片规划是卡通游戏画面主题，即使制作得再精美，后期效果再酷炫，对老年人来讲也不是一个适合他们看的视频。显然，符合观众的认知是第一位的。所以，在写方案脚本之前，首先需要明白片子是给谁看的，有了明确的目标受众，就可以给全片定一个基调。

2. 确定短视频主题

在创作短视频脚本前，要先给视频定调，也就是要确定主题。只有主题表达清晰了，后期的内容才能围绕展开。短视频主题主要有以下几类

（1）科普性的短视频。短视频模式的开展在另一种层次上也是文化传播方式的多样化，现在有很多的科普类短视频，而不是简单的全部娱乐性质。这些科普性的短视频，因为其趣味横生的表现模式，受到了很多人的追捧。

不同于单纯文字的枯燥，科普性的短视频往往语言简短，配图众多，让人可以更加容易地接受，从而继续看下去。主播们的语音也大多很有趣，不是单纯的陈述，而是抑扬顿挫、引人入胜，很容易让人产生好感，例如，科学旅行号就使人在不知不觉中学到了知识，

如图 2-39 所示。

（2）娱乐性的短视频。短视频模式开创之初的定位就是音视频的文娱产品，所以娱乐性质的短视频始终占据短视频模式的主流。很多短视频是人们将自己生活中发生的搞笑事情分享到平台上，和用户有积极的评论和互动；也有的娱乐视频是开展故事模式，通过诙谐的表演将一个个意味深长又搞笑的故事分享给用户，让用户像看电视剧一样看视频，私下还可以和朋友们讨论故事的进程，视频不长但大多数都有寓意。大部分娱乐性质的视频都蕴含了一些人生哲理，仔细品味这些视频也是一件很有意思的事情。例如，抖音天津一家人、祝晓晗等，如图 2-40、图 2-41 所示。

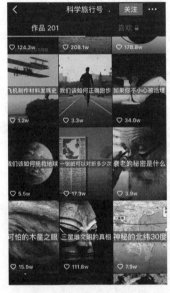  

图 2-39　科学旅行号短视频内容　　图 2-40　天津一家人短视频　　图 2-41　祝晓晗短视频

（3）电影或电视剧讲解分析的短视频。这类短视频大多通过幽默诙谐的语言将电影或电视剧的发展路线大致概括，或将其中的精华段落集中剪辑，让人们在很短时间内看完一部电影或者电视剧。

很多时候，我们没有时间也没有办法去认真挑选自己喜欢的电影或电视剧，这时可以先去短视频平台看一看，了解自己关心的电影或电视剧大概情节，然后确定自己想要看的，再去视频平台上观看，例如，毒舌电影。

知识点三：分镜头脚本写作要素

分镜头脚本的制作是短视频拍摄的重要环节之一，在开拍之前，先设计好要拍摄的画面，相当于摄影构图。依照故事剧情需要，想好要从什么角度拍、用什么手法拍，才能最好地表现出当幕的气氛和剧情张力。分镜头脚本如表 2-4 所示。

表 2-4　分镜头脚本（1）

镜号	景别	拍摄手法	时长	画面内容	台　　词	配乐	备注
1	中景或近景	固定	10秒左右	夫妻两人激烈地争吵，女人突然提出离婚	争吵自由发挥，女：离婚吧		

镜号	景别	拍摄手法	时长	画 面 内 容	台 词	配乐	备注
2	特写	固定	10秒左右	男人沉默，心里做出思想斗争和挣扎	好，离吧，当年结婚的时候我背你上的楼，你说将来分手的话，我也要把你背下楼		
3	近景	移镜	6~8秒	楼梯间里两人表情复杂，男人背起了女人	来吧，我背你下楼，去民政局		
4	特写	拉镜	10~15秒	男人背起女人开始下楼	结婚那天，站在这。我说：进了家门，以后就是一家人。你说：从我求婚的那一刻，我们就已经是一家人了		
5	特写	拉镜	10~15秒	男人背女人来到楼梯转角，男人、女人随着对话眼里泛起了泪花	在这，我说：你开心的时候我也要和你一起开心。你说：不管将来是幸福还是困苦，你都要和我在一起		镜号5到8可高空俯拍两人
6	特写	拉镜	10~15秒	男人继续背女人下楼	今后遇到美女，我绝对不看第二眼。你说：不对，是第一眼都不能看		下楼的镜头方便转场
7	特写	拉镜	10~15秒	男人继续背女人下楼，两人的眼泪已经止不住地顺着脸颊流下来	在这，我说：谁要是敢欺负我老婆，我就跟他拼命。你说：你是不是傻呀，你不会报警吗		
8	特写	固定	10~15秒	同上，注意落泪哭泣程度，由浅入深	这是上楼的第一步，当时我说：谢谢上天赐给我一个善良、贤惠的好妻子，我会好好爱她，疼她一辈子		
9	特写	固定	5~8秒	女人泣不成声	我不离婚了，不离了		
10	中景	自由发挥		画面回到两人结婚的时候，伴郎、伴娘们围绕在新人身边，众人起哄，男人背起新娘走向楼梯	背上去，背上去……		成本原因可不拍摄

1. 镜号

镜号是指每个镜头按顺序编号，即按组成视频画面的镜头先后顺序，用数字标出，它可作为某一镜头的代号。拍摄时不一定按顺序号拍摄，但编辑时必须按顺序编辑。

2. 景别

画面的景别取决于摄影机与被摄物体之间的距离和所用镜头焦距的长短两个因素。拍摄时，一般景别会用到远景、全景、中景、近景、特写等镜头。

拿拍摄人物来说，远景就是把整个人和环境拍摄在画面里，常用来展示事件发生的时间、环境、规模和气氛，如一些战争的场景。

全景就是比远景更近一点，把人物的身体整个展示在画面里，用来表现人物的全身动作，或者是人物之间的关系。

中景就是拍摄人物膝盖至头顶的部分，不仅使观众能够看清人物的表情，而且有利于显示人物的形体动作。

近景就是拍摄人物胸部以上至头部的部位，非常有利于表现人物的面部或者是其他部分的表情、神态，甚至是细微动作。

特写就是对人物的眼睛、鼻子、嘴、手指、脚趾等细节部分进行拍摄，适用于表现需要突出的细节。

短视频的拍摄景别如图 2-42 所示。

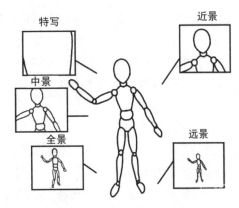

图 2-42　短视频的拍摄景别

3. 镜头运动

在一个镜头中通过移动摄像机机位、改变镜头光轴、变化镜头焦距所进行的拍摄方法称为镜头运动。如由推、拉、摇、移、跟、升、降和综合移动等摄像动作形成的推镜头、拉镜头、移镜头、跟镜头、升镜头、降镜头和综合移动镜头等镜头运动方式。

4. 画面内容

视频制作通常用文字对拍摄的场景进行描述。电影制作则通常由分镜师用故事板的形式将画面画成线稿，方便摄影师、剪辑师理解剧本和进行创作。

5. 台词

台词分为对白、旁白、独白 3 种。对白是指在电影、电视中所有说出的对话，也叫台词；旁白是指影视片中的解说词，说话者不出现在画面上，但直接用语言来介绍影片内容、交代剧情或发表评论；独白也称自白，影片中的画外音就是独白，拍摄画面配上人的解说和介绍等。

6. 声音

影视作品中声音的类型有 3 种形式：人声、自然音响和音乐。人声是指人所发出的由音调、音色、力度、节奏等因素组成的声音及话语；自然音响是指除人声以外，自然界和环境中的一切音响或噪声，有时人群嘈杂声也起到自然音响的作用；音乐是指声乐和器乐。

7. 机号

现场拍摄时，有时候需要用 2~3 台摄像机同时进行拍摄，机号代表这一镜头是由哪一个摄像机拍摄。前后两个镜头分别用两台以上摄像机拍摄时，镜头的组接需要在现场通过特技机将两个镜头进行编辑。

上述的 7 个要素是分镜头脚本里比较常用的要素，根据实际拍摄情况，有时可以适当增加一些元素，例如拍摄的注意事项、场面调度、剪辑手法等，既方便拍摄时和摄影师沟通，也方便指导剪辑师剪辑。

知识点四：爆款短视频文案创作方法

一个 15 秒的短视频如何成为一个爆款短视频呢？需要在三四秒之内抓住用户的注意力，必须设置一个吸睛点，可以是视频画面、人物动作、音效、特效等，接着，在第 10 秒时来个"反转"，最后第 15 秒结束时，一定要引发互动涨粉，这样的短视频成为爆款的概率才比较大。

知识点五：爆款短视频文案创作类型

目前比较火爆的短视频类型有搞笑类、萌宠类、情感类、炫酷技术类等，

短视频文案创作

由于用户黏性高，这几类短视频的生命周期也比较长，但是对播主的更新率要求也比较高。扫码可查看这几类短视频的成功案例。

知识点六：抖音短视频拍摄脚本企业号内容规划

抖音短视频拍摄脚本上的企业号内容规划有标签型、广告型和热点型 3 种类型。

1. 标签型

标签的形式和内容非常丰富，短视频拍摄脚本往往会随着用户的喜好而变，并呈现动态的变化特征。所以，企业如果选择做标签型短视频拍摄脚本内容，就要更加开放一点儿，使标签的延展性更大。

标签型的内容有以下几种：和品牌或产品有非常大的关联的场景；能够代表品牌特色的人设，如性别、年龄、身份、价值观等；突出表现形式，如办公室搞笑段子、创意剪辑、短视频拍摄脚本情景剧等；突出品牌内容，包括品牌形象、产品、公司、音乐等。

2. 广告型

广告型内容就是在关键营销节点发布的品牌广告或宣传片，更为强调内容精美度和独家性，这类内容在发布时，必须与信息流广告做搭配。其中最典型的行业就是汽车，用户在决定购买汽车时，希望展现车的功能或使用的场景性能，而这类内容更容易通过广告型短视频内容展现。

3. 热点型

热点型包括两类：一类是社会热点，主要借重要节日、大型赛事等营销节点的有利契机，强势登场；另一类是平台热门紧跟抖音上的热点话题、舞蹈、技能等出其不意上热搜。

（二）操作准备

步骤一：拍摄定位

在拍摄前期，要定位内容的表达形式，视频是想做一个感人的爱情故事，还是记录业余生活的一天？例如，唐韵短视频，是图文还是小剧情的表达形式，要考虑清楚。

步骤二：拍摄主题

主题是赋予内容定义的。例如，唐韵系列，拍摄酒店环境还是唐韵主题，这就是具体的拍摄主题。

步骤三：拍摄时间

拍摄时间确定下来有两个目的：①提前和摄影师约定时间，否则会影响拍摄进度；②确定好拍摄时间，形成可落地的拍摄方案，否则会产生拖拉的问题。

步骤四：拍摄地点

拍摄地点非常重要，要拍的是室内场景还是室外场景？室外场景就是酒店室外环境，主要是温泉的场景；室内场景就是酒店的内部环境，包括酒店的大堂、房间、游乐场所等，这些都是需要提前确定好的。

（三）任务要领

1. 短视频拍摄脚本可以采用提问式 + 回答式

可以提前设置一个问题，然后想好答案台词，再让人演出来。问题要设置成生活中大家普遍感兴趣的问题，回答一定要引发共鸣。

2.短视频拍摄脚本也可以采用段子式搞笑叙述

段子式文案、自黑式文案、搞笑吐槽式文案在抖音上都很受欢迎。

3.短视频拍摄脚本还可以采用留悬念式热门文案

例如，有些抖音视频文案的标题是这样的："看到最后，你会发现……孩子拿走了一根热狗，我以为他是……结果，我们一桌子大人都沉默了！"这种留有悬念的热门文案，会让粉丝有看下去的欲望，好奇到底是什么结果，然后看下去。

（四）任务流程

子任务一设计短视频脚本操作流程如图 2-43 所示。

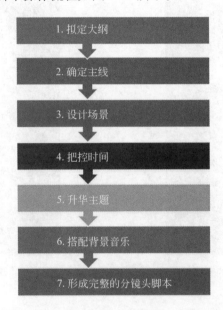

图 2-43　子任务一设计短视频脚本操作流程

二、任务操作

操作要求：结合任务情境及任务准备，完成任务操作。

本任务操作的最终目标：完成唐韵品牌推广短视频脚本文案设计。

步骤一：拟定大纲

操作提示：短视频脚本列大纲的目的在于提前设计好人物、环境相互之间的联系。根据账号定位确定故事选题，建立故事框架，确定角色、场景、时间等。

故事选题_____

故事框架_____

_____

步骤二：确定主线

操作提示：主线就是故事的链条，即故事按照什么样的形式发展，要表达什么样的中

2

心思想。有主线的脚本文案才能指导拍摄出一个有灵魂的短视频。例如，一禅小和尚的视频，其每一个视频都是以感情中的感悟为主线，通过小和尚对师傅的一个提问，引出师傅对问题的拓展回答，直击人心。又如，李子柒的视频，始终以农村生活的日常为主线展开，有时是展示一顿饭的制作过程，有时又是利用各种果子做小甜点，甚至还有弹棉花的日常，看似毫无关联的故事，却都没有脱离农村生活这条主线。一禅小和尚的短视频内容如图2-44所示，李子柒的短视频内容如图2-45所示。

图 2-44　一禅小和尚的短视频内容

图 2-45　李子柒的短视频内容

故事主线＿＿＿＿＿＿＿＿＿＿＿＿＿＿＿＿＿＿＿＿＿＿＿＿＿＿＿＿＿＿＿＿＿＿＿＿＿
＿＿＿
＿＿＿

步骤三：设计场景

操作提示：和电视剧一样，有质感的场景设计，更能获得粉丝的信任和点赞。场景必须与脚本剧情表现相契合。例如，学生上课是在教室、办公室剧情就在公司办公室，要拍摄办公室故事，却将拍摄场景定在卧室，不仅没有代入感，也没有真实感，无法让用户产生观看的欲望。

场景一＿＿＿＿＿＿＿＿＿＿＿＿＿＿＿＿＿＿＿＿＿＿＿＿＿＿＿＿＿＿＿＿＿＿＿＿＿
场景二＿＿＿＿＿＿＿＿＿＿＿＿＿＿＿＿＿＿＿＿＿＿＿＿＿＿＿＿＿＿＿＿＿＿＿＿＿
场景三＿＿＿＿＿＿＿＿＿＿＿＿＿＿＿＿＿＿＿＿＿＿＿＿＿＿＿＿＿＿＿＿＿＿＿＿＿
场景四＿＿＿＿＿＿＿＿＿＿＿＿＿＿＿＿＿＿＿＿＿＿＿＿＿＿＿＿＿＿＿＿＿＿＿＿＿
场景五＿＿＿＿＿＿＿＿＿＿＿＿＿＿＿＿＿＿＿＿＿＿＿＿＿＿＿＿＿＿＿＿＿＿＿＿＿

步骤四：把控时间

操作提示：这里所讲的时间把控并不是去纠结视频一定要卡到多少秒，而是在10秒左右的地方设置一个反转或爆点，以此留住用户。

反转一_____

反转二_____

步骤五：升华主题

操作提示：用户喜欢什么样的视频？会点赞哪些内容？是对他"有用"的视频。这里的"有用"可以是技能上的，也可以是情绪上的。例如，你的"鸡汤"让他感同身受，你的"干货"让他受益匪浅，只需要一个价值点，就有可能让用户点赞、评论甚至收藏。所以在写短视频脚本时，一定要在内容中升华主题。

价值点一_____

价值点二_____

步骤六：搭配背景音乐

操作提示：背景音乐是一个短视频拍摄必要的构成部分，配合场景选择合适的音乐非常关键。

背景音乐一_____

背景音乐二_____

背景音乐三_____

步骤七：形成完整的分镜头脚本

操作提示：关注时间因素、镜头技巧因素、画面与解说因素及音乐等因素，文字内容要控制在既定的范围内，能够对后期的剪辑画面和分镜脚本承上启下，填入表 2-5 中。

表 2-5　分镜头脚本（2）

镜号	景别	拍摄手法	时长	画面内容	台词	配乐	备注

三、任务评价

子任务一设计短视频脚本评价如表 2-6 所示。

2

表2-6　子任务一设计短视频脚本评价

序号	项目	分值	评分点	自　　评	教师评	类型 1. 能力 2. 素养
1	确定故事选题	15	新颖、积极向上			1+2
2	建立故事框架	15	完整			1
3	确定主线	15	清晰明确			1
4	把控时间	5	准确、高效			1+2
5	升华主题	20	有深度			1+2
6	搭配背景音乐	10	符合故事主题			1
7	组合分镜头脚本	20	衔接恰当			1
得分合计						

■ 子任务二　审核短视频内容

一、任务准备

（一）知识准备

知识点一：短视频内容规划

只有足够出色的内容，视频才有可能获得更多用户的观看、点赞和评论。因此，在进行短视频内容规划时，需要综合考虑以下几个要求：精准定位；高质量；稳定性；个性化。

知识点二：短视频内容展示形式

短视频内容呈现形式是指短视频内容是如何展现出来、展现结构是怎样的。例如，文章有叙述、议论、诗歌形式，短视频也有对应的形式，短视频内容展示形式有以下几种。

短视频内容
规划因素

1. 图文形式

在短视频平台上，经常可以看到视频里是没有人的，就是一张底图加上要表达的文字，也就是说把想要表达内容的问题放在图片或者是放在视频中。也有的视频会出现与内容有关的人物，然后用文字加以说明，这些没有主人公的视频都属于图文形式的范畴。这类的图文短视频适合正能量，以故事的形式或是情感形式出现的情况。

2. 个人叙述式

个人叙述式是指主播个人叙述道理、知识或故事，多用于知识分享类短视频。例如，做护肤品的，就可以去讲解护肤知识，这种形式最重要就是人设清晰明确，通过价值内容的吸引，让用户有强烈的认知。这类短视频一般是真人出镜，要考验的不仅是前期准备的内容质量，还要考虑一个人的说话状态，以及上镜的效果。

3. 问答式

问答式是指在视频中有两个人对话或者通过两个人一问一答的方式讲述问题的解决办法，观众是第三方旁观者，这种形式让观众接受知识轻松舒适。

4. 剧情式

剧情式就是把你想表达的核心主题、做事方法、问题解决方法、道理等用剧情展示出来。剧情式的短视频传达内容自然连贯，观众接受度更高、更喜欢。这类视频不仅要求真人出镜，还要求出演的人必须具备表演能力，更重要的是要有一个好剧本。在拍摄过程中，具体的场景搭建、设备、拍摄角度、拍摄技术等都要求非常高。

知识点三：短视频内容创作要素

1. 有创意、有亮点的封面、标题

封面和标题是短视频获得播放量的关键。内容再好，封面、标题不吸引人，就没有点击率和播放量。

封面可以单独设计，或者是选取视频中最精彩的画面作为封面，设计封面时，要注意调整图片的亮度、饱和度、清晰度，使封面看起来轻松易读，提升用户体验；封面的文字一定要便于理解；可以对核心点内容用颜色分区；选择合适、优美的字体，提升封面的整体美感。

标题要切合视频内容，设置和使用好关键词。传递价值是爆款封面的核心特质，一方面，便于用户了解每个视频的核心价值；另一方面，便于用户快速查阅、获取有价值的视频内容。

2. 视频画质清晰

视频画质清晰与否决定了用户观看视频的体验感。这方面取决于拍摄硬件的选择和视频制作软件的使用。现在有很多短视频拍摄和制作软件的功能相当齐全，滤镜、分屏、拼接、大片特效等视频剪辑的需求都能满足。

3. 能给用户提供价值或趣味

用户观看短视频的原因：①能从中获取有用的内容；②能从视频中获得有趣味的共鸣。所以，短视频要能给用户提供价值或趣味内容。例如，papi酱总以普罗大众切身的生活体验和经历为素材制作短视频，大部分人都能从她的短视频中的某个点甚至是多个点获取共鸣。

爆款短视频
具体类型

4. 音乐节奏控制到位

如果说标题决定了短视频的打开率，那么音乐就决定了短视频的整体基调。短视频是以视、听来表达的形式，配乐作为听的元素，能够增强短视频在镜头前给用户传递信息的力量。

短视频发布
技巧关键点

知识点四：爆款短视频类型

爆款短视频类型主要分为搞笑类、萌宠类、情感类及酷炫技术类短视频。

知识点五：抖音短视频发布技巧

一条视频能不能火，除了视频的内容很关键，视频的发布时机也很关键。在抖音发布视频时，一定要注意以下几个问题：发布时间、发布顺序、内容如何让客户迅速做出决定，以及要不要加定位等。

知识点六：短视频内容审核

短视频中不能出现行业、内容的高风险内幕以及抖音官方不推荐的内容类型等。

短视频内容
审核须知

（二）操作准备

步骤一：明确账号定位

账号的定位，能够让用户快速地了解你是谁、你想要做什么。账号定位是方向，账号定位直接决定内容布局，一个账号只专注一个垂直领域，才能保持后续内容的持续产出，保证账号持续化运营，账号定位越精准、越垂直，粉丝越精准，获得的精准流量就越多。例如，唐韵温泉度假村账号定位是企业号，那么就需要目标客户群体围绕企业定位开展一系列活动。

步骤二：确定内容定位

定位决定内容，通过内容可再强化账号定位。什么样的定位，吸引什么样的目标人群，好玩、有趣、实用等都是很好的内容方向，根据账号的定位确定内容输出的方向。唐韵温泉度假村账号定位是企业号布局，那么在内容方面就要考虑如何通过视频内容奠定企业地位，开发新客户。

风格也是内容定位的一部分，唐韵温泉度假村的风格定位是古风，那么在内容中就需要加入古风的元素。

（三）任务要领

1. 创作的内容要对用户有价值

根据用户的需求，创作相应的内容，例如，客户是高端人群，就要创作出专业的内容。同时内容的选题也要贴近生活，接地气的内容更能让用户有亲和感。

2. 打上标题

让精准受众一看就知道你要表达的主题是什么，更利于精准引流，标题不宜过长，简明扼要，加入悬念、反问等；选择最精彩的画面作为封面，吸引观看；视频内容不单薄，富有创意性；加上吸引力的片头和片尾引导下一个作品；视频要短而精简，一般控制在7~20秒，可以得到一个比较好的视频完播率。

3. 明确短视频自查自审关键点

（1）内容不违法、不违规。文案和口播内容严格遵守《广告法》，《互联网视听节目服务管理规定》第十六条所列10条标准，《网络视听节目内容审核通则》第四章第七～十二条所列共94条标准，以及中国网络视听节目服务协会发布的《网络短视频内容审核标准细则》。

（2）符合发布标准，能助力起爆。画面清晰、亮度合适；字幕大小、高度合适；音乐卡点到位；转场特效恰当；遮挡文身；口播语言规范；标题得当；若有三联六联封面，注意清晰度和卡点时长要尽量短；特效倍速恰当；注意审核原声与音乐比例；务必把控开头节奏，总时长合理；检查是否添加合适话题且添加地理位置或关联产品；若关联产品，该产品必须出现在视频里，且有准确的利益点输出。

（四）任务流程

子任务二审核短视频内容操作流程如图 2-46 所示。

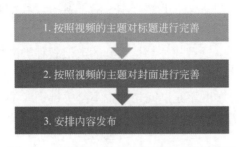

图 2-46　子任务二审核短视频内容操作流程

二、任务操作

操作要求：结合任务情境及任务准备，完成任务操作。

本任务操作的最终目标：对唐韵品牌推广短视频提出优化建议。

步骤一：按照视频的主题对标题进行完善

操作提示：短视频内容多是偏用户向的，在取标题的时候要有用户思维，爆款标题有以下几种类型。

（1）情感因素类标题：唤醒情绪，引发共鸣。有的视频只有一张图片，却有高点赞率和高转发率，就是因为其标题和配的文案能够直击人心。

（2）悬念式标题：引发好奇心，吊人胃口。例如，一定要看到结尾，相信我不会让你失望！今年最旺的 5 个星座，最后一个你一定想不到！我猜中了开头，却猜不中结尾。这种标题通常是话说一半留一半，极大引起粉丝的好奇心，让其情绪与视频共起伏，带动用户坚持看到最后，提高视频的完播率。

（3）互动参与类标题：刺激互动，促进交流。这类标题和悬念式标题不同，悬念式标题，吊了胃口，又给了答案，是一种完整的观看体验；而互动参与类标题，往往需要用户评论回复，才会觉得完整。

（4）观点式标题：开门见山，直奔主题。这种标题一般会直接写明主题或亮点，单看文字就能获知视频表达的主旨。

完善后的标题：

① _____

② _____

③ _____

④ _____

步骤二：按照视频的主题对封面进行完善

操作提示：封面图是用户第一眼看到短视频的印象。从注意力角度来说，图片、视频、音乐、大号的字，对用户有天然的吸引力，这就是加封面文字的重要性。在封面添加文字，用户在刷到视频时，单看文字就能一眼找到重点，光是看到封面图文字，用户已经急不可待点击观看来寻找答案，比标题更加显眼。给封面取标题，通常有以下 3 种方式。

（1）使用疑问句，以问句出现。例如，@ 樊登的封面文字；接受不了别人的批评怎么办。直接把问题抛出来，让用户带着问题看下去；有的甚至没看视频，就被问题戳得心痒痒，想赶紧点开看解决方案。

（2）提取视频的关键词。这种往往都是系列的类似教程类的视频，用户可以根据关键词决定要不要看、看哪个。

（3）鸡汤句或金句。这种既不是疑问句，也不是关键词，是多重金句的方式，在情感类视频应用较多。例如，希望你明亮不刺眼，自信又懂收敛；人生建议——逃避任何消耗你快乐的东西。

另外，在封面中还需要注意以下几点。

（1）封面文字不超过 30 个字，字号不低于 24 号。因为封面往往并不是全屏显示的，这就需要字体够大，才能清晰展示，字号最好不低于 24 号，文字最好居中。

（2）使用固定样式。如果觉得直接贴文字缺乏艺术美感，可以设计一个固定的模板，每次只需要替换主体的关键词。就像李佳琦的 OMG 模板，统一的固定模板、色调、字体。如此才能更好地形成统一风格，加强品牌力。李佳琦的短视频内容如图 2-47 所示。

图 2-47　李佳琦的短视频内容

完善后的封面：

步骤三：安排内容发布

操作提示：不同类型的抖音短视频有不同的黄金发布时间。

（1）幽默搞笑类。这类视频一般适合在 12:00—14:00 发布，因为这个时间段是大多数人的午餐时间，休闲放松的时候，非常适合刷抖音短视频。

（2）萌宝、萌宠类。这类抖音视频一般适合在 20:00—21:00 发布，妈妈们在忙碌了一天后，会在抖音上寻找各种创意和育儿视频。

（3）情感、鸡汤类。这类抖音视频适合在 21:00 之后发布，人们更愿意在安静的时间看鸡汤类的视频和文字，吃完晚饭精力比较集中，心灵更加脆弱，更容易被鸡汤打动。

（4）旅行、创意类。这类抖音视频适合在节假日的 18:00 之后发布，因为在节假日，很多人都在家，会更倾向于观看这类视频。而 18:00 之后发布创意类视频，则是因为这个时间点，用户多在路上、用餐、聚会时，最容易接受新鲜事物。

根据短视频内容选择发布的时间并说明原因。

时间：_____

原因：_____

三、任务评价

子任务二审核短视频内容评价如表 2-7 所示。

表 2-7　子任务二审核短视频内容评价

序号	项　　目	分值	评　分　点	自　评	教　师　评	类型 1.能力 2.素养
1	对短视频标题进行审核与完善	35	体现主题 有情感 有悬念 有互动 有观点			1+2
2	对短视频封面进行审核与完善	35	生动丰富 具吸引力			1+2
3	优化内容发布时间	30	符合人群特点			1
得分合计						

■ 子任务三　创建短视频素材库

一、任务准备

（一）知识准备

知识点一：收集短视频素材

短视频的所有内容素材都可以分为四类：文字素材、视频素材、音

各类素材搜索网址

2

效素材、图片素材。

知识点二：建立短视频素材库

按照文字、视频、音效、图片的分类用心做好各种素材的归类，逐步搭建专业的素材库。

1. 使用手机软件剪辑视频

可以在手机相册中创建不同的子相册，并把不同的素材移入各子相册中。

2. 通过计算机剪辑视频

剪辑软件一般都自带素材库功能，这样就可以把不同的素材保存到剪辑软件素材库不同的文件夹中，下次使用时，直接在素材库上就可以调用。

3. 通过云端视频平台剪辑视频

把素材上传到云端的文件夹中，视频库建立后，在制作视频时，各种高质量素材可以信手拈来。

（二）操作准备

步骤一：收集日常素材

可以从以下几个方面收集日常素材。

（1）当前热点：寻找当下热门的话题和创作素材，可适当蹭热度。

（2）同行热门作品：寻找同行的热门作品提炼素材，可模仿学习其拍摄方式、输出内容、要点控制、关键词使用等优点。

（3）对标账号：寻找目前阶段学习的榜样，选择同行业同领域、处在成长期的、作品内容较为优质的自媒体人账号，作为对标学习的目标。

步骤二：收集商用视频等素材

通过一些媒体网站和搜索网站收集可商用的视频、音频、图片、方案等创作素材。

（三）任务要领

（1）在收集和运用短视频素材时，需要遵循积极与适恰两大原则。积极是指收集的短视频素材，一定是积极向上的，而不是负面或有争议的；适恰指的是短视频画面和内容要合适且恰到好处，不能把一些兴趣相关的影视素材用到价值观主题。

（2）在收集和运用短视频素材时，需注意版权问题。

（四）任务流程

子任务三创建短视频素材库操作流程如图 2-48 所示。

图 2-48　子任务三创建短视频素材库操作流程

二、任务操作

操作要求：结合任务情境及任务准备，完成任务操作。

本任务操作的最终目标：建立唐韵短视频素材库。

步骤一：收集、积累素材

操作提示：除在网站收集素材外，日常可以利用手机拍摄短视频，随时随地记录生活的每一个精彩瞬间，也可以利用手机拍摄短视频软件，例如，主打美颜特效的轻颜 App、美颜相机、Vue（3D 渲染解决方案产品）、一闪等。除拍摄视频外，还可以关注同类型的抖音号进行学习、对标。

关注的抖音号及值得学习的方面：

（1）_____

（2）_____

（3）_____

（4）_____

（5）_____

步骤二：分门别类建立素材库

操作提示：将收集和积累的素材按照文字素材、视频素材、音效素材、图片素材分类整理，建立视频素材库。唐韵短视频素材库如图 2-49 所示。

步骤三：整理、更新素材库

操作提示：在素材库框架上，将收集的素材放入素材库，并分别命名文件夹和文件，有针对性、有目的地增补更多素材。

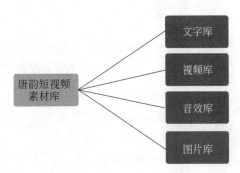

图 2-49　唐韵短视频素材库

三、任务评价

子任务三创建短视频素材库评价如表 2-8 所示。

表 2-8　子任务三创建短视频素材库评价

序号	项　　　　目	分值	评　分　点	自　　评	教　师　评	类型 1.能力 2.素养
1	掌握各类素材工具的用途	20	全面且准确			1
2	熟记各类素材网站	20	全面且准确 能够举一反三			1
3	能够通过不同主题编写收集素材的清单列表	30	思路开阔 充分运用素材网站			1+2
4	做好素材分类文件夹的设计	30	结构层次清晰 素材种类丰富			1+2
得分合计						

2

任务三　策划直播内容

任务情境

目前酒店行业运营成本高、市场空间有限、行业竞争大等问题日益突出。酒店的特色餐饮、客房、娱乐等设施可以通过直播展现强大的代入感和逼真的现场感，带给消费者最鲜活的印象，从而激发购买欲望。通过直播裂变式的传播，也可以提升品牌知名度。

1. 直播相比于其他宣传推广方式的优势

（1）直播是一种更为直接、更接地气的方式。常规的视频和图片都是单线感官，而在直播过程中，可以和主播、酒店工作人员进行对话，及时解答相关疑问，成就双向互动。

（2）参与直播的产品具有很强的价格竞争力。目前很多酒店预订都有随时退、过期退的政策。对于消费者来说，低价＋随时退＋过期退是有足够吸引力的，在一定程度上能激发大家的消费欲望，甚至是冲动消费。

（3）酒店直播还有一种更为新颖直观的形式——走播。在开播前了解酒店各种服务、设施，提前规划好路线，走播时消费者可以看到酒店环境和内部设施配置，酒店工作人员的服务态度、服务水平，更加全面地了解酒店。

2. 唐韵温泉度假村在设计直播内容方面存在的问题

唐韵目前还未开展直播活动。

3. 破局之法

（1）设计直播场景。场景是"场合＋情景"的合成词，融合了人物、时间、空间、内容情节等多个要素。与传统的营销手段相比，直播电商营销的核心优势在于打破了场景方面固有的壁垒，依托主播，结合场景设计，让品牌活动与主播、内容创意、商家商品实现无缝对接。

（2）编写直播脚本。直播脚本是把控直播的节奏，规范直播流程，达到预期目标最关键的一步。直播是动态的过程，涉及人员配合、场景切换、产品展示、主播表现、促单活动等综合因素，有了脚本，就能更加方便地筹备直播工作，直播参与人员的配合也会更加默契、有条不紊。

■ 子任务一　设计直播场景

一、任务准备

（一）知识准备

知识点一：搭建直播场景的作用

直播是一种新的搭建人、货、场之间关联机制的机会，直播更加直观、真实，互动性也更强，它可以让消费者更直接地看到商品的方方面面，主播实时现场的语言和情绪、观众现场的即时反馈，相比于纯粹的图片和短视频，会让商品显得更加真实，进而降低信任成本。直播有四大优势：超强的三维空间的展示能力、立体化；直接声话、及时互动取代单一刻板的文字聊天；通过直接的测款演示，引导用户选取商品并消费；直播环节的完整性、关联度强。

直播的目的是成交，而成交的前提是沟通。随着消费者品质需求提升，品牌直播活动不能简单销售，直播以沟通的方式展开，搭建生动化场景，营造参与感，增强用户黏度和消费者对品牌的好感度。

搭建直播场景可以留住精准用户，能够让用户清晰地了解企业形象，了解企业是做什么的，这样有需求的用户才会留下来；搭建直播场景还可以吸引潜在用户。

以往潜在消费者了解产品的最主要链路就是店铺详情页。搜索—点击进入详情页—了解产品信息—决定是否购买产品，对消费者来说，这种方式缺乏体验感，购买欲望会降低。再者，进入详情页之后，唯一的互动方式就是联系客服，互动感不强。

而直播中多元的呈现形式，互动方式优势十分明显，商品展示十分详尽、互动感强，再加上主播情绪的带动等，极易引发消费者的共情。

知识点二：搭建直播场景的目的

不同类型的商家，直播需求也会有差异。商家一般根据自己的定位、需求来确定目标。目标一般有两种：一是销售目标；二是品牌宣传目标。

直播场景
搭建要点

1. 销售目标

要想利润最大化，流量、客单价、转化率、成本都是需要考虑的数据维度。而好的直播销售场景有助于提升这些数据，帮助店铺显著增加销售量。销售目标场景需要重点突出销售信息，最大限度突出产品，更要尽可能详尽展示产品功能。

2. 品牌宣传目标

品牌宣传为主的直播间，除增加曝光量外，更要注重品牌的影响力、形象塑造，包括官方成绩、明星代言等信息需要重点突出。品牌宣传目标场景包含品牌 Logo 的突出、新颖独特的 VI 打造，让直播间成为有独特记忆点的直播间，这样更有利于帮助品牌形成自己的 IP。

知识点三：直播间布景

直播间布景
需注意元素

整洁、温馨、有文化内涵的直播布景，能给主播带来自信，也为主播的颜值效果加分。可以按照主播的风格定位，例如，有的主播走的是甜美风，在布置上可以取用甜美的元素；也可以按照功能定位，有的主播定位是服装带货，那么就要设计好产品的放置空间，然后装扮空间，最好地展示产品。

知识点四：直播场景要素

1. 确定面积

食品类，大概 30 平方米的场地就足够了，场地太大，对话的声音效果就要大打折扣，而且还要额外的配声卡或麦克风，徒增预算。

服装类，因为主播要换衣服，需要放很多衣架，所以服装类的直播间，

直播内容主要类型

2

需要稍微大一点，50~60平方米比较合适。

手播直播间，也很流行，常见有工艺品、首饰、珠宝直播，直播间只要能放下一张桌子、几盏灯，工作人员有地方坐，旁边有地方放货，就可以了，10平方米即可。

2. 背景设计

确定背景，比较简单的方式，可以用乳胶漆或墙纸，也可以另外购买材料进行装饰，网上有各种背景，如大仓库、大别墅、蓝天、白云，100元能买一大块，是不错的选择，如图2-50所示。

现在比较流行绿幕抠像，绿幕抠像对网络要求比较高，需要购买一个支架（图2-51）和一块绿色（或其他纯色）的布（图2-52），则可以实现实时同步抠相，同步后面换背景，淘宝直播、抖音直播都可以做到。

图 2-50　网红背景布　　　　　　　　　　图 2-51　抠像背景布支架款式推荐

这里特别提醒，如果房间四面都是墙，也没有太多的软装饰，会有非常严重的回音，回音会影响用户的观感，那就必须用隔音棉装饰墙面。隔音棉类型非常多，可以购买背面带胶，表面有海绵凸起的造型，如图2-53所示。

图 2-52　抠像背景布款式推荐　　　　　　图 2-53　网购隔音棉款式推荐

还可以用KT板制作背景，KT板制作的背景会有一点折痕，但是造价便宜，性价比高。电视背景、LED、电子背景、投影背景也都是可以的，如图2-54所示。

图 2-54　场景背景举例

3. 取景构图

（1）拐角取景。拐角取景也叫墙角景深，与正面对着墙拍过去相比，能够给人更好的延长感，会让人觉得空间更大，是现在服装主播常用的一种取景构图手法。拐角取景非常适合小直播间，同样一个房间，拐角取景能多出一米景深的感觉。

（2）主播站（坐）位居中，产品展示在最前。一般来说，主播不要太前也不要太后，不要太上也不要太下，比较合理的是上面 1/3 是背景，中间 1/3 是主播，下面 1/3 展示产品。太远或太近，都会给人带来不舒服的感受。比较合理的构图方法如图 2-55 所示。

图 2-55　合理人物比例的构图示范

4. 贴片挂图

挂图就是直播贴片，也叫浮窗。一要考虑位置，二要考虑内容，内容方面，字太多不行，字太少没有把事情讲清楚也不行。贴片可以展示直播间的活动，让人一进来，就能够知道直播间有什么活动；也可以展示一些特别的提醒，例如年货节的时候告诉客户拍下的货年后再发，等不了的勿拍。比较好的浮窗会包含很多内容，可视化的营销，不能只有文字，优秀浮窗贴片参考案例如图 2-56 所示。最基本的浮窗内容要包含产品的优惠信息，直播间的专属福利，特价的、秒杀的商品等。浮窗可以放在头顶上方，也可以挂在两侧，如图 2-57 所示。

图 2-56　优秀浮窗贴片参考案例

图 2-57　上下结构浮窗案例

（二）操作准备

步骤一：确定直播主题

本场要做什么，要给用户呈现什么，用户会不会喜欢这个主题都是需要考虑的，简单来说，就是选题，选定了直播主题，也就确定了直播的核心内容。

可以根据产品定位确定直播主题，例如，卖农产品，直播的主题就是绿色、健康、无污染的 ×× 食品；卖服装，直播的主题就是夏季穿搭、胖妹妹夏季显瘦穿搭等。

步骤二：选择合适的直播平台

不同的直播带货平台适合不同性质的主播带货，下面以三大头部直播带货平台抖音、快手、淘宝为例进行说明。

在抖音，19~24 岁、41~45 岁的男性与 19～30 岁的女性用户群体占比较大，所以，对于时尚、美食、美妆类主播来说，非常适合做直播带货。在快手，电商发展模式先于抖音，且模式种类多，带货类型非常灵活，粉丝群体以三、四、五线城市居多，适合靠近产业带的人或有实体店的店家进行直播带货。在淘宝，有 6 亿的月活量，粉丝基数大，以淘宝电商平台为基础，用户的购物目的非常明确，但是由于淘宝直播的流量分配机制受店铺本身层级影响很大，更适合有一定电商运营基础的电商卖家或有一定粉丝基础的达人带货。

（三）任务要领

1. 做好必要的准备工作

无论直播的目的是卖货还是纯粹的表演，都需要提前准备直播策划，随时更换的上架商品和经验丰富的直播间管理都是一场精彩的直播活动的重要组成部分。

2. 布置合适的灯光

合适的灯光会让直播间的氛围更好，合理地使用美颜也会让主播富有自信，在开播前要对声卡、补光灯、支架等直播设备进行必要的检查，防止发生意外事故，导致直播中断，流失粉丝。

3. 选定直播带货的产品

可以根据以下 3 个分类来选定产品线。

（1）福利产品：特点是价格极低，主要用于引流和抽奖，活跃直播间气氛，提升用户互动的积极性。

（2）爆款产品：也是主打产品，特点是性价比高，辐射范围大，能满足大部分用户需求，主要用来提升销量。

（3）高利润产品：这类产品价格会相对较高，主要用来扩大利润。

（四）任务流程

子任务一设计直播场景操作流程如图 2-58 所示。

图 2-58　子任务一设计直播场景操作流程

二、任务操作

操作要求：结合任务情境及任务准备，完成任务操作。

本任务操作的最终目标：完成唐韵温泉度假村直播场景设计方案。

步骤一：确定直播形式

操作提示：酒店的直播场景可以选择在室内，也可以选择在室外，主题可以是传递酒店美好生活方式，展现酒店特色主题，可用第一视角，镜头直接面向景观，也可用第二视角，主播与景色一起入镜，也可 2~3 人配合分工，以交流的方式讲解酒店。可以采用解说式，如拍摄酒店内外部及周边，并讲解酒店特色或建造故事；也可以采用活动式，如酒店美食类（当地特色菜、下午茶、露天派对等）、民宿特色体验类（温泉、花艺、陶艺、茶艺等），填入表 2-9。

表 2-9 直播形式

项 目	室 内 直 播	室 外 直 播
直播主题		
直播形式		

步骤二：准备直播道具

操作提示：直播道具有实物道具和虚拟道具。实物道具：主播的得体穿着，整洁的妆容和发型；歌单的设置，快旋律、节奏感强的音乐更能让人快速进入氛围；特效的选择，开播前，下载好音效特效，一般掌声和欢呼声使用频率最高，也最容易烘托气氛；直播间美化，灯光的设置，镜头中环境的角度，物品摆放整洁，背景干净；互动设备等。虚拟道具是指主播对整个直播过程节目的设置。

实物道具_____

虚拟道具_____

步骤三：准备直播设备

操作提示：如果用手机直播，尽量准备两部手机，一部做直播，另一部看评论。除此之外，还要准备声卡、麦克风、补光灯、手持稳定器等设备。如果是用计算机直播，就需要高配置计算机、高清摄像头、计算机声卡、电容麦。齐全的直播设备有助于提升直播质量，给用户更优质的直播体验。

手机直播_____

计算机直播_____

步骤四：完成直播布景设计方案

操作提示：根据产品设置专门的场景，不同产品需要不同的场景演示，例如，家电厨具类商家可以布置厨房场景，服装商家可以布置 T 台场景，酒店类商家可以选择有特色的房间等。好的直播布景，可以增加消费者潜在购买的可能性。

_____

_____

_____

三、任务评价

子任务一设计直播场景评价如表 2-10 所示。

表 2-10　子任务一设计直播场景评价

序号	项目	分值	评 分 点	自　评	教 师 评	类型 1.能力 2.素养
1	确定直播形式	20	新颖有创意 善用新技术、新方法 能够充分吸取竞争对手的优秀经验			1+2
2	准备直播道具	20	符合直播要求 匹配展示需求			1
3	准备直播设备	30	性价比高 满足当前直播需求			1
4	完成直播布景设计方案	30	描述准确清晰 布景合理美观 背景设计符合且突出直播主题 贴片设计利益点明确 预算合理			1+2
	得分合计					

子任务二　编写直播脚本

一、任务准备

（一）知识准备

知识点一：撰写直播脚本的目的

1. 直播脚本可以增加粉丝关注度

直播脚本可以提升粉丝观感；可以为观众提供独特的视角和深度；可以建立舆论导向，进行长期 IP 化打造；可以减少突发状况，包括控场意外、节奏中断、尬场等。

2. 脚本让直播有统一的规划

脚本可以减少直播过程中的突发状况，在很大程度上让直播内容有条不紊地进行。

3. 脚本让主播可以更顺畅地传递专业内容

直播脚本里包含产品引入话题、产品讲解、流程推荐、品牌介绍等话术，产品的直播有排序，有精准时间。这样主播能清楚地看到在每个时间段的带货内容，参考话术也可降低主播因为忘词、不懂产品所带来的只能按照产品包装去介绍产品的尴尬。

4. 直播脚本方便后期的复盘优化

复盘是直播非常重要的工作内容，每场直播后，都要以粉丝、直播观众的角度回顾上一场的直播，在回顾中将工作流程化，总结优点，将经验转化为能力，也要发现缺点，不断纠正错误。

知识点二：直播脚本的要素

开播前准备的内容包括开播时怎么预热，本次直播如何开场，什么时间预告下次直播的爆款、人气款和下次直播的全部产品等，同时要规范好直播主要工作人员的工作内容，如何在各司其职的同时又相互配合，紧急情况时有哪些应对政策、注意事项等。一个完整的直播脚本，包含以下几个要素：①直播主题；②直播目标；③目标人群；④团队分工；⑤时间段；⑥直播节奏和看点；⑦确定直播预热方案；⑧控制好直播预算；⑨留住脚步，激发需求。

知识点三：直播脚本大纲的撰写要点

在撰写直播脚本时，需要从开场环节、正式售卖环节及结束环节来把握撰写要点。

直播脚本要素　　脚本大纲具体撰写要点

知识点四：直播脚本的分类

直播脚本一般可以分为单品直播脚本和整场直播脚本。

知识点五：直播预告文案

直播预告文案宣传是直播引流的方法之一，搭配有吸引力的文案，可以提升直播间人气。

单品直播脚本和整　　直播预告文案类
场直播脚本的区别　　型及技巧

（二）操作准备

步骤一：确定主播人设

通过人设的建立，可以让粉丝记住主播，提升直播间的人气。值得注意的是，主播形象定位要与产品相匹配。例如，推荐美妆产品，主播个人形象要光彩靓丽；做知识付费，要体现专业性。

步骤二：搭建直播间

准备好直播设备和直播背景，直播间的布置要符合直播间的产品风格。

（三）任务要领

1. 设置吸引人的开播文案及优质封面，使直播间开播粉丝关注度明显增加

开播前发布一条高质量的短视频，也会给直播间带来相当可观的曝光。

下面是一些文字图片类直播预告文案范文。

（1）今晚 8 点 15，×× 香水、×× 腮红、×× 蔬果汁、×× 零食……超多好物等你来，买它！

（2）今晚直播间试用限量秒杀！还有 ××、××、××，超多好物等你来。

（3）今晚 8 点的直播间太诱人！好吃好用 ×× 全安排！

（4）×× 新品来啦！今晚 8 点的直播间也太精彩了吧！

（5）本周五 8 点，×× 直播间（×× 专场），重磅好物抢先看！

（6）本周五 7 点，新朋友老铁价，重磅产品，劲爆价格等你来探！

这类直播预告文案配合海报或图片效果最佳。李佳琦直播间的直播预告文案如图 2-59 所示。

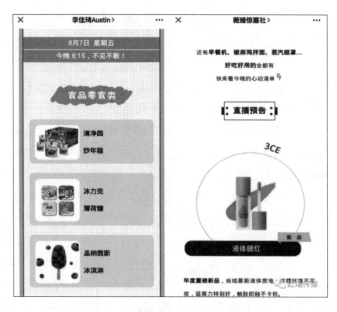

图 2-59　李佳琦直播间的直播预告文案

下面是一些视频类直播预告文案范文。

（1）10 秒快速写出爆款文案，想知道方法的宝宝们，今晚 10 点直播间见！

（2）今天，我会为大家分享引流 108 招，截留回流的秘籍，以物易物的四大门法，打通市场的 30 个核心机密。

（3）今晚 7 点欢迎到我的直播间交流，学会了价值最少一个亿。

（4）每一个爆款产品的背后，都有一个神级视频，销量 10 万＋的爆款产品，秘诀在哪里？什么样的视频才能成为爆款视频？

（5）×××做客直播间，××月××日 7 点半告诉你。

2. 直播的脚本流程设计

（1）0~5 分钟，开场聚人。开场时要和粉丝拉关系，同时为正式直播卖货做准备，这个时间可以做 3 件事：

①和粉丝拉家常，快速拉近主播粉丝的距离；

②抽奖，快速炒起直播间的热度；

③包装渲染产品，可以聊产品的产地、历史、销量、代言人信息，但不要具体说是什么产品，要激发粉丝的好奇心。

（2）5~7 分钟，留客。这个时候马上就要开始正式直播，主播要想办法把粉丝留在直播间，可以宣传本场直播的大促销。例如，今晚要抽 99 个面单，抽 3 波大红包，买 1 送 15，送限量口红，送定制手袋，全年最低价什么的，并且主播要号召用户互动，让他们回复刷屏。

（3）7~12 分钟，锁客。这段时间要描述产品的使用场景。例如，主播会说：吃早餐时，我女儿最爱吃这个小面包了，一次能吃 4 个。同时，主播还可以试用产品，例如，是口红就直接涂，是吃的就现场吃。同时还要把自己的使用感觉、产品的最大功效说出来，让粉丝对你的产品产生兴趣。

2

（4）12~16分钟，背书。这个时候要给产品背书。例如，产品的各种证书、网友好评、过往销量截图、大V（指在新浪、腾讯、网易等微博平台上获得实名认证，拥有众多粉丝的微博用户）口碑推荐、网红种草（即很多网红主播，通过视频、图片、文字等多种形式的内容创作和玩法创新，向粉丝推荐有特色的生活用品、食品、饮料等产品）、官方获奖记录等，一定要让用户觉得这是非常靠谱的产品和品牌。

（5）16~22分钟，说服。这个时候要详细介绍产品的主打功效、使用人群、价位、成分、包装、促销和竞品的对比等，要让用户全方位认可这款产品。

（6）22~27分钟，促单。这个时候宣布价格，一定要让用户有"占便宜"的感觉，觉得今天买太超值了，不买就亏了。促销政策也要加大力度地强调。例如，直播间特别优惠、前100名加送同款、现金返还、随机免单、抽奖、七天无理由退换等，要刺激用户立即下单。

（7）27~30分钟，逼单。不断提醒用户销量，营造"货物很抢手,不买就没了"的气氛。例如，有些直播间每次只让上1000件商品，等抢完了继续上链接，不停地制造"现在不下单就抢不到"的焦虑感。同时主播要重复产品的最大功效和利益点，刺激用户立刻下单。

一个优秀的直播脚本一定要考虑每一个细节，要让时间、场景、人员、道具、产品、品牌充分融合到一起。

3. 根据不同产品线的系列产品，需要准备不同的直播话术、产品推广方式及成交话术

例如，在介绍福利产品环节方面，重心要放在和观众的互动上，通过抽奖送福利的方式，让用户产生"获得感"，调动用户参与的积极性，方便后续转化。

（四）任务流程

子任务二编写直播脚本操作流程如图2-60所示。

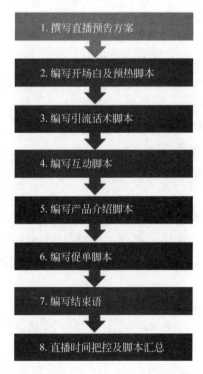

图 2-60　子任务二编写直播脚本操作流程

二、任务操作

操作要求：结合任务情境及任务准备，完成任务操作。

本任务操作的最终目标：完成唐韵品牌推广直播预告文案和直播流程设计。

步骤一：撰写直播预告文案

操作提示：直播预告文案是吸引用户进入直播间的第一扇门，在撰写时要注意以下几个小技巧。

（1）留悬念，激发使用者的好奇心。在直播前写通知文案为直播间预热时，要激发用户的好奇心，让人忍不住想看看你的直播间有什么。例如，在直播间预热时，留下这样的文字："今天的福利是……来不及多说，快来吧"，让人心生急切，也心生好奇，忍不住想知道到底有什么样的福利，从而进入直播间。

（2）简明易懂，直观明了。在播出前的通知里，要让别人知道你要做什么，可直接在文案中注明几点、所在位置，现场操作。

（3）直播前多渠道发布公告稿。除现场发布短视频文案外，还可以在站外平台发布公告。例如，微博、微信、小红书等。

预告文案 1 ＿＿＿＿＿＿＿＿＿＿＿＿＿＿＿＿＿＿＿＿＿

＿＿＿＿＿＿＿＿＿＿＿＿＿＿＿＿＿＿＿＿＿＿＿＿＿＿＿

预告文案 2 ＿＿＿＿＿＿＿＿＿＿＿＿＿＿＿＿＿＿＿＿＿

＿＿＿＿＿＿＿＿＿＿＿＿＿＿＿＿＿＿＿＿＿＿＿＿＿＿＿

预告文案 3 ＿＿＿＿＿＿＿＿＿＿＿＿＿＿＿＿＿＿＿＿＿

＿＿＿＿＿＿＿＿＿＿＿＿＿＿＿＿＿＿＿＿＿＿＿＿＿＿＿

步骤二：编写开场白及预热脚本

操作提示：

（1）开场问候的常用方法与范例。开场白可以用才艺展示，也可以预告今天的直播亮点，注意要打造自己特有的视觉锚点和听觉锚点。例如，直播间的宝宝们大家好，欢迎来到橘子和楷夫的直播间，今天可是一个特别的日子哦，老粉宝宝们都知道，去年的今天是母亲节！也是我们第一次直播。一年里我们收获了一百万的粉丝，在 430 新势力周也实现了销售额破亿！

（2）开篇引流方法。开篇引流方法包括红包雨、观看满 × 分钟领券、抽奖预告、上榜有礼、点赞上新、宠粉任务、关注预告。例如，为了感谢宝宝们的支持，话不多说，先来一波红包雨，准备开抢；直播间的宝宝们只要观看我们的直播满 4 分钟，截图给客服，就能领到一张 20 元无门槛优惠券；今晚每个整点都有抽奖，8 点抽香奈儿小羊皮，9 点抽迪奥粉底液，10 点抽公主号邮轮大奖。

根据范例编写一个具有特色的开场白与预热话术。

开场白＿＿＿＿＿＿＿＿＿＿＿＿＿＿＿＿＿＿＿＿＿＿＿＿

＿＿＿＿＿＿＿＿＿＿＿＿＿＿＿＿＿＿＿＿＿＿＿＿＿＿＿

预热话术＿＿＿＿＿＿＿＿＿＿＿＿＿＿＿＿＿＿＿＿＿＿＿

＿＿＿＿＿＿＿＿＿＿＿＿＿＿＿＿＿＿＿＿＿＿＿＿＿＿＿

步骤三：编写引流话术脚本

操作提示：直播刚开始，希望直播间的伙伴们更多地帮助转发，就需要给予一些福利，以下为几个引流话术的案例。

（1）分享领券。宝宝们只要将直播间分享给 3 个好友就可以领一张满 100 减 50 的优惠券哦，好友点进链接也可以领一张满 80 减 20 的优惠券。

（2）引导查看主页和商品。宝宝们点进我们的主页浏览商品详情，看到喜欢的产品要记得收藏加购噢！

（3）转发微博抽锦鲤。宝宝们也可以去关注我们的微博，转发置顶动态，抽出 10 位锦鲤宝宝，送出我们价值 500 元的大礼包哦。

（4）转发 3 个百人群加赠。宝宝们只要将我们的直播间分享到 3 个百人微信群，截图发给客服，就可以直接领取一张 20 元无门槛优惠券。

根据范例编写有效的引流脚本。

引流脚本＿＿＿＿＿＿＿＿＿＿＿＿＿＿＿＿＿＿＿＿＿＿＿＿＿＿＿＿＿＿＿＿＿＿

＿＿＿＿＿＿＿＿＿＿＿＿＿＿＿＿＿＿＿＿＿＿＿＿＿＿＿＿＿＿＿＿＿＿＿＿＿＿

步骤四：编写互动脚本

操作提示：直播间的互动活跃度会直接影响平台对我们的流量分配，良好的互动也能延长客户的停留时间，所以必须多多设计互动环节，以下为一些互动的范例。

（1）关注有礼。还没点关注的宝宝们关注点起来，关注主播优先发货，记得领取 5 元关注券！

（2）引导点赞。来宝宝们点赞走一走，现在是 12 万赞，咱们点到 15 万给大家抽现金红包噢！

（3）抽福袋。宝宝们弹幕里把大卖刷起来，截图前 3 位可获得我们价值 50 元的福袋噢！

（4）抽免单。买到的宝宝扣买到了，我们马上要抽取一整屏的免单啦！刷起来刷起来！

（5）引导评论。宝宝们左上角发了互动问答，在弹幕里和我们互动就有机会获得福袋。

（6）粉丝等级。粉丝宝宝们亲密度任务做起来，升级到钻粉，每个月可以额外领 10 张券！

（7）粉丝群。新粉赶紧进群，千玺见面会名额在完成粉丝群任务的宝宝里抽取。

请根据范例设计更多与粉丝互动的话术。

互动脚本＿＿＿＿＿＿＿＿＿＿＿＿＿＿＿＿＿＿＿＿＿＿＿＿＿＿＿＿＿＿＿＿＿＿

＿＿＿＿＿＿＿＿＿＿＿＿＿＿＿＿＿＿＿＿＿＿＿＿＿＿＿＿＿＿＿＿＿＿＿＿＿＿

步骤五：编写产品介绍脚本

操作提示：介绍产品一定要有核心卖点，凸显差异性。例如，宝宝们，我们这款粉底液有 34 个色号，远远超过市面上其他粉底液色号，每张脸都可以在我们这找到你的专属色号，再也不用担心假白啦！再有，我们这款智能拐杖倒地就有高频报警声，内置 500 首广场舞金曲，充一次电可用半年，真的是老年人出门遛弯必备神器！

其次一定要设计实验或者做对比。例如，今天这批阳光玫瑰甜度真的是太赞了，主播现在用甜度仪来检测，我的天哪！居然达到了 18.1！再有，我的天哪！这个生蚝和我的手掌一样大！正宗乳山三倍体大生蚝！到手每个都和我这个一样大！

通过网上搜索唐韵温泉两大一小温泉套票信息，撰写产品介绍脚本，可以结合品牌背景、历史文化、地理位置优势、服务优势等方面撰写。

单品脚本_____

_____

步骤六：编写促单脚本

操作提示：为了让客户尽快下定决心立即购买，避免拖延和做过多的对比，可以采用下面这些方法。

（1）充值膨胀。宝宝们今天在我们林氏木业直播间，充值 1000 元直接膨胀为 1200 元！相当于 8.3 折，右上角充值有礼戳戳戳！活动到 24 点结束。

（2）限额礼品。前 100 名下单全部送千玺大礼包！下单后可以在订单页面查看是否抢到赠品名额，1 分钟后上架，手速要快，姿势要帅，准备开抢！

（3）下单备注口令有礼。直播间下单的宝宝备注大橘子拍一发二！千万别忘了备注！抢到的宝宝赶紧回来扣抢到了！

（4）报库存，增加紧迫感。timi，我们还有多少库存。只有 35 件了是吗？我的天哪！现在只剩 18 件了，卖完了，我们小助理都没抢到，timi 看下，没付款的踢人，问一下品牌那边能加多少？

（5）定金＋尾款。宝宝产品已经上架了，在一号链接，我们今天是预售，只要付 99 元的定金，就可以锁定双十一的优惠名额，拿到一个七五折的价格，我做这个品牌主播三年了，真的从来都没有这么优惠过。

根据范例，继续编写更多的促单话术脚本。

促单脚本_____

_____

步骤七：编写结束语

操作提示：结束语要走心感谢且有效预告下一场直播的情况。例如，宝宝们，主播马上就要下播了，非常感谢留到最后的家人们，千言万语红包来谢！最后一波红包雨！准备开抢！

主播马上就要下播啦，明天晚上 8 点，我们的零食节正式回归，宝宝们期待的"千玺百草味大礼包""炫迈限量套装"都会上架，更有 4 小时 1 万现金红包大礼，9 点郭麒麟准时做客直播间，我们不见不散！

根据范例，编写更多的直播结束语脚本。

结束语及预告_____

步骤八：直播时间把控及脚本汇总

操作提示：模拟一场 30 分钟的直播活动，总共推荐 4 个单品，主推品是一泊二餐产品（直播间送鱼疗升级 1480 元的温泉房，送一个景点，车站包接送），介绍 5 分钟，促单 2 分钟。其他 3 个产品分别如下。

2

（1）流量款：单人门票，直播五折优惠到手价99元。

（2）高毛利款：疗休养五天四晚套餐（3000元/份套餐，送豪华体检套餐和30个理疗项目）。

（3）高销量款：湖景大床房（淡季工作日特价）。

这3个产品介绍用时3分钟左右，促单不超过2分钟，设计每个环节的时长，并将上面的话术整理摘抄到表2-11中，注意是30分钟的直播脚本。

表2-11　模拟的30分钟直播脚本话术

顺序	环节	时长	话　　术
1	开场白＋预热		
2	引流环节		
3	销售流量款＋促单		
4	互动1		
5	销售主推款＋促单		
6	互动2		
7	销售高毛利款＋促单		
8	互动3		
9	销售高销量款＋促单		
10	结束语＋预告		
11	危机预设		①停电断网：备用发电机一台，提前做好电路切换准备和预演。高流量包5G手机一部，宽带断网马上用手机网络继续直播 ②主播异常：备用主播2人，提前熟悉产品和活动，当天直播场地待命 ③领券异常：对策为直接拍下，备注收货返 ④链接异常：创建备用链接、子店铺链接，确保顺利下单
12	预算		①活动经费：红包雨3000元，赠品2000元，样品费用200元，流量推广费用5000元，合计10200元 ②场地费用：现场造景2000元，直播间为自有，无须费用 ③人员费用：主播团队工资场结算，2000元，佣金5% ④设备费用：备用发电机，租用2000元/天 费用合计：1.62万元+5%佣金

三、任务评价

子任务二编写直播脚本评价如表2-12所示。

表 2-12　子任务二编写直播脚本评价

序号	项　目	分值	评　分　点	自　评	教师评	类型 1.能力 2.素养
1	撰写直播预告文案	10	吸引人 有重点 有话题			1+2
2	完成开场白编写	10	亲切走心 突出主题			1
3	完成引流话术脚本编写	15	活动设计合理 利益点清晰			1
4	完成产品介绍脚本编写	15	突出核心卖点 有展示或实验环节设计 有对比环节设计 突出直播间利益点			1
5	完成促单脚本编写	15	熟练充分运用各类促单技巧			1
6	完成互动脚本编写	15	设计适合的直播间活动 预设常见问答			1
7	准确分配直播时间	10	时间线清晰 安排合理 环节紧凑			1+2
8	做好突发情况的应对预案	10	准备充分			1+2
得分合计						

任务四　策划其他内容

任务情境

　　唐韵温泉度假村在营销活动和宣传推广过程中能够有效使用二维码、H5 和导航页，方便用户了解度假村的信息和相关活动，构建立体化传播体系，增强了企业文化的感染力、穿透力和影响力。

　　1.唐韵温泉度假村其他渠道推广现状

　　（1）现有二维码分析。唐韵温泉度假村公众号二维码如图 2-61 所示。用户扫码进入后，可以看到有关唐韵温泉度假村的消息，但公众号内容更新较慢。点开"服务"按钮可以进入商城，了解唐韵温泉度假村的地理位置、营业时间、联系方式及相关的商品等信息。图 2-62 为唐韵温泉度假村套餐预约二维码，可以扫码加客服进行预订服务。

　　（2）现有 H5 场景分析。唐韵温泉度假村现有 H5 是一个招聘的内容，在页面中传达了招聘信息，并且通过照片对度假村进行了介绍，让应聘者能够对工作环境有所了解。H5 招聘页面如图 2-63 所示。

2

图 2-61　唐韵温泉度假村公众号二维码

图 2-62　"醉美唐韵"套餐订购二维码

（3）现有导航页面分析。在百度地图、高德地图中能快速找到唐韵温泉度假村的位置，能够实现导航的功能，而且有优惠订房的链接，百度地图中实现了打车的功能，并且能够显示街景，相册中显示了唐韵温泉度假村的风景图片，但是视频和全景图较少，但高德地图中只有出行和住宿的相关信息及服务。百度地图导航页面如图 2-64 所示，高德地图导航页面如图 2-65 所示。

图 2-63　H5 招聘页面

图 2-64　百度地图导航页面

图 2-65　高德地图导航页面

2

2. 唐韵温泉在其他内容制作与发布中存在的问题

（1）二维码使用范围较窄。通过扫描唐韵温泉现有公众号二维码和优惠活动二维码，可以看到唐韵温泉度假村风景介绍和酒店优惠活动信息，但二维码的呈现内容不够丰富，没有充分利用二维码的现有功能。

（2）H5 使用场景单一。唐韵温泉 H5 场景单一，没有充分利用 H5 的传播优势，美观、新颖的 H5 不仅能突显企业实力和产品卖点，引发读者行动，更能获得转发，让传播效力 N 倍增强。

（3）导航信息页面服务内容不完整。导航软件中，在唐韵温泉度假村的信息页面可以看到酒店产品、酒店图片，但没有对唐韵温泉度假村特色服务进行说明和展示，导致用户对唐韵温泉的服务内容了解相对较少。

3. 破局之法

（1）广泛运用创意二维码。二维码的应用场景非常广，可用于传单、宣传册、报纸、杂志、海报展示、商品详情等，可以通过展示图片、文件、音视频、表格等丰富的内容，吸引用户扫码了解唐韵温泉度假酒店和产品，并通过用户的分享达到引流的目的。

（2）针对不同场景和渠道制作 H5 传播页。针对多个场景进行 H5 设计，例如品牌型 H5 场景制作，品牌型 H5 不同于讲求时效性的 H5 场景，它更像是一个品牌的微官网，更倾向于品牌形象的塑造，给用户传达品牌的精神态度，而且这类品牌型 H5 场景制作在设计上，需要运用符合品牌特性的视觉画面效果，从而给用户留下深刻的印象。

（3）做好各个导航软件的地理信息维护及落地页编辑。目前国内比较成熟的地图平台包括百度、高德、腾讯，都能够提供基本地图展现、搜索、定位、路线规划等功能，导航地图信息包含名称、类别、经度、纬度、附近的酒店、饭店、商铺等信息，根据唐韵温泉度假村的主题，可以将酒店的疗养、温泉、休闲等服务信息在导航页中展现，吸引更多目标人群。

■ 子任务一　制作创意二维码

一、任务准备

（一）知识准备

近几年，二维码悄然走进了我们的生活：防疫通行扫二维码、门店点餐扫二维码、支付扫二维码、报名扫二维码……二维码已经成为我们生活中不可或缺的一部分。

二维码，区别于常见的条形码，是用特定的几何图形按照一定规律在平面上记录数据信息，像一个由双色图形相间组成的方形迷宫。二维码信息容量大，比普通条码信息容量高几十倍。同时，二维码误码率不超过千万分之一，比普通条码低很多。另外，二维码编码范围广，可把图片、声音、文字、签字、指纹等可数字化的信息进行编码，易制作、成本低、持久耐用。

知识点一：二维码的使用场景

二维码的应用，可以分为主读和被读。被读类应用是以手机等存储二维码作为电子交易或支付的凭证，可用于电子商务、消费打折等。主读类应用是以安装识读二维码软件的手持工具，例如手机，识读各种载体上的二维码，可用于防伪溯源、执法检查等。

二维码的 10 项
应用场景

知识点二：设计创意二维码

我们现在看到的二维码有扁平化的二维码、有动态二维码、有卡通风的二维码，如何才能创造新意，让人们一瞬间获得惊喜？如何能让二维码变得好玩、有趣、引人注目？在传统二维码的基础上进行艺术加工与设计，在改变颜色、形状的同时，保持二维码所涵盖的信息和内容的创意二维码，可以达到这些目的。创意是一切设计的灵魂，在设计二维码的时候，先在脑海中形成具体的构思，然后把它以视觉呈现出来。

二维码参考
创意方法

知识点三：什么是二维活码

很多人以为，二维码扫完了以后，出现的是一个固定结果。其实不是这样的，二维码的样式不会改变，但是内容会发生改变，这就是活码。活码的关键在于"活"，例如群二维码，如果用普通二维码，印了一大堆的宣传单，很快群就加满了，这时需要更换另一张海报，而活码就不需要换海报，更换扫码后的结果页内容即可。还有客服码、咨询码、支付码，都需要用二维活码来实现。

二维码的历史

二维活码可以无限传播，印名片、做海报，放在任何地方，内容可以自如修改。在自己的计算机上面，内容一更新，别人就能扫到新的内容，而且也比较便于统计，包括扫码的时间、次数、频数。

二维活码的内容存储是无上限的，静态的二维码遇到大内容的时候，它其实是无法扫描的，但是活码就不一样了，你可以往里面放一些视频，还可以放大内容的资料。

另外，也可以设定阈值，例如一个群二维码，当被扫了 100 次以后，可以自动设定加入第二个群的码里面去，不断地给多群引流循环制作，这就是阈值，非常方便。

（二）操作准备

步骤一：寻找目标客户

推广二维码之前，要找到产品的目标客户。

步骤二：激发用户扫描代码

在进行二维码营销时，企业略微处于被动的一方，因为需要用户自动扫描，才能给企业带来销售。如何激发用户扫描二维码的欲望是企业需要做的，这样能给企业带来更多订单。

二维码生成器
具体用途

（三）任务要领

1. 二维码生成器在公司中的使用场景

在移动互联网高度发达的现在，大家已经习惯用扫描二维码的方式去关注一个产品、

2

参加一个活动，在不同的应用场景下，使用成本较低、操作简单，参与门槛低的二维码，对于企业来说是一个很好的选择。

2. 好的文案能够做到诉求与用户的需求相一致

在设计素材的时候，把活动诉求点和扫描二维码的操作指引步骤写明白是至关重要的。添加扫描二维码的操作指引步骤说明，主要是为了避免用户因为不熟悉微信而不知如何操作的情况出现。设计二维码文案时，对细节问题要考虑到位，要站在一个普通用户的角度去设计推广素材。另外，素材设计完成之后，先让小部分用户体验一下，以减少后续因大规模推广而出现不适宜的问题。

（四）任务流程

子任务一制作创意二维码操作流程如图 2-66 所示。

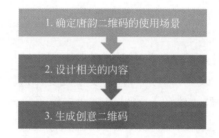

图 2-66　子任务一制作创意二维码操作流程

二、任务操作

操作要求：结合任务情境及任务准备，完成任务操作。

本任务操作的最终目标：根据唐韵二维码的使用场景设计链接内容。

步骤一：确定唐韵二维码的使用场景

操作提示：酒店宣传常见以下场景。

场景 1：酒店品牌推广，例如酒店整体介绍、客房及休闲娱乐场所样片及目录展示。

场景 2：订房或订餐服务，休闲场所图片展示。

场景 3：活动信息推送。

从以上 3 个场景中选择一个场景。

场景 1（　　　）

场景 2（　　　）

场景 3（　　　）

步骤二：根据步骤一确定的二维码的使用场景设计相关的内容

操作提示：内容包括文字、图片、视频。

□ 二维码链接的文字内容：

_____

_____

□ 二维码链接的图片：

□ 二维码链接的视频：

步骤三：生成创意二维码

操作提示：常用的二维码生成工具有草料、二维彩虹、码眼无界、第九工厂、二维工坊等。

□ 生成的创意二维码：

二维码生成
工具详解

三、任务评价

子任务一制作创意二维码评价如表 2-13 所示。

表 2-13　子任务一制作创意二维码评价

序号	项　目	分值	评 分 点	自　评	教 师 评	类型 1.能力 2.素养
1	明确活码的使用场景	20	对象明确 目的清晰			1

2

续表

序号	项　　目	分值	评　分　点	自　评	教师评	类型 1. 能力 2. 素养
2	编辑活码内容	20	编辑好图文视频内容 做好排版 管理好活码后台			1
3	生成活码并美化	20	模板选择恰当 模块使用正确 元素使用丰富			1
4	艺术二维码生成	20	熟练使用工具 模板选择符合使用场景和渠道 特色鲜明 动态效果丰富 传播文案搭配得体			1+2
5	发布并测试效果	20	扫码结果正常 印刷效果良好			1
	得分合计					

■ 子任务二　制作H5页面

一、任务准备

（一）知识准备

H5作为新兴的跨平台多媒体营销手段，具有创意空间大、传播方便、容易引爆、流量转化效果好、传播效果可以监测量化等特点。

在塑造场景方面，H5具备了得天独厚的优势，充分发挥了界面传播的能量。更加重要的是，这种由技术搭造的场景并非是封闭或独享的。简便易行的"分享"按钮能够轻松地将私人化体验分享给他人，容易制造出感受上的共鸣，从而有助于实现传播的真正目的。

知识点一：设计H5场景

现有H5场景主要有3类：邀请函，用途是事件告知；送优惠，用途是促进消费；品牌展示，用途是品牌宣传。类型虽然不同，但好的H5都是相通的，从策划、制作到传播，每个步骤都需要精心设计。

1. 策划

每一个引发刷屏的H5，都做到了以下几点：①基于用户的深度洞察；②技术与场景的微创新；③互动是刷屏的充分必要条件；④学会借势，带来事半功倍的效果。

2. 实现

优秀的创意要想得到最大限度的发挥，需要良好的团队写作来加以实现。从策划到执行、制作过程同样彰显创意团队的功力。

详解策划阶段
四要素

3. 推广

好的内容需要有针对性的推广方案来助攻。可以从以下几点来了解推广。

（1）推广费用。一般来说，一个 H5 的推广费用是制作费用的 2~5 倍时是合理的比例。这个比例经过验证，代表了绝大多数成功 H5 的费用情况。

（2）掌握推广的节奏。用户使用微信的时间点是什么时候，即用户何时打开微信？ H5 耗费流量，什么情况下用户才可以肆无忌惮地打开来看？这两个问题，在做推广时必须考虑到。

值得学习的
实现手段

需要注意的是，所有推广资源应该在 2~3 天内推出去，配合公共号 + 微信群 + 朋友圈的组合，推广效果才会更加有效。

知识点二：H5 场景制作主要类型

第一种：交互式 H5 场景制作。

第二种：展示式 H5 场景制作。

H5 场景制作
主要类型

第三种：数据式 H5 场景制作。

第四种：互动 + 用户参与式 H5 场景制作。

知识点三：H5 的内容创作

H5 作为一种技术、一种工具，研究的是生活中的场景。好的 H5 内容有几个要点：从生活场景出发，刺激用户产生情感，才能引发传播；结合热点；有趣好玩；接地气。H5 场景归根到底是为产品和品牌吸引流量和关注度，所以大家关注的是曝光次数和浏览量。而在 H5 已经泛滥的当下，只有有创意内容的 H5 才能脱颖而出。因为技术可以很容易被模仿、复制，但是内容因其独特的社会属性、品牌属性，一般是不可以被"拿来"的。

内容的价值要素
及设计思路

知识点四：H5 的设计流程

H5 的设计流程大致包括：①了解项目的具体需求；②选择合适的表现形式；③设计表现风格；④技术上的开发上线阶段；⑤做最后的数据总结阶段。H5 的设计流程如图 2-67 所示。

H5 具体设计流程

　了解需求　　　确定形式　　　设计表现　　　开发执行　　　数据统计

图 2-67　H5 的设计流程

（二）操作准备

步骤一：找准产品卖点

确定推广目的和推广时间，确定标题，标题是吸引用户浏览的第一扇门，一个独特、有悬念的标题往往更能吸引用户的注意。

步骤二：找准清晰定位

准确捕捉精准受众，做好周全分析，让 H5 页面传播事半功倍。

2

（三）任务要领

1. H5 页面可以运用的场景

（1）企业宣传。高大上的游戏能帮助企业快速聚集人气，让客户订单从游戏开始。

（2）企业招聘。令企业走向人才，令人才近距离了解企业、认识企业，令招聘更高效。

（3）商业营销。通过 H5 特性，使用大转盘、刮刮卡、满减满赠等增加客户黏性，从而达到营销目的。

（4）报名预约。可以采用旅游线路报名、教育课程报名、餐厅预约等形式，多种表单预设，也可以自己创建新的预约流程，自由选择。

2. 确定 H5 页面投放计划

有计划才能让 H5 页面推广进展更顺利，事半功倍。

（四）任务流程

子任务二制作 H5 页面操作流程如图 2-68 所示。

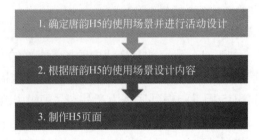

图 2-68　子任务二制作 H5 页面操作流程

二、任务操作

操作要求：结合任务情境及任务准备，完成任务操作。

本任务操作的最终目标：根据唐韵 H5 的使用场景设计内容，并制作 H5 页面。

步骤一：确定唐韵 H5 的使用场景并进行活动设计

操作提示：H5 使用场景可以是新产品的发布、促销活动的介绍、为网站引流、传播品牌形象等，从中选择一个场景进行活动设计。

场景 1：新产品发布会（　　　）

场景 2：促销活动介绍（　　　）

场景 3：网站引流（　　　）

场景 4：传播品牌形象（　　　）

表现形式＿＿＿＿＿＿＿＿＿＿＿＿＿＿＿＿＿＿＿＿＿＿＿＿＿＿＿＿＿＿＿＿＿＿＿

＿＿＿＿＿＿＿＿＿＿＿＿＿＿＿＿＿＿＿＿＿＿＿＿＿＿＿＿＿＿＿＿＿＿＿＿＿＿＿

表现风格＿＿＿＿＿＿＿＿＿＿＿＿＿＿＿＿＿＿＿＿＿＿＿＿＿＿＿＿＿＿＿＿＿＿＿

＿＿＿＿＿＿＿＿＿＿＿＿＿＿＿＿＿＿＿＿＿＿＿＿＿＿＿＿＿＿＿＿＿＿＿＿＿＿＿

步骤二：根据唐韵 H5 的使用场景设计内容

操作提示：做 H5 最重要的是要从场景出发，研究创意和内容，做策划，重视用户，从不同视角出发，观察设想用户的行为场景、消费场景和使用场景。

设计思路＿＿＿＿＿＿＿＿＿＿＿＿＿＿＿＿＿＿＿＿＿＿＿＿＿＿＿＿＿＿＿＿

＿＿＿＿＿＿＿＿＿＿＿＿＿＿＿＿＿＿＿＿＿＿＿＿＿＿＿＿＿＿＿＿＿＿＿＿

标题＿＿＿＿＿＿＿＿＿＿＿＿＿＿＿＿＿＿＿＿＿＿＿＿＿＿＿＿＿＿＿＿＿＿

＿＿＿＿＿＿＿＿＿＿＿＿＿＿＿＿＿＿＿＿＿＿＿＿＿＿＿＿＿＿＿＿＿＿＿＿

内容描述＿＿＿＿＿＿＿＿＿＿＿＿＿＿＿＿＿＿＿＿＿＿＿＿＿＿＿＿＿＿＿＿

＿＿＿＿＿＿＿＿＿＿＿＿＿＿＿＿＿＿＿＿＿＿＿＿＿＿＿＿＿＿＿＿＿＿＿＿

步骤三：制作 H5 页面

操作提示：常见的 H5 制作软件有搜狐快海报、MAKA、初页、秀米秀制作、易企秀、最酷网、Wix、木疙瘩 mugeda。

□ H5 页面：

常见的 H5 制作
软件详解

三、任务评价

子任务二制作 H5 页面评价如表 2-14 所示。

表 2-14　子任务二制作 H5 页面评价

序号	项　　目	分值	评 分 点	自　评	教 师 评	类型 1. 能力 2. 素养
1	确定使用场景设计活动内容	25	对象明确 目的清晰 活动丰富			1
2	H5 内容设计	25	内容构架清晰 标题有吸引力 内容描述简洁准确 紧扣活动主题			1
3	使用在线工具制作 H5	25	模板选择恰当 模块使用正确 元素使用丰富			1
4	发布并测试效果	25	效果流畅 音乐得体 表单返回正常			1+2
	得分合计					

2

■ 子任务三　新增导航页

一、任务准备

（一）知识准备

知识点一：地图内的信息类型

地图是客观世界的模型，是空间信息的载体。以纸为媒介的地图，集数据存储和数据展示于一体，一张地图上的信息量是有限的，以展示空间信息为主。以电子屏幕为媒介的地图，实现了数据存储与数据展示的分离，并且表现形式从单一的符号扩展为多媒体形式，因此电子地图展示的信息量更大，信息类型更丰富。

地图主要呈现信息的页面包括主图、搜索结果页、专题图层。

（1）打开手机地图看到的页面——主图。用户可以在主图上通过平移、放大、缩小的操作选择自己感兴趣的区域；可以采用旋转、切换 2D/3D 模式选择自己习惯的视角，还可以切换地图模式选择查看地图信息的类型，如普通地图、地形图、卫星图和道路结合的混合图。

（2）突出展示某个点信息的页面——搜索结果页。用户可以直接在地图上点击 icon（图标格式）或地点名称来选中一个点，也可以使用搜索框搜索一个确定的点，即可到达搜索结果页，在该页面用户还可以点击进入详情页，查看该地点更丰富的信息。

（3）突出展示一种或多种要素的页面——专题图层。用户可以开启地图的某些图层，重点查看感兴趣的信息，特别适合展示信息的分布和变化。地图设计师主要考虑的问题是怎么展现信息，并准确、高效地传递给用户。

知识点二：地图的可视化信息

地图的可视化信息展示分为外露模块和详情模块两种形式。

外露模块将用户十分在意的信息（如位置、状态变化等）上调到较高层级的页面，基于直观的地图背景进行展示。外露模块如图 2-69 所示。

用户的需求、决策点或关注点围绕着地理位置信息时，都适合采用外露模块。例如，在首页展示外卖送到哪儿了、周围有什么好吃的、好玩的，在租房内容页展示房屋所在位置等，都是常见的应用场景。基于地图可视化地展示关键信息，会提升信息传达的效率，让用户可以快速感知位置状态、快捷获取信息、保持掌控感。同时外露的地图元素比 icon 形式的入口表意更加直接，点击地图进入后，会看到更详细的地图，可以吸引用户关注，点击进入地图详情模块。地图还可以让用户有很好的户外氛围感，激发用户的情绪，开展户外运动等活动。

外露模块的内容形式通常为卡片形式，以地图为底层图层，在上面放置点状要素等来展示信息。点状要素如图 2-70 所示。

点状要素在地理信息系统中称为 POI（point of interest，兴趣点），可以由服务提供方采集坐标数据、定义名称和类别，添加到地图数据中。点状要素具体的内容形式如图 2-71 所示。

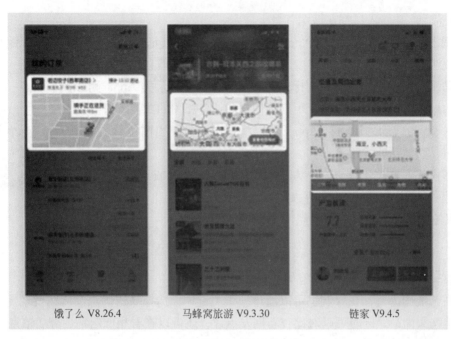

| 饿了么 V8.26.4 | 马蜂窝旅游 V9.3.30 | 链家 V9.4.5 |

图 2-69　外露模块

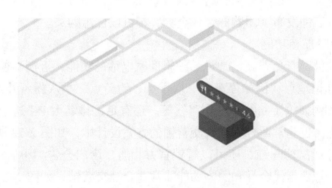

图 2-70　点状要素

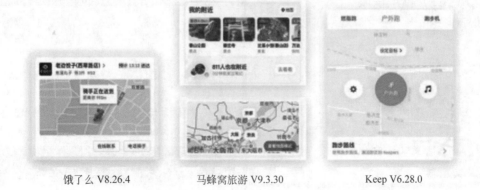

| 饿了么 V8.26.4 | 马蜂窝旅游 V9.3.30 | Keep V6.28.0 |

图 2-71　点状要素具体的内容形式

POI 信息 / 功能入口都在地图背景上展示。

以饿了么为代表的派送类 App 可以用三维模型、气泡展示派送员的状态、距离，辅以文字说明订单商家名称、订单内容、预计送达时间等信息。

以马蜂窝为代表的团购、旅行、房屋租售等 POI 展示类 App，可以用位置点、气泡标注出目的地，辅以图片、名称、距离等信息和业务相关的功能入口。

以 Keep 为代表的运动类 App，可以将地图定位至当前位置，并放置开启按钮、其他功能按钮等。

外露模块展示内容详解

外露模块通常位于首页、个人中心、关键一级页面或订单页面等。根据产品业务的不同，展示的内容大致有订单位置状态变化、周边 POI、某 POI 位置信息、个人足迹、环境氛围 5 种。

（二）操作准备

步骤一：了解导航软件的信息页面展示内容

以高德地图为例，在导航里可以通过搜索关键词，选择高德优惠门店，发现优惠券后直接下单购买商品，同时可以对比查看网友点评，还可以查看相似店铺、分店信息。

通过直接浏览地图，可以发现非常显眼的团购打折标记，还可以点进各类排行榜浏览特色推荐，不仅有美食，还有旅游排行、人气景点、生活服务等。随时可以查看并拨打订位咨询电话，有些店铺发布了团购券、代金券，都可以优惠购买。

步骤二：了解导航新功能

所有的导航软件都有免费新增地址、编辑商家电话的功能，近期高德地图新出了 DIY 地图功能，可以标记地点，例如停车点、取景点、钓鱼点、小众露营基地、心仪店铺等，也可以创建路线，例如旅游路线、工作路线等。还有足迹排名大 PK 这个极具社交特性的成就解锁类新功能，也非常适合用在社交营销的方案设计中，如图 2-72 所示。

另外，如果开通高德旺铺，还可以解锁官方相册、店内公告、小店故事、经营范围、周边推广等功能，特别是代金券和团购功能非常适合社交营销，如图 2-73 所示。

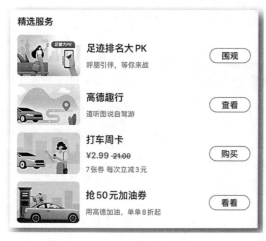

图 2-72 高德地图部分新功能模块

图 2-73 高德地图部分付费商家新功能

（三）任务要领

实现社交功能，将社交关系、内容与地图元素相结合，通过互动、匹配等玩法将用户聚合在一张世界地图上。满足用户对附近关系的探索，同时将关系与内容按区域整合，支持用户将社交关系网向全国甚至全世界拓展。既能满足"95后"及"00后"对多类型内容的消费需求，又能通过强地理位置属性帮助用户从线上走到线下，拓宽其社交关系网。通过地图社交并结合地图元素（例如学校、商户或景区等）使用户出行场景、工作场景、生活场景具象化，让两个或多个原本在生活轨迹永远平行的人因为共同的行为、经历和爱好而相识，从而建立起新的社交关系。

（四）任务流程

子任务三新增导航页操作流程如图 2-74 所示。

图 2-74　子任务三新增导航页操作流程

二、任务操作

操作要求：结合任务情境及任务准备，完成任务操作。

本任务操作的最终目标：根据唐韵温泉实体店的位置，设计位置信息页面展示内容。

步骤一：确定在地图上实现社交关系的类型

操作提示：社交的三要素分别为互动、关系和内容。针对一般社交产品，内容是前提，互动是过程，关系则是目的。但对于地图社交，属性最强的便是地理位置，其次才是内容。用户可以通过地理位置并借助互动玩法，主要是表情互动和游戏互动来建立社交关系；也可以通过"FLY"（你正在干什么、你想干什么）功能在世界地图上发表自己的状态。

通过用户在地图上的互动进行社交关系链的关系拓展，即偏向娱乐性质互动游戏社交平台（　　）。

通过内容的互动建立深层次社交关系，从线上走到线下，即偏向内容社区的消费平台（　　）。

步骤二：根据选择的类型设计活动或撰写内容

活动设计的思路＿＿＿＿＿＿＿＿＿＿＿＿＿＿＿＿＿＿＿＿＿＿＿＿＿＿＿＿＿＿

＿＿＿＿＿＿＿＿＿＿＿＿＿＿＿＿＿＿＿＿＿＿＿＿＿＿＿＿＿＿＿＿＿＿＿＿＿

内容大纲＿＿＿＿＿＿＿＿＿＿＿＿＿＿＿＿＿＿＿＿＿＿＿＿＿＿＿＿＿＿＿＿＿

＿＿＿＿＿＿＿＿＿＿＿＿＿＿＿＿＿＿＿＿＿＿＿＿＿＿＿＿＿＿＿＿＿＿＿＿＿

2

三、任务评价

子任务三新增导航页评价如表 2-15 所示。

表 2-15　子任务三新增导航页评价

序号	项　　目	分值	评 分 点	自　评	教 师 评	类型 1. 能力 2. 素养
1	确定社交关系的类型	30	精准定位			1+2
2	设计活动	30	思路清晰 把握细节			1+2
3	撰写内容	40	内容详细 表述完整			1+2
	得分合计					

工作领域三
社交电商营销与传播

1. 知识目标

（1）掌握会员制社交电商机制。

（2）掌握会员体系在社交电商传播中的作用。

（3）掌握传统零售行业与社交电商领域会员制的区别。

（4）理解传播营销的概念与营销飞轮的关键要素。

（5）理解淘宝客营销的底层逻辑。

（6）了解事件营销、跨界营销的概念及在社交电商传播中的重要作用。

2. 技能目标

（1）能够设计会员等级制度、升级规则与权益。

（2）能够熟练编写会员政策图谱、入会激励话术。

（3）能够根据营销传播的 3 个要素、5 个关键点设计营销传播海报。

（4）能够设计各类事件营销活动，开展营销传播活动策划。

（5）能够应用借力思维，借助其他品牌、行业、名人的影响力，针对自身的粉丝特点，设计跨界营销方案。

3. 素养目标

（1）树立合法合规概念。

（2）培养学生的破局意识。

（3）培养行业情怀与创业精神。

（4）借力思维的培养与提升。

（5）钻研网络世界，培养网络感觉。

任务一　应用普惠性营销杠杆

任务情境

唐韵温泉在会员制营销与普惠性营销杠杆方面一直在做积极的尝试，早在 2015 年就打造了自己的独立网站和会员系统唐掌柜。2019 年在小程序兴起时又设计搭建了自己的小程序平台唐韵温泉。

1. 分析社交传播中唐韵的现状

（1）现有会员体系。2019 年 12 月，唐韵温泉上线新的会员系统，现有会员人数 4122 人，占同期到店消费人数不足 2%，见图 3-1。成为会员的方式非常简单，在小程序中注册即可成为会员。会员在小程序下单的营业额累计 148 万余元，占整体销售额不足 2%，见图 3-2。

图 3-1　唐韵温泉会员中心后台

系统数据		
总用户	下单用户	总交易额
4122	3177	￥1488728.35

图 3-2　唐韵温泉会员中心数据概览

（2）现有会员管理系统。当前的会员管理系统基本功能均已配备，包含角色管理、会员介绍、提现规则介绍。

① 会员介绍如下。

普通用户购买并核销任意商品后，将自动成为会员。

会员推荐他人购买可以得到奖励，并可以提现。

② 提现规则介绍如下。

每个自然月可以提现 5 次。

提现次数不能累计，过期自动重置。

单笔提现金额不能小于 1 元，不能大于 20000 元。

（3）现有传播效果。根据每日代理营业额统计，近 30 天平均营业额 1 万元左右，情人节前后营业额最高峰在 4 万元 / 日。主要的访问地域集中在浙江、北京、河北、上海。

2021 年 2 月 5 日—3 月 7 日代理营业情况趋势如图 3-3 所示。

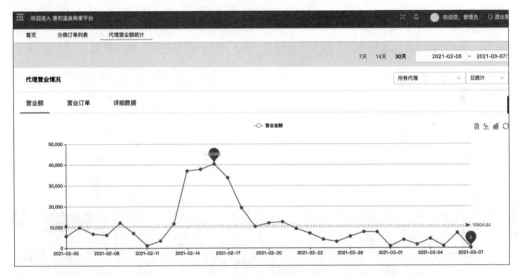

图 3-3　2021 年 2 月 5 日—3 月 7 日代理营业情况趋势

2021 年 2 月 5 日—3 月 7 日访问会员系统的用户地域分布详细数据如图 3-4 所示。

省份	访问次数		访问人数		打开次数		独立IP数
浙江省	12921		1314		1535		1345
北京	1788		265		291		276
河北省	840		448		448		753
上海	621		322		323		467
江西省	125		9		17		9

图 3-4　2021 年 2 月 5 日—3 月 7 日访问会员系统的用户地域分布详细数据

通过查看 2019 年 12 月系统上线至今的数据可以看出，总访问人数 1.9 万人左右，访

3

问次数日均 300 左右，峰值是 2021 年 1 月 1 日，单日 3121 次。访问人数日均 40.81，峰值在 2021 年 2 月 18 日，单日 479 人。日均新增用户 47 人左右，峰值在 2021 年 2 月 18 日，新增用户 462 人。

2019 年 12 月 1 日至 2021 年 3 月 7 日的总访问人数及次数如图 3-5 所示。

2019 年 12 月 1 日至 2021 年 3 月 7 日的访问次数趋势如图 3-6 所示。

2019 年 12 月 1 日至 2021 年 3 月 7 日访问人数趋势如图 3-7 所示。

2019 年 12 月 1 日至 2021 年 3 月 7 日新用户增长趋势如 3-8 所示。

图 3-5　2019 年 12 月 1 日至 2021 年 3 月 7 日的总访问人数及次数

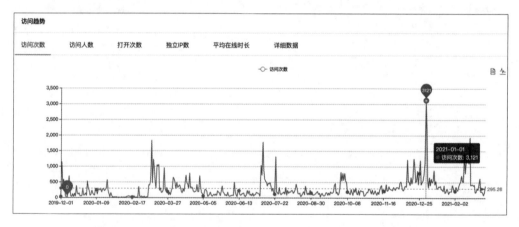

图 3-6　2019 年 12 月 1 日至 2021 年 3 月 7 日的访问次数趋势

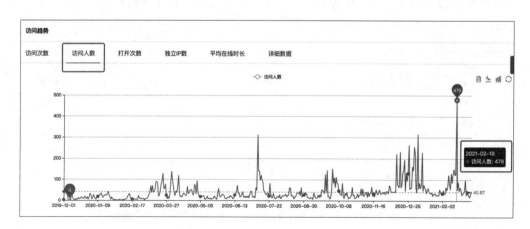

图 3-7　2019 年 12 月 1 日至 2021 年 3 月 7 日访问人数趋势

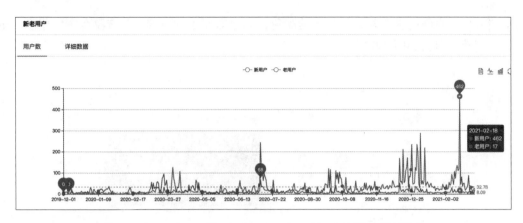

图 3-8　2019 年 12 月 1 日至 2021 年 3 月 7 日新用户增长趋势

　　2.唐韵温泉在传播中存在的问题

　　（1）客户转化为代理的难度大。通过在温泉酒店前台为期 3 天的跟岗调研后发现，90% 的散客仍然是到酒店前台购票，前台为其介绍会员体系、代理政策时，用户嫌麻烦不买账，希望直接入店消费。前台转化为代理的比例非常低，且容易造成客人排队，影响入店体验。

　　（2）种子用户积极性偏低。现有的种子用户大部分都是酒店的员工，还有一小部分是旅行社的代理，明显发现员工代理在传播过程中的积极性不高，虽然已经设置了较高的折扣，但是积极性还是偏低。分析原因，一方面，因为员工的年龄偏大，对会员系统的理解比较粗浅；另一方面，员工大部分都是本地的中年人，社交面比较窄，外加没有长期有效的培训和激励，造成传播效率低下。

　　（3）代理活跃度底，留存率偏低。代理在群里虽然每天都会发送 1~2 篇推文，或者发送涉及活动优惠的文章，但是群里非常冷清，几乎没有讨论、分享和情感交流，没有用好群的各种功能，例如群直播解读政策、培训方法、提高朋友圈营销的技巧等，没有成功案例的分享，没有老带新的激励，以至于代理基本停留在第一个层级，一年多来没有明显的业绩提升，基本还是自己需要购票时使用代理的权限来省钱。而有些代理可能半年也不会打开一次会员系统，这与系统里没有上新产品和套餐也有很大关系。

　　（4）政策的执行、宣传力度不够。调研中发现，会员政策在整个酒店几乎没有宣传材料，酒店房间、前台、景区都没有看到，也没有易拉宝和宣传立牌，一方面是宣传没有做到位，另一方面和经营者的思路有直接关系。询问营销总监后，了解到企业认为已经入住酒店的客人肯定会进行消费，如果在店内张贴会员系统的广告，已经全价购票的客人可能会要求退差价，会降低到店购票的客户的票务收入，损失 10% 以上的营业额。营业额的损失是直观的，但是传播带来的效益确是不直观的。

　　（5）房务系统住店客人信息未挖掘使用。酒店每年有 10 多万人入注，这部分客人在前台都登记了手机号、身份证，停车系统里也有客人的车辆信息，但这些巨大的数据库并没有利用起来，没有帮助酒店进行传播。酒店虽然建立了上千个旅行团队的管家群，但客人离店后的互动很少，甚至没有互动，很多客人离店就退群或删除管家的微信。

　　（6）会员系统存在问题。会员系统前端小程序界面存在的最大问题有：前端没有代理的申请入口；使用优惠券时，不是自动减免，而是需要手动点券；前端没有领取优惠券的入口。代理商后台如图 3-9 所示。

图 3-9　代理商后台

3. 破局之法

（1）重新设计会员体系。会员系统的界面、功能都需要完善，特别是会员权益的介绍、升级政策等。

（2）重新设计积分奖励体系。现行的积分奖励体系存在漏洞，超级代理的成长规则过于复杂，需要重新设计。

（3）重新设计传播任务。现有体系之下基本没有传播任务的激励，可以参考瑞幸、蔚来的传播任务，设计应季的、有情感基础的传播任务。

■ 子任务一　设计会员等级和升级规则

一、任务准备

（一）知识准备

知识点一：会员制社交电商及机制

会员制社交电商是指在社交的基础上，以 S2B2C 的模式连接供应商与消费者实现商品流通的商业模式。平台方解决供应链、物流、售后及培训等一系列服务，品牌方只需要负责推广，把商品卖出去。其他都交给平台方，相当于"零成本创业"。会员制社交电商如图 3-10 所示。

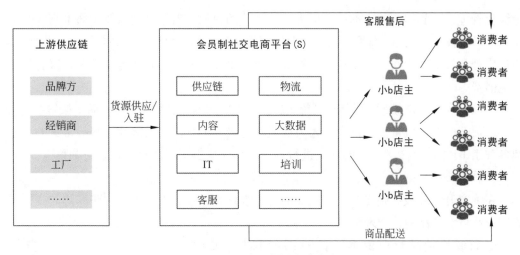

图 3-10　会员制社交电商

不同于传统微商，会员制社交电商平台通过提升供应链与中后端的服务能力，在商品上，品类丰富，构建多品牌战略，从成熟品牌、新兴品牌到发展自有品牌。通过打造爆品，实现品牌直销、工厂直采、产地直供。在物流上，建立多地仓库，平台负责物流仓储配送，店主不需要囤货。在服务上，平台负责售后，还定期对店主进行培训，从文案宣传到选品，从话术到售后服务都有一套较为完整的顶层设计。

会员制营销的目标是通过与会员建立富有感情的关系，不断激发并提高他们的忠诚度。一般情况下，会员制组织是企业、机构及非营利组织维系其客户的结果。类似直销，会员制社交电商设计了严格的等级体系。

一般来说，成为普通会员，需要缴纳入会费，可以通过购买大礼包或其他形式（如完成分享或者销售任务）入会。

会员制社交电商将传统线下经销体系的一套成长体系成功地应用在产品的增长架构中。从普通电商平台一对多的用户营销，转化为多店主对多会员的自发式营销体系。这种机制不仅带来了用户传播，还降低了获客成本。由于会员都有过付出，大家的忠诚度和对外营销意愿也较一般用户强很多。

知识点二：会员等级的设计

1. 会员等级划分

会员等级划分本质上是为了提高用户对企业、对产品的黏性，形成持续、稳定的利益或行为输出。一般情况下，为不同等级的会员配置不同的权益，并借助这个特权，拉动用户向着更高的等级去努力。通过这种分级差异化运营，尽可能提升会员贡献度，最终为企业带来更大、更长久的收益。形成黏性的同时，也可以有效地形成用户竞争的壁垒，减少用户流失。

虽然分级会给企业带来更多实质性的好处，但是，并非所有行业都适合对企业会员划分等级，进行差异化管理。结合当前整个消费行业的特点，大致可以划分为高频消费行业和低频消费行业。低频消费行业，虽然客单价高，但是很难形成二次消费，无法通过代理等级化管理，达到提高用户黏性、促进持续消费的目的。对于这类行业，通常都实行扁平化管理，以服务为核心，赚取口碑，从而挖掘消费后期的最大价值。高频消费行业则不同，通过代理分级，给予对等的权益，再配合优质的服务，增强归属感与荣誉感，很容易再次产生消费。

可以采用金字塔模型，划分会员等级，金字塔底部的会员数量占比最高，按等级递减；金字塔顶端的会员数量占比最少，人为形成高等级会员身份的稀缺性。一般常见的 3 层模型多采用 1∶2∶7 或 2∶3∶5 的比例进行划分（具体比例根据用户运营策略调整）。

2. 升、降级规则

在确定升、降级规则之前，首先要确定等级计算的核心指标项，这些具体的指标项应依据企业自有产品的特征来确定。

电商或快消品行业依据经典的 RFM 模型 [最近一次消费（recency）、消费频率（frequency）、消费金额（monetary）] 确定采用哪些指标项，很多行业都会根据"购买金额、购买频次、近 12 个月的购买数据"来进行计算。

3. 会员积分有效期

很少人会在乎一直拥有的东西，而且高等级必须体现出稀缺性和尊贵性，所以，代理等级也应该具备这些特性，代理所拥有的等级和权益只应存在一个固定的时段，即等级有效期。在设计等级有效期时，一定要考虑好用户体验，一定范围内的等级调整机制会有助于提升用户黏性，过于频繁或过大幅的调整会让用户非常反感，甚至导致用户的流失。

知识点三：会员权益的设计

会员权益是整个体系最重要的组成部分，如果权益太好，用户活跃成本高，用户越活跃，商家越亏钱，那么还要会员体系做什么？如果权益太差，用户一看都不想升级，会员体系就更没有存在的意义了。要找到那个恰到好处的点。用户的权益可以分为以下两类。

1. 有成本的权益

一旦用户使用，就意味着商家亏钱或少赚钱，一般来说，为维护最高等级的权益，商家都是亏钱的，但只有这样，用户才会感觉到真正的实惠。如果权益带交易属性，可以采用发放优惠券的形式，这就是一种很好的价量交换的例子。也可以举办用户活动，深入接触用户，了解用户心声，与用户建立情感连接，这样做可以获得更多好处。

2. 无成本的权益

第三方为了引流，会愿意发放优惠券、授予功能特权，用户与用户之间就有了等级，这时要彰显高级代理的优越感。等级权益设计举例如表 3-1 所示。

表 3-1　等级权益设计举例

会员功能	说　明	普通会员	超级会员	APASS 会员
购物奖励	红包、特价宝贝、优惠券	√（1 张）	√（2 张）	√（2 张）
生日权益	神秘大咖祝福 +50 个淘金币	√	√	√
换肤权益	手机淘宝专属皮肤权限	√	√	√

续表

会员功能	说　明	普通会员	超级会员	APASS 会员
极速退款	即点即退，瞬间到账	0~5000 元不等	1000~5000 元不等	授信 10000 元
超级客服	专属客服团队提供极致体验	✕	✓	✓
退货保障卡	退货产生单程运费免费投保	✕	✓（1 张 / 周）	✓（1 张 / 天）
一键召唤	7×24 小时专人服务通道	✕	✕	✓

（二）操作准备

步骤一：分析用户群体特点

会员体系的设计思路不是凭空而来的，在开始设计会员及代理体系之前，需要深入分析用户的特点和业务目标。例如，为了帮唐韵温泉设计合理有效的会员及代理体系，首先要了解客户的年龄段、消费频次、消费的产品结构、最常见的组合搭配、出行工具、其他同类旅游产品的消费习惯等，帮助企业明确会员体系的构架、等级、升级条件。

【随堂作业】 设计一份调研用户特点的调研问卷，题目控制在 15 个字以内，搭配设计问卷礼。

步骤二：调研用户成为会员的意向

通过设计一份调研问卷，询问到店消费的用户加入会员的意向、成为代理的意愿，各项传播任务的执行难度与意愿。帮助企业明确入会、成为代理的意愿占比。

【随堂作业】 设计一份调研到店客人是否愿意成为会员的调研问卷，通过介绍假设成为会员后的基本权益，成为代理后的优惠政策，调研客人成为会员的意愿。注意这里是假设的权益，可以有多种方案，这个问卷是在设计会员体系之前发放的，是为了帮助更合理设计而发放的。最后还要设计相应的问卷礼。

（三）任务要领

1. 积分和会员体系的关系

建立会员体系，必须设置积分，积分类似于游戏里的金币，完成相应的任务就可以拿到积分，积分达到一定的数量，就可以升级会员等级，获取下一个级别的会员权益。当然，积分除能升级之外，还应该有对应的积分兑换通道。例如，积分商城、积分抽奖、积分红包流通机制。

另外，积分的实质就类似于虚拟现金，积分的获取通道、流通需要有完整的设计，发放太多会造成"通货膨胀"，发放太少积分商城会没有人气。每个任务的难度要设置多少积分、每个等级的积分门槛都要仔细考虑。

下面介绍国产电动汽车品牌蔚来的积分系统。

（1）积分的获取。积分的获取渠道包括注册、签到、邀请试驾、评价服务、发图文、参加线上线下活动、提车、推荐购车、订车红包、生日红包、用车福利、积分红包互发等。积分红包的私发与群手气红包如图 3-11 所示。签到、参加活动、分享获取积分如图 3-12 所示。积分明细如图 3-13 所示。

蔚来汽车积分
获取方式

3

图 3-11　积分红包的私发与群手气红包

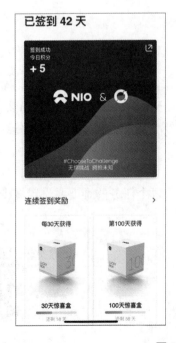
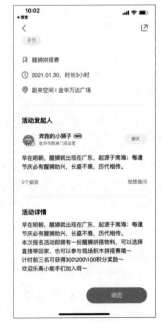
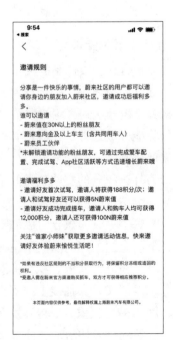

图 3-12　签到、参加活动、分享获取积分

图 3-13 积分明细

（2）积分的使用。积分可以在积分商城消费，使用积分参加线下活动，蔚来 nio house 消费，发红包给朋友，购买贴膜，更换中控屏，更换大容量电池组等，如图 3-14 所示。

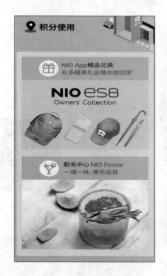

图 3-14 积分的使用

（3）积分商城的设计。在设计积分商城时，众多进入社交电商的企业不清楚应该选择什么产品。积分商城里的产品一定要在分析用户的人群特点后，根据消费习惯来精细化选品，一个优秀的积分商城能够大幅提高用户获取积分的积极性，促进用户完成传播任务。蔚来商城的特点，就是商品上新很快，但是数量很少，很多产品都是上架一波就立即下架了，不会返场，还有很多与车主共创的单品，非常有纪念意义。蔚来积分商城如图 3-15 所示。

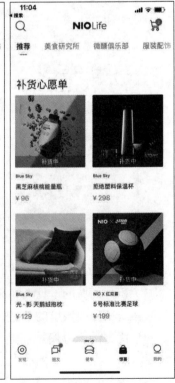

图 3-15　蔚来积分商城

蔚来积分订单如图 3-16 所示。

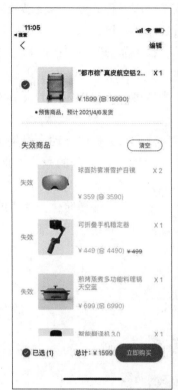

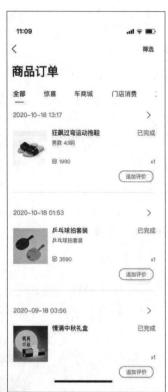

图 3-16　蔚来积分订单

2. 传统零售行业与社交电商领域会员制的区别

传统零售行业的会员体系，大家都不陌生，在十几年前，品牌专柜的会员卡就已经非常普及，还有百货商场、连锁超市的会员卡。例如，银泰百货、沃尔玛、家乐福、屈臣氏的会员卡可以享受折扣，消费积分可以换抵金券、换购礼品，很多品牌都有自己的积分体系。社交电商的会员体系与传统零售行业的会员体系的区别，主要有以下 3 个方面。

（1）目的不同。社交电商会员制度的核心目的是传播，当然也必须包含传统的会员体系职能。

（2）互动方式不同。传统零售行业的会员体系，基本都是商家与会员的互动，但是新型的社交电商会员体系一定要设计会员与会员之间的互动机制，包括会员之间的积分流通、新老会员之间的积分传递、情感拓展等。

（3）入会的动机不同。社交电商的会员体系一定要营造一个将会员慢慢转化为代理的氛围，从纯消费性质的互动更迭为自用省钱、分享赚钱的代理机制，而且"润物细无声"，植入非常软性。

（四）任务流程

子任务一设计会员等级和升级规则操作流程如图 3-17 所示。

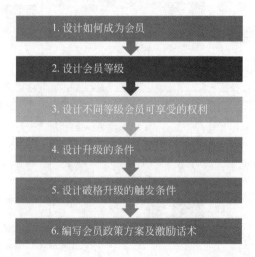

图 3-17 子任务一设计会员等级和升级规则操作流程

二、任务操作

操作要求：结合任务情境及任务准备，根据操作提示逐步完成会员及代理等级与权益的设计。

本任务操作的最终目标：完成唐韵温泉的会员（代理）体系及权益说明的设计方案，并设计一段激励话术。

步骤一：设计如何成为会员（可叠加选择）

操作提示：在横线上填写希望达成的条件，并在想要叠加的条件前面打勾。

【方法 1】消费或注册。

☐ 消费 ＿＿＿＿＿＿＿＿＿＿＿＿＿＿＿＿＿＿＿ 产品成为会员

☐ 消费 ＿＿＿＿＿＿＿＿＿＿＿＿＿＿＿＿＿＿＿ 金额成为会员

☐ 消费 ＿＿＿＿＿＿＿＿＿＿＿＿＿＿＿＿＿＿＿ 次数成为会员

☐ 在 ＿＿＿＿＿＿＿＿＿＿＿＿＿＿＿＿＿＿＿＿ 注册成为会员

【方法 2】完成指定任务

☐ 完成 ＿＿＿＿＿＿＿＿＿＿＿＿＿＿＿＿＿＿＿（打卡任务）成为会员

☐ 完成 ＿＿＿＿＿＿＿＿＿＿＿＿＿＿＿＿＿＿＿（转发任务）成为会员

☐ 完成 ＿＿＿＿＿＿＿＿＿＿＿＿＿＿＿＿＿＿＿（邀请任务）成为会员

☐ 完成 ＿＿＿＿＿＿＿＿＿＿＿＿＿＿＿＿＿＿＿（其他任务）成为会员

【方法 3】会员费（代理费）

☐ 缴纳 ＿＿＿＿＿＿＿＿＿＿＿＿＿＿＿＿＿＿＿ 金额，成为年度会员

☐ 缴纳 ＿＿＿＿＿＿＿＿＿＿＿＿＿＿＿＿＿＿＿ 金额，成为终身会员

步骤二：设计会员等级

【会员等级设计】

设计 ＿＿＿＿＿＿＿级会员，分别取名为 ＿＿＿＿＿＿＿＿＿＿＿＿＿＿＿＿＿＿＿

步骤三：设计不同等级会员可享受的权利

【积分系统设计】

积分来源设计 ＿＿＿＿＿＿＿＿＿＿＿＿＿＿＿＿＿＿＿＿＿＿＿＿＿＿＿＿＿＿＿＿＿

完成 ＿＿＿＿＿＿＿＿＿＿＿＿＿＿＿＿（动作）获得 ＿＿＿＿＿＿＿＿＿＿＿＿＿＿ 积分

完成 ＿＿＿＿＿＿＿＿＿＿＿＿＿＿＿＿（动作）获得 ＿＿＿＿＿＿＿＿＿＿＿＿＿＿ 积分

完成 ＿＿＿＿＿＿＿＿＿＿＿＿＿＿＿＿（动作）获得 ＿＿＿＿＿＿＿＿＿＿＿＿＿＿ 积分

完成 ＿＿＿＿＿＿＿＿＿＿＿＿＿＿＿＿（动作）获得 ＿＿＿＿＿＿＿＿＿＿＿＿＿＿ 积分

积分消耗渠道有 ＿＿＿＿＿＿＿＿＿＿＿＿＿＿＿＿＿＿＿＿＿＿＿＿＿＿＿＿＿＿＿＿＿

【会员权益设计】

1 级会员 ＿＿＿＿＿＿＿（名称）享受 ＿＿＿＿＿＿＿＿＿＿＿＿＿＿＿＿＿＿＿＿＿＿

＿＿＿＿＿＿＿＿＿＿＿＿＿＿＿＿＿＿＿＿＿＿＿＿＿＿＿＿＿＿＿＿＿＿＿＿＿＿ 权益

2 级会员 ＿＿＿＿＿＿＿（名称）享受 ＿＿＿＿＿＿＿＿＿＿＿＿＿＿＿＿＿＿＿＿＿＿

＿＿＿＿＿＿＿＿＿＿＿＿＿＿＿＿＿＿＿＿＿＿＿＿＿＿＿＿＿＿＿＿＿＿＿＿＿＿ 权益

3 级会员 ＿＿＿＿＿＿＿（名称）享受 ＿＿＿＿＿＿＿＿＿＿＿＿＿＿＿＿＿＿＿＿＿＿

＿＿＿＿＿＿＿＿＿＿＿＿＿＿＿＿＿＿＿＿＿＿＿＿＿＿＿＿＿＿＿＿＿＿＿＿＿＿ 权益

4 级会员 ＿＿＿＿＿＿＿（名称）享受 ＿＿＿＿＿＿＿＿＿＿＿＿＿＿＿＿＿＿＿＿＿＿

＿＿＿＿＿＿＿＿＿＿＿＿＿＿＿＿＿＿＿＿＿＿＿＿＿＿＿＿＿＿＿＿＿＿＿＿＿＿ 权益

5 级会员 ＿＿＿＿＿＿＿（名称）享受 ＿＿＿＿＿＿＿＿＿＿＿＿＿＿＿＿＿＿＿＿＿＿

＿＿＿＿＿＿＿＿＿＿＿＿＿＿＿＿＿＿＿＿＿＿＿＿＿＿＿＿＿＿＿＿＿＿＿＿＿＿ 权益

步骤四：设计升级的条件

【方法 1】打卡做任务

（1 级会员）＿＿＿＿＿＿＿（名称）完成 ＿＿＿＿＿＿＿＿＿＿＿＿＿＿＿＿＿＿＿＿

3

_____ 任务,升级为 2 级会员。

（2 级会员）_____（名称）完成 _____

_____ 任务,升级为 3 级会员。

（3 级会员）_____（名称）完成 _____

_____ 任务,升级为 4 级会员。

（4 级会员）_____（名称）完成 _____

_____ 任务,升级为 5 级会员。

【方法 2】累计金额

（1 级会员）_____（名称）消费 _____金额，升级为 2 级会员。

（2 级会员）_____（名称）消费 _____金额，升级为 3 级会员。

（3 级会员）_____（名称）消费 _____金额，升级为 4 级会员。

（4 级会员）_____（名称）消费 _____金额，升级为 5 级会员。

步骤五：设计破格升级的触发条件

【方法 1】战略合作资源互换

在 _____ 情况下，具有

_____ 资源，可直接升级。

【方法 2】消费指定单品

消费 _____ 产品 _____（数量）可直接升级，设定

有效期 _____

步骤六：编写会员政策方案及激励话术

操作提示：综合上述所有步骤，用通畅的语言及清晰的图表总结会员政策。

□ 会员结构政策图：

操作提示：用简洁且振奋人心的语言总结成为会员的好处。

人群痛点描述 _____

升级权益阐述 _____

门槛介绍 _____

行动激励 _____

三、任务评价

子任务一设计会员等级和升级规则评价如表 3-2 所示。

表 3-2 子任务一设计会员等级和升级规则评价

序号	项 目	分值	评 分 点	自 评	教 师 评	类型 1. 能力 2. 素养
1	入会条件的设计	10	合理			1
2	会员等级及名称设计	10	新颖，贴切			1
3	会员权利设计	10	明了，有吸引力			1
4	升级条件的设计	20	逻辑清晰，有创新			1
5	破格升级触发条件的设计	10	强有力			1
6	政策陈述	15	语言流畅，要点完整			1+2
7	政策图谱	10	绘制清晰，一目了然			1
8	激励话术	15	有感染力，切中要点			1+2
得分合计						

■ 子任务二 设计会员折扣

一、任务准备

（一）知识准备

知识点一：两种常见的会员管理模式

目前市面上的会员管理有多种类型，比较普遍且实用的有以下两种。

1. 直推模式

直推模式就是经销商直接将商品卖给消费者。这个模式最明显的就是当前的社区团购，小区团长自己建立一个团购群，群成员是自己邀请的，也可能是其他人分享小程序吸引进来的。但最终只有小区团长能拿到代理折扣。

为什么在小区团购上可以做直推模式呢？最主要的原因就是小区内的用户、订单和产出。例如，一个小区有多少用户，能组建多少群，群里的用户一个星期可能会多少次购买辣椒、白菜，这些都是可以测算出来的。消费频次保证了一定的交易量，也就能测算未来的预期收益。直推模式构架如图 3-18 所示。

图 3-18 直推模式构架

3

2. 经销商模式

常规经销商模式一般有 5 个左右的代理等级：从县代、市代、省代、总代到联创，类似于传统的线下经营模式。当然不同项目的代理叫法不同，每个代理身份不同，享受拿货价也不同。但产品的市场销售价是一致的，这也能够避免乱价的情况发生。例如，一款商品市场价 99 元，县代拿货价是 60 元，而联创可能是 30 元。这就会激发低级的代理努力提升代理等级的愿望。经销商模式构架如图 3-19 所示。

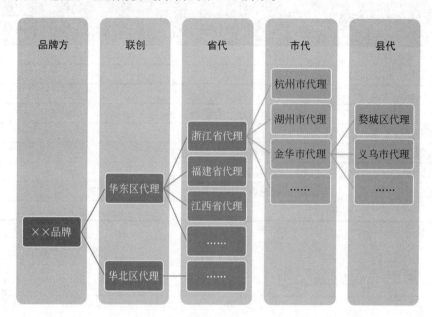

图 3-19　经销商模式构架

知识点二：淘宝客模式深度解读

1. 阿里妈妈介绍

阿里妈妈是阿里巴巴旗下的互联网广告交易平台，也是主要针对网站广告的发布和购买平台。它首次引入"广告是商品"的概念，让广告第一次作为商品呈现在交易市场，让买家（广告主）和卖家（发布商）轻松找到对方。

阿里妈妈主要的广告形式包括按时长计费广告、推介广告、按成交计费广告和按点击计费广告，主推按时长计费广告。与当前流行的网络广告不同，Google Adsense 是销售广告，而阿里妈妈是销售广告位。淘宝客相关机构图标 Logo 如图 3-20 所示。

主流淘宝客
模式介绍

图 3-20　淘宝客相关机构图标 Logo

2. 淘宝客的概念

淘宝客是指帮助淘宝卖家推广商品以获得奖励的个人或网站,自 2009 年 1 月 12 日起,正式更名为淘宝客。只要获取淘宝商品的推广链接,让买家通过你的推广链接进入淘宝店铺购买商品并确认付款,就能获得奖励,无须投入成本,无须承担风险。

淘宝客推广形式主要有 6 种,分别是推广单件商品、推广整个类目商品、推广整个店铺、搜索推广、页面推广、智能广告推广。

（二）操作准备

步骤一：调研行业及惯例的代理折扣

代理折扣其实一直都存在,很多旅行社会和酒店、景区签订切票协议,一次性采购多少门票或房间,取得一个较低的折扣,这样的做法是历来就有的,所以酒店方对折扣的比例是有一定的行业惯例的。为方便后续计算,这里假设唐韵公司在酒景产品上的折扣比例为 10%~20%,自由行产品折扣为 10%~15%,疗休养为 10%。同时了解到周边 300 公里以内的 8 家温泉酒店的折扣比例为 20%~30%。唐韵温泉及周边竞店的折扣惯例调研结果如图 3-21 所示。

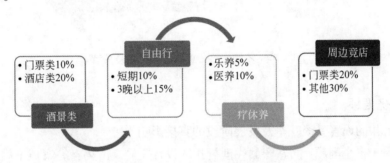

图 3-21　唐韵温泉及周边竞店的折扣惯例调研结果

步骤二：尽可能准确地进行成本核算

在设计代理折扣比例之前,对每一款被推广产品的成本都要做精细化的核算。有实物产品的企业相对比较容易确定成本,像唐韵温泉度假村这样的公司,对于各个产品的成本,企业财务部门都会按照上一年度的数据做出推算,会把全年的人工工资、电费、水费、燃气费、维修费、管理费等分摊到单个游客的门票和住店成本上,切记不可只用直接成本做成本核算,要考虑很多隐性的因素。为方便后续设计和计算,假定唐韵的产品成本为售价的 50%,这就意味着,如果代理折扣比例超过 50%,一定是亏损的。

步骤三：预估并拆解代理的预期目标

一套好的代理机制一定是有自主传播性、传播度的,这和代理自身的诉求有直接关系。试想,如果一款产品的单价非常高,成交的过程很漫长,好比房地产行业,社交电商成交的概率很小,那么,很多想做代理的人都会望而却步。

反而一些生活快消品,货值很低,需求旺盛,复购率高,但是每单成交的利润只有几角、几元,愿意做这一类产品代理的一定是有稳定的社群资源的人或公司,否则一个月没出几单,第二个月可能就打退堂鼓了。

3

代理类型中绝大多数人是兼职代理，用闲暇时间进行推广，一个月的预期收入 2000 元左右就能促使他继续干下去。也有小部分是全职代理，没有其他收入来源，这部分人如果每月能有 5000 元左右的收入就会相对比较稳定，所以可以从这两个数字倒推出兼职代理每天的收入在 70~80 元，全职代理每天的预期收入应该在 180~200 元。再通过客单价推算合理的利润比例作为参考。这里要考虑到每个人的时间和精力是有限的，就门票和房间产品来说，兼职代理平均每天有 2~3 个成交客人是比较正常的，而且大部分应该都是门票的成交，所以一个成交就必须有 30 元左右的利润来支撑整个预期，通常一单会有 2 张以上门票，所以单张门票的利润控制在 15~20 元。不同类型代理的收入预期及分解如图 3-22 所示。

图 3-22　不同类型代理的收入预期及分解

（三）任务要领

1. 代理折扣的设置受淡旺季及发展阶段的直接影响

这里先问一个小问题：同款产品代理折扣的设计是固定的吗？答案是不固定。做过淘宝客会知道，很多热销爆款商品代理折扣非常低，可有些新品代理折扣甚至高达 80%，券后 1.9 元包邮的产品比比皆是，而且不同渠道能拿到的折扣比例也不同，所以同款产品的折扣是不一样的。

还有一个概念就是季节性产品要反向设置。就是一款产品，如果受季节影响非常严重，好比唐韵温泉，冬季和周末原本就是爆满的，确实不需要再花钱做推广，夏季和工作日则可以设高折扣，因为整体的维护费用、成本全都一样，能够多卖票就是额外的盈利。

最后一点就是产品的发展阶段也与代理折扣的设计有关，如果一个产品款式概念都比较新，市场的接受度还不确定，那么可以高折扣先测试，先铺天盖地去推，让更多消费者的反馈回到品牌方手里，然后再慢慢降低推广力度。固定折扣与浮动折扣的适用场景如图 3-23 所示。

2. 设置折扣前需要分析产品的供求关系

设置折扣前必须考虑产品的供求关系，例如唐韵疗养院一期开业，主要收治帕金森病人、卒中后遗症病人等，现有不到 100 张床位，由于引进了业内权威的设备、技术、团队，可以说是一床难求，在这种情况下，就可以不用设计太高的折扣。再看夏季的温泉景区门

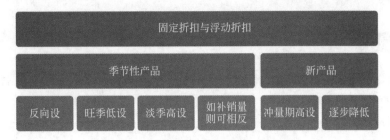

图 3-23 固定折扣与浮动折扣的适用场景

票，供远远大于求，可以和营销部门一起设计主题特色活动，高折扣推广。不同供需关系下的折扣设置惯例如图 3-24 所示。

3. 代理折扣与优惠券的搭配使用

有些不熟悉淘宝客模式的朋友会问，在网上自己就能买到一模一样的产品，为什么要在代理这里买呢？很简单，因为在代理处购买是有优惠的。券＋代理折扣这种最基本的模式，是产品推广传播的核心动力。所以企业在设计构架时，也可以参考淘宝客模式，前期有助于代理开单。当然也有一些品牌是标准化控价的，这个要看处于什么阶段，不能一概而论。券＋代理折扣设计方案模式中的两大要素如图 3-25 所示。

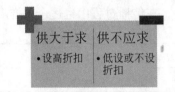

图 3-24 不同供需关系下的折扣设置惯例　　图 3-25 券＋代理折扣设计方案模式中的两大要素

很多传统企业不愿意做线上的原因是怕它打破自己苦心经营了多年的线下渠道，线下是给代理划分区域的，不同区域之间的代理不能私自串货，每个区域有自己的销售政策、折扣政策。如果华东区一批特别优惠的货卖到华南，那么代理商就要受到处罚，因为这种行为属于不正当竞争。但是一旦生意搬到线上，很多壁垒就自动消失了，市场变得扁平而透明，线上有线上的规则和有效打法，需要慢慢琢磨。

（四）任务流程

子任务二设计会员折扣操作流程如图 3-26 所示。

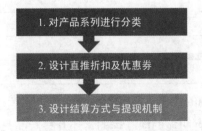

图 3-26 子任务二设计会员折扣操作流程

3

二、任务操作

操作要求：扫码查看唐韵温泉的最新产品价格表，对产品系列进行分类标注，并通过分析设计直推折扣与优惠券面额。

本任务操作的最终目标：完成表 3-3 代理折扣及优惠券设计，并设计好会员奖励的结算方式及提现机制。

步骤一：对产品系列进行分类

扫码查看唐韵温泉最新产品表。不难看出，品牌方在产品的设计上已经考虑到淡旺季和周六日的影响，对产品进行比较系统的设计和定价。为了更好地开展代理折扣设计，便于下一步传播，首先要将原始产品表根据产品特性进行分类。

唐韵温泉最新
产品表

【属于主推的（或有主推潜力的）产品】

操作提示：主推品具有的特点：市场较好，价值和利润都比较高，可以设高折扣，且推广起来难度不能太大。很小众的、性价比低的，价格很高的产品不属于这个类别。主推品最好是有一定技术壁垒、知识产权专利或比较独特的产品，横向比较难以被比价的产品就非常符合这个类别。这类产品建议代理折扣设高一些，在传播过程中也适合主推。

（1）_____

（2）_____

（3）_____

（4）_____

（5）_____

（6）_____

【符合爆款属性的产品】

操作提示：爆款产品具备的特点：需求非常旺盛，市场很成熟，平时的销售情况也比较好，不用费力推广也有较多订单。这类产品可以设置相对较低的折扣，可以拉动代理商的信心。

（1）_____

（2）_____

（3）_____

（4）_____

（5）_____

（6）_____

【需要注意代理折扣周期的有明显阶段性（淡旺季）的产品】

操作提示：有些产品是有明显的淡旺季的，还有些产品是处于不同的推广阶段。淡季的时候，企业也希望拉动销售。

（1）_____

（2）_____

（3）_____

（4）_____

（5）_____

（6）_____

【新品期属性明显的产品】

操作提示：具有新品标志的产品都是企业近期推出的新产品，设计的时候可以考虑前期提高代理折扣比例。

（1）_____

（2）_____

（3）_____

（4）_____

（5）_____

步骤二：设计直推折扣及优惠券

操作提示：

（1）优惠券。根据自己的理解，选择性地对每个产品设置优惠券（可以不设，不是每款产品都需要设置的），设置的时候需要注意以下几点：①温泉类、客房类、会议类、自由行、主题晚宴类产品的假定成本为50%（真实成本有保密协议不便透露）。②SPA类产品成本为70%。③合作门票类已经是最低价，但企业愿意再拿10%折扣做推广。

（2）直推折扣。选择性地对每个产品设置代理折扣（可以不设，不是每款产品都需要设置的），设置的时候同样要注意产品成本，同时要结合新品属性、淡旺季属性、爆款属性、主推属性分别设置。需要设置多重折扣的，可以在框线内增加。

（3）企业实收。计算出企业实际能够收到的金额，企业实收 = 售价 × 折扣 - 优惠券。

（4）产品属性。将步骤一里得出的产品属性（新品、淡旺季、爆款、主推）填进表3-3。

步骤三：设计结算方式与提现机制

【提现机制】

单次提现限额 _____

单日提现限额 _____

提现手续费 _____

最低提现门槛 _____

提现渠道 _____

3

表 3-3 代理折扣及优惠券设计

露天温泉	门市价格	散客价 温泉 198元/位	散客价 温泉住店客 158元/位	产品属性	专属优惠券	直推折扣金额 散客	直推折扣金额 住店	企业实收 散客	企业实收 住店
成人	248元/位	198元/位	158元/位	爆款	10	5%	5%	179	141
亲子票（1大1小）	346	296	256						
家庭票（2大1小）	504	454	414						
1.4米以下儿童	108	98	88						
大唐街市自助餐 NEW	108	88	58						
亲亲鱼疗	20	20	20						
年卡 NEW	单人版								
	家庭版（2大2小）								
季卡 NEW	单人版								
	家庭版（2大2小）								
终身卡	单人版								
	家庭版（2大2小）								
大班游泳教学	15次大班课，送泳板、泳具，免费茶点		1280						
游泳教学私教 NEW	15次私教课，送泳板、泳具，免费茶点		2088						

SPA服务 NEW	服务类型	价格
采耳	单次	38
助浴	单次	38
拔罐	单次	68
刮痧	单次	68
肩颈	30分钟	78

续表

SPA 服务 NEW	服务类型	价格			
头疗	30 分钟	78			
养生足疗	30 分钟	68			
富贵足疗	50 分钟	88			
至尊足疗	60 分钟	128			
芳香火疗按摩	60 分钟	228			
精油开背	50 分钟	188			
韩式瘦身按摩	60 分钟	268			
舒缓动力式按摩	80 分钟	380			

周边游合作门票 NEW	套餐内容	电商价	住客优惠价
景园古民居	博物馆门票	52	20
石鹅湖	门票	45	20
牛头山国家森林公园	门票	100	80
	门票＋玻璃平台＋玻璃栈道	188	150
	门票＋神牛谷漂流	198	158
大红岩	门票（丹霞旅游区）	52	20
	门票＋玻璃栈道＋语音讲解	77	45
寿仙谷	门票（九天瀑布）	30	15
	门票＋飞拉达（岩壁探险攀登）	198	158
郭洞古生态村	门票	26	15
大斗山飞行营地	三角翼体验	620	520
	无动力滑翔伞	650	550

3

续表

周边游合作门票 NEW	套餐内容	电商价	住客优惠价				
七旗山1号票	炮楼+红军馆+抗日馆	30	15				
七旗山套票	1号票+玻璃云桥	55	45				
	1号票+森林探险	48	48				
	1号票+玻璃云桥+空中飞船+步步惊心+丛林穿越	158	128				
	1号票+玻璃云桥+梦幻星空+天空之境+丛林穿越	158	128				
	1号票+卡丁车+七彩滑道+玻璃云桥	128	98				
	1号套票（门票+丛林穿越+玻璃栈道+园内交通）	120	100				
千丈岩景区	含1号套票+雪具+2小时滑雪	238	198				
俞源太极星象村	门票+语音导览	43	20				
武义萤石博物馆	门票+满汉全席馆	35	15				

客房		门市价	平日价		周末价	
			旺季	淡季	旺季	淡季
双床房	中式豪华双标	1180	488	438	538	488
	日式豪华双标	1180	488	438	538	488
	园林标准房	1380	548	498	648	598
	园林麻将房	1680	648	598	648	648

续表

客房		门市价	平日价		周末价	
			旺季	淡季	旺季	淡季
大床房	湖景家庭房	1680	648	598	748	698
	湖景大床房	1680	648	598	748	698
	至尊（精品）大床房	1680	598	548	698	648
温泉房	湖景（精品）温泉房	2580	928	878	1028	978
	中式温泉房	2580	928	878	1028	978
套房	湖景套房 A	3280	1780	1740	1980	1968
	湖景套房 B	3580	1880	1840	2280	2148
	湖景套房 C	8880	5120	4999	5520	5120
	尚品居房	9880	6120	5999	6520	6120
	帝王房	20888	10888	9888	10888	9888

会议室	面积 /m²	会议形式及人数 / 人		会议室价格	
				门市价格	协议价
多功能会议厅	576	剧院式	700	9800 元 / 场	5800/ 场
		课桌式	450		
		回字式	200		
		宴会式	400		

3

三、任务评价

子任务二设计会员折扣评价如表 3-4 所示。

表 3-4　子任务二设计会员折扣评价

序号	项　目	分值	评　分　点	自　评	教 师 评	类型 1.能力 2.素养
1	产品分类	20	合理准确，对产品和行业有充分了解			1+2
2	设计优惠券	20	符合产品属性，有吸引力 充分考虑产品成本			1
3	设计直推折扣	20	符合产品属性，有吸引力 充分考虑产品成本 充分考虑不同类型代理的经营预期			1+2
4	设计团队奖励	20	逻辑合理，操作简单			1
5	设计结算方式	10	符合企业实际情况 充分结合旅游类产品特性			1+2
6	设计提现机制	10	考虑问题全面 符合市场实际			1
	得分合计					

■ 子任务三　设计营销传播机制

一、任务准备

（一）知识准备

知识点一：什么是传播营销

1. 概念

传播营销是建立在信赖的基础上，提供具有吸引力的奖励，以及可规模化的转发分享方式，从现有客户群体的社交网络中找到更多潜在的目标客户群体，以达成营销获客的目的。通俗来讲就是不断扩大客户的过程。例如，客户 A 将信息分享后，有客户 B 看好并与商家交易，而客户 B 将信息再次转发宣传，得到客户 C 的加入。以此类推，商家就会收到日益增多的客户关注和交易。目前的传播营销一般是指在社交软件内的传播，是一种企业利用社交关系链来实现新客户和销售额指数级增长的营销方法。公众号用户传播增长逻辑原理如图 3-27 所示。

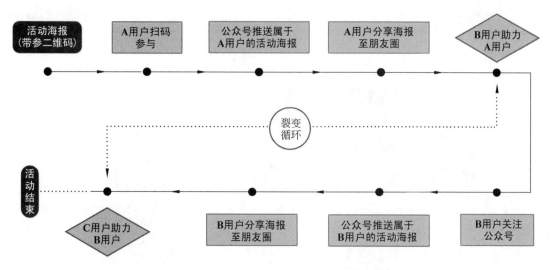

图 3-27 公众号用户传播增长逻辑原理

2. 如何成功地策划一场传播营销

（1）确定本次传播活动的首要目标。目标是让新的潜在顾客注册吗？还是得到更多的人气？或者是刺激销售？虽然传播营销基本上能一次满足这 3 种需求，但在评估成效和制定传播规则时，一定要有优先首选，再通过这个首要目标去制订传播营销计划。

（2）定义主要目标客户群体。为了确保传播营销活动成功，必须精确地定义想要锁定的主要目标客户群体，是那些曾经买过商品的人？还是曾经访问过网站却还没有下过单的人？除想好主要目标客户群体之外，还要思考在哪些平台上开始这个活动。

（3）设计转化奖励机制。营销活动内容和转发逻辑设计非常重要。大量搜索和收集已经投放市场的成功传播方案，或是密切关注竞争对手使用的策略，之后再来设计符合自己产品和商业模式的奖励方案。可以先通过小范围测试，判断方案是否能够吸引消费者主动推广，要确保提供的奖励方案是与主要目标客户群体息息相关的。

（4）选择准确的传播时机。邀请忠实粉丝开始传播，最好的时间是他们对品牌印象很好且在刚购买完商品之后。研究显示，虽然很多人愿意将好东西分享给好友，但实际上，如果奖励机制不够好，或是商品、服务不够吸引人，是很难带来转化的，所以正确合理的时间也非常重要。

（5）让传播方式更便捷。传播营销需要突破的一个点就是可操作性。操作方法必须具备操作性强、适应面广、简单、易学、易教、易复制等特点。所以在做传播营销设计的过程中，需要设置让客户便于传播的传播方式。社群用户传播增长逻辑原理如图 3-28 所示。

3. 传播营销的三大优势

（1）目标精准。传播营销可以使人们投入比平时多出几倍的专注力，因为推荐者比你更懂得在自己的交友圈里，有什么样的人适合，或是谁会喜欢你的产品，喜欢用什么方式交流。所以比起其他营销渠道，能够更有效地传递品牌的信息与价值。

（2）信任加权。人们往往更信任认识的人推荐的东西或传达的信息。在信任度的调查里面，得分最高的就是从人们认识的人中推荐。传播营销的来源有很大一部分是亲朋好友，

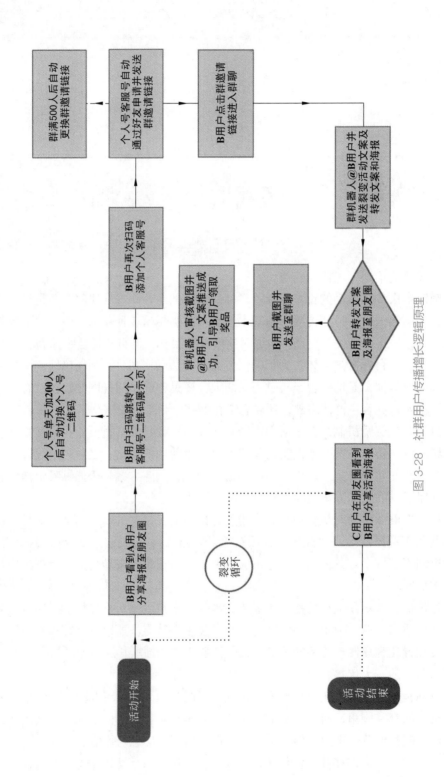

图 3-28　社群用户传播增长逻辑原理

但又不局限于此，任何能够传递信息并对主要目标客户群体来说是可靠的都能成为传播营销的媒介。例如，权威网站、KOL、论坛讨论区的博主、客户证言、消费者线上评价等。

（3）增长速度快。互联网的普及加速了信息传播的速度，也改变了信息传播的方式。过去可能要挨家挨户地打电话，或是只能与周围的邻居、亲朋好友、平时生活圈的人以面对面的口耳相传的方式交流。但通过社交软件，人们能更容易地将自己所获得的信息分享给所有他认识的人，对具有影响力的社会人士、明星、网红来说，信息的传播速度比普通人快好多倍。

知识点二：营销飞轮

如今，客户推荐和口碑已成为对购买过程的最大影响，这意味着使用营销漏斗的解决方案有一个主要缺陷：它视客户为成功的结果，而不是营销驱动力。旧的营销方案产生客户，但不考虑这些客户如何帮助你的业务增长，这恰好是营销飞轮起作用的地方。

营销飞轮

知识点三：任务式营销传播的三个要素

1.传播因子

（1）虚拟产品。任务式营销传播方式所使用的传播因子是虚拟类产品，一般是课程、教程或一些电子资料。传播的好处在于成本极低，因为是虚拟资料，所以边际成本特别低，只有在获取第一份资料的时候耗费一些精力和资金，之后无论发出多少份，都不会增加成本。而对于领取奖励的人来说，虚拟资料的价值在于他们想学习这些知识的迫切程度，可能价值几十、几百元，他们愿意为了得到这些知识去完成任务。

（2）实物产品。另一种传播因子是实物产品。为什么虚拟产品那么好还要用实物产品？确实前面那部分人群对于知识付费热情高涨，但是随着做知识付费的越来越多，用虚拟产品传播的活动也越来越多，人们对于虚拟产品的热情已经减退，觉得实物更有获得感。例如，常出现的一些送书、送鼠标垫等活动，知识都是一样的知识，只不过把它们用不同的形式展现了出来，虽然成本有所增加，但效果肯定更好。

还有一些其他的传播因子，例如，付费群的进群资格等。传播因子设计的核心思想就是用高价值、低成本的东西来吸引用户。

2.承载体

搞定了传播诱饵，接下来就是传播活动的承载体。一般最常见的承载体是公众号、小程序。常见的活动形式是邀请多少人关注公众号就可以领取若干礼品。另外，还有一种是个人号作为承载体。这两种承载体应该如何选择？以下分别列举两者的优缺点。

（1）公众号。公众号作为承载体，优点是可以承接的流量比个人号大很多，一些老号一天加几万粉都没有问题。缺点是现在公众号的触达率没有之前高，很可能用公众号做了传播，之后想通过文章触达，能够看到的人比较少。

（2）个人号。个人号和公众号的优缺点正好相反。个人号的优点是能够在之后更好地触达用户。无论是朋友圈，还是私聊，触达用户的效率都比公众号高得多。缺点就是单个号承载用户的体量太小，一个个人号最多只能加 5000 个好友。单个账号一天被动加粉也有上限（200 人左右），承接不了大体量的传播活动。

所以，在选择承载体的时候，一定要考虑两者的优缺点。

3

3. 传播海报

选择好传播因子和承载体后，接下来就是确定海报。海报的好坏也是决定活动成功与否的关键因素之一，下面 6 个方面基本可以决定一个传播海报能否成功。

（1）用户身份。为了让用户帮助传播海报，首先需要考虑用户的身份，只有符合用户画像的海报，才能够得到认可，同时也会愿意进行转发、传播。此外，海报的内容一定是积极向上的，这样人们才更愿意去分享。

（2）主标题。主标题是用户看到海报后第一个注意的点，所以要能够吸引用户，切中用户的痛点。字号一定要大，要让用户在没有点开海报的时候一眼就能看到主标题，吸引用户点开，参加活动。

（3）大纲。大纲列明活动的具体信息，需要写明通过活动用户可以得到哪些好处。特别需要注意的是，大纲中的每一点都尽量针对一个痛点去写，切记大而全，可以多用一些数字对比，这样会让用户更直观地了解活动的内容。

（4）信任背书。如果平台或活动并不是很出名，用户可能会有疑虑：这个平台不出名，他的活动是否值得信任？这时需要找一些用户知道的、业内有影响力的人去做信任背书，让他们为活动站台，增加活动的信任感。

（5）紧迫感。要在海报上体现出紧迫感，让用户觉得不抓紧时间参加这次活动就会错过很多福利，促使他们立即参加活动。这一步的主要作用就是让那些还在犹豫的用户抓紧时间参与活动。

（6）短期利益。人们参加活动，都是希望能够立刻看到回报或福利，所以要在海报上写出一些短期的福利来刺激用户。让他们觉得只要付出很小的行动（扫码参加活动），就可以得到想要的东西，这样更能够提高活动的参与率。

知识点四：十大经典营销传播海报

【随堂作业】 总结分析十大经典营销传播海报的优点。

_____

_____

_____

_____

十大经典营销
传播海报

（二）操作准备

步骤一：用户调研

很多人在做传播营销时，常犯的一个错误是已经把这么好的商品给你了，你怎么还不参加活动呢？这个商品平时卖 100 元，现在只是让你分享给 3 个人就能得到它，你怎么都不愿意？在设计传播因子的时候，一定要从用户的角度出发，切实了解用户想要什么，我们能给什么，而不是我们觉得有价值的商品就能得到传播。

那么如何知道用户喜欢什么、想要什么呢？第一步还是做用户调研。用户调研的简单方法是，选择几个传播因子，让用户筛选。可以直接私聊他们这几样东西你最想要什么，或者发朋友圈询问，或者小范围开展有奖调查问卷，然后将这些数据进行统计。知道用户最想要的东西后，设置任务就会心里有底，可以把奖励的领取门槛设置得稍微高一些。对那些不是用户迫切需要但又弃之可惜的奖励，可以把领取条件设置得简单些。用户完全不想要的，就直接删掉。这样做传播效果就会变得相对可控。

步骤二：工具准备

1. 小打卡

在传播设计中如果有长期用户互动的活动，用户的互动反馈管理是一个难题。如果全部手动记录，一是费时费力；二是不一目了然，缺少趣味性和竞技性，很难继续开展。例如，以温泉养生为主题，设计一个"90后"学养生的主题活动，鼓励用户养成一系列养生好习惯，如睡前泡脚、早起锻炼、每周运动、坚持睡前拉伸等，则可以借助类似于"小打卡"这样的免费小程序管理用户行为。

进入小打卡，圈主可以设计打卡目标，邀请用户进圈，可以是学习目标打卡、行动目标打卡、运动目标打卡等。系统可以设置打卡提醒，帮助参与的圈友养成习惯，是一个很不错的打卡活动管理软件。例如，减肥健身运动记录、喝水提醒，当然也可以是圈主设计的任何一个主题打卡活动，圈内可以发照片，点击"打卡"按钮，还可以设置阶段性礼品，同时也可以看到圈友的打卡记录、个人排名等，是传播活动执行阶段非常好的小帮手。除此之外，还有很多类似的打卡管理软件，如鲸打卡等。小打卡使用手册如图3-29所示。

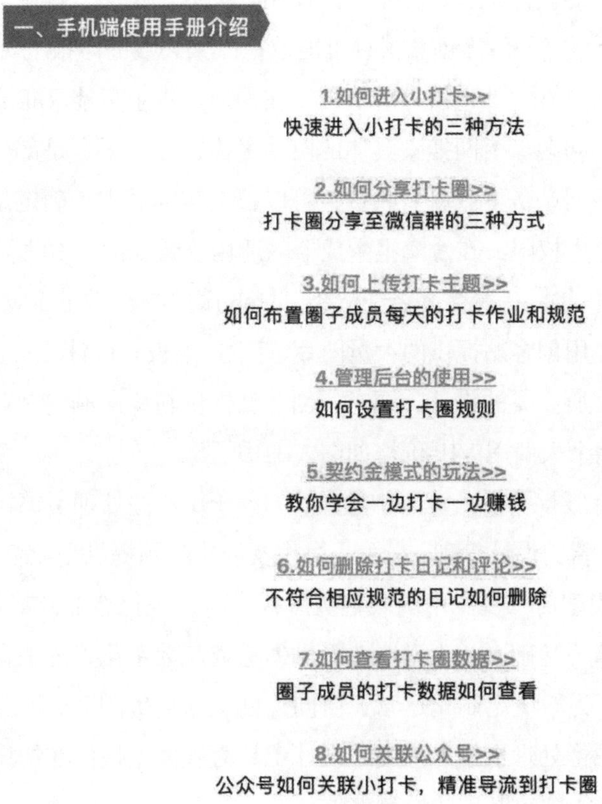

一、手机端使用手册介绍

1.如何进入小打卡>>
快速进入小打卡的三种方法

2.如何分享打卡圈>>
打卡圈分享至微信群的三种方式

3.如何上传打卡主题>>
如何布置圈子成员每天的打卡作业和规范

4.管理后台的使用>>
如何设置打卡圈规则

5.契约金模式的玩法>>
教你学会一边打卡一边赚钱

6.如何删除打卡日记和评论>>
不符合相应规范的日记如何删除

7.如何查看打卡圈数据>>
圈子成员的打卡数据如何查看

8.如何关联公众号>>
公众号如何关联小打卡，精准导流到打卡圈

图3-29 小打卡使用手册

3

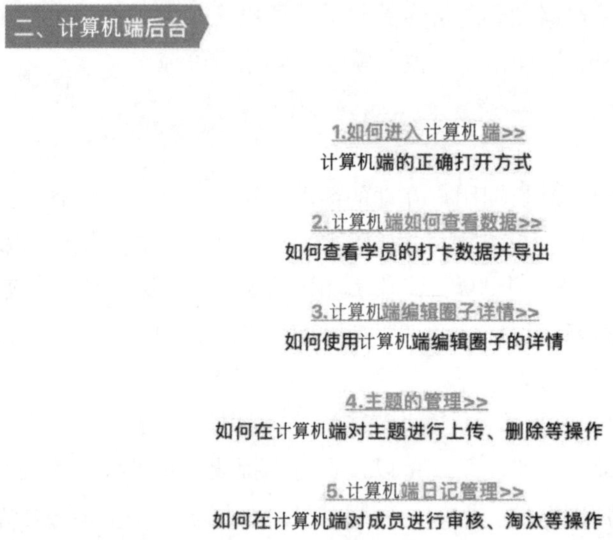

二、计算机端后台

1.如何进入计算机端>>
计算机端的正确打开方式

2.计算机端如何查看数据>>
如何查看学员的打卡数据并导出

3.计算机端编辑圈子详情>>
如何使用计算机端编辑圈子的详情

4.主题的管理>>
如何在计算机端对主题进行上传、删除等操作

5.计算机端日记管理>>
如何在计算机端对成员进行审核、淘汰等操作

图 3-29（续）

2. 海报生成器

传播最终是通过海报、视频、软文来承载的，其中设计海报的工作量非常大，如果没有系统地学习过专业的设计课程，在软件的使用、配色、构图、排版、版权等方面可能都会有很多问题。一个很好的传播创意很有可能败在一张失败的海报上。如果聘请专人制作，可能无法负担前期的成本，外包给专业机构，在沟通成本上可能又很高。这里推荐在线海报生成器来解决这个问题。上网搜索具体的网站名称，有的平台是部分免费，高级功能的解锁需要付费，有的网站是下载就要收费，可以根据实际需求，确定是单张购买还是包月（包年），甚至解锁终生权限。在线海报生成器的适用场景如图 3-30 所示。

例如，创客贴平台是一款多平台（Web、Mobile、Mac、Windows）图形编辑和平面设计工具。用户可使用创客贴提供的大量图片、字体、模板等设计元素，通过简单的拖、拉、拽就可以制作出自己所需要的设计。同时，创客贴提供在线印刷定制业务，设计定稿后即可下单印刷。创客贴个人商用 VIP 价格如图 3-31 所示。

创客贴平台整合版权及设计资源供应链，自研 ISJ 图像处理引擎，形成多端在线拖曳设计工具，针对企业营销设计管理、分发、协作及创作问题提供企业级（SaaS）解决方案。接入中国最大版权代理商"视觉中国"亿级版权素材，确保企业获得低成本的版权保护。底层以图像处理引擎为基础，为大型企业提供创意资产数字化管理平台和设计管理、分发及版权保护；中间层为增值定制化运营、协同、创意众包等服务；顶层以 ISJ（ISJ 是爱设计平台自主研发的图像处理引擎）拖曳式设计工具为载体，提供在线设计及模板、版权交易，为中小企业及个人解决基础的设计需求。

用途	营销海报	手机海报　　长图海报　　手机海报Pro　　横版海报　　邀请函　　动态横版海报
人才招聘　行政管理		方形海报

行业	新媒体配	公众号封面首图　　公众号封面小图　　横版视频封面　　视频边框　　竖版视频封面
教育培训　餐饮美食		动态横版二维码　　横版二维码　　课程封面　　小红书封面配图　　条漫
		抖音个人背景图　　作者名片　　方形二维码　　动态方形二维码　　动态分割线
		动态引导关注　　方形配图　　横版配图　　竖版配图　　超链接配图　　视频分镜

场景	印刷物料	竖版名片　　宣传单　　名片　　1.8m展架　　2m易拉宝　　印刷宣传海报　　三折页
营销海报　新媒体配		优惠券　　不干胶　　方形不干胶　　画册　　手提袋　　菜单/价目表　　邀请卡　　折页
		竖版售后卡　　横版售后卡　　明信片　　门票　　书签　　会员卡　　停车卡　　便签　　台历
		竖版工作证　　档案袋　　信封　　展板　　红包

风格	办公文档	PPT 16:9　　单页图表　　简历　　PPT 4:3　　信纸　　Word模板　　PPT（竖版）
科技　　酷炫		日报简讯　　聘书奖状（竖版）　　聘书奖状（横版）　　授权书（竖版）　　授权书（横版）

	个性定制	Logo设计　　手抄报　　竖版应援手幅　　横版应援手幅　　手举牌　　杯子　　帆布袋
		束口袋　　拼图　　鼠标垫　　大号鼠标垫　　口罩　　方形5寸照片书　　方形6寸照片书
		方形8寸照片书　　相册书(A4竖版)　　相册书(方形)　　相册书(A4横版)　　定制T恤
		挂画　　定制笔记本　　定制抱枕　　定制手机壳　　6寸照片　　7寸照片　　8寸照片

	社交生活	每日一签　　手机壁纸　　朋友圈封面　　头像　　竖版拼图　　方形拼图　　动态表情包
		表情包　　电脑壁纸　　iWatch表盘背　　手账　　贺卡　　红包封面　　动态贺卡

	电商设计	主图图标　　主图/直通车　　胶囊banner　　全屏海报　　电商横版海报　　电商竖版海报
		宝贝详情页　　竖版主图　　弹窗广告　　直播悬浮标　　美团店招　　美团海报
		美团商品主图　　饿了么店招　　饿了么海报　　饿了么商品主图

	插画元素	竖版插画　　横版插画　　插画元素　　图标　　竖版背景　　横版背景　　艺术字

	其　　他	

图 3-30　在线海报生成器的适用场景

图 3-31　创客贴个人商用 VIP 价格

3

（三）任务要领

1. 不得操之过急

（1）任务循序渐进。做传播任务的时候切记不能操之过急，要把自己的目标进行拆解，先接触到目标群体，再满足他们一个小需求，接着可以发布一些简单的任务，让大家去互动、去分享，扩大对品牌、产品、企业的认知后，循序渐进地寻求客户的认同，听过—知道—被种草了—想体验—体验—消费—传播—复购这样的节奏才是比较合适的。

（2）拒绝违规插件的使用。

① 暴力吸粉。市面上的暴力吸粉工具很多，千万不要被宣传页面的功能所迷惑，真正的有效客户一定不是从吸粉工具获得的，一个健康的传播规律和传播环境是塑造正面企业形象的根基。没有信任基础的吸粉，长远来看就是浪费时间和精力，同样是一种欺骗。图一时之快，使用违规吸粉软件只会与目标背道而驰，得不偿失，消耗用户对品牌和企业的信任。

② 群控软件。一个软件控制几百个群，短期看起来热闹非凡，但用户实际上是备受打扰的，也没有得到互动中应有的情感交流，更不会成为种子用户。违法、违规使用这些工具是平台严厉打击的，千万不要抱着侥幸心理，盲目跟风，听信违规软件的虚假宣传而上当受骗，白白浪费时间和金钱。

2. 遵守法律、法规

（1）遵循《广告法》。所有的传播海报、图文、视频中都要格外注重《广告法》的条款，不得夸大宣传、虚假宣传。禁止使用第一、最好、最低价、国家级等极限词，不得为了博得用户注意力而夸大产品的功效，不得将产品和企业的美好愿望当做卖点进行宣传。例如，2015 年某知名品牌宣传自己的牙膏"一天美白"被重罚 603 万元。特别是疫情之下，不得借防控疫情之名"搭便车"，借机虚假宣传或夸大宣传，尤其是提高免疫力类保健食品，不得明示或暗示所经营的保健食品对新型冠状病毒有免疫功效，借机牟取暴利。还有很多关于材料和专利的宣传，一定要有切实依据，例如，比较好的铝材就叫作航空铝材，比较好的不锈钢就叫作手术级钢材，这些都是违规、违法的。

（2）不得侵犯肖像权。在传播过程中，知名人士的背书当然有着重要的效果，如果觉得自己的海报没有人看，就抱着侥幸心理随意使用名人、明星的头像，后果将是非常严重的。即使有代言合同，在条款里也必须列明所有可以使用肖像权的场景、渠道、产品等，超出合同范围的使用仍然属于侵权。

哪怕是素人的照片，也是需要取得肖像权的授权才能够在传播海报中使用，有的企业认为，这个形象是我的员工，我为什么不能使用？可以在当事人自愿的情况下签署肖像权的授权和使用范围、使用期限后正规使用，别图一时方便而损失惨重。

（3）注意素材版权。近年来，网红、KOL、TOP 级网店因为字体版权、图形素材版权侵权被起诉的案例屡见不鲜，我们从一开始做传播时就要树立版权意识。不要认为现在所有 PS 软件里的字体、网上能下载的图片都是可以免费商用的，这是大错特错。这种侵权行为的赔偿金额很有可能是根据总销量来计算，做得越大，赔偿越多，只要没有授权，必定败诉，最好的结局就是和解谈判。现在有很多正规有版权的素材网站，付出价格不高的会员费就可以获得海量的带商用版权的素材，何乐而不为呢？

3. 任务难度适中

（1）逻辑简单、步骤较少。传播任务绝对不能设计得太复杂，感觉任务环环相扣、逻辑清晰的时候，用户很有可能已经是一头雾水而敬之远之，哪怕传播因子设计得非常诱人，还是会有很多用户望而却步的。绝对不能像出考题一样设计传播任务，一般最多设计 2 层递进的逻辑关系和触发条件，步骤也不能过多，1~2 个步骤为佳，3 个步骤就已经非常考验用户的耐心和拿到奖品的决心了，不要还沉浸在"太容易得到的东西不被珍惜"的理论里，超大型企业都在用极其简单的任务来做传播。

（2）流程简便、一键生成。以前很多饭店在做传播的时候，非常管用的一个方法就是到店发朋友圈集赞送菜品或打折，这个方法能不能传播？当然可以，但是效果取决于很多方面。例如，客户拍照的水平不好，可能传播出去的店铺形象会大打折扣；还有的客户嫌麻烦，又要发图又要写一段话还要添加地址，就不愿意占这个小便宜了。所以，如果传播是有一个现成资源的，例如扫码一键生成转发图片、文案、视频，并且结合奖励机制，将客户的二维码集成进去，直接跳转微商城，那么客户的传播意愿一定会上升。长期希望开展此类传播的品牌方可以设计开发一个后台集成传播素材，供种子用户自由挑选，实现一键转发。

4. 兴趣导向效果更佳

某人朋友圈如果全是卖货、推荐产品、硬推餐馆景点等，慢慢你就会把这个人的朋友圈屏蔽，甚至拉入"仅聊天"之列。所以，一个好的长期的传播最好能够和兴趣导向相结合，让某一个兴趣群体建立话题，发起讨论，甚至是吐槽。例如，格力在做传播的时候会结合受众的年龄、身份，发起某个话题的讨论，或者开展线下沙龙。蔚来汽车做得也比较到位，组织车主和意向车主经常在 NIO house 里开展手工、亲子、美食、烹饪、文体、骑马、农艺、科普、读书、电影等活动，用户在分享活动的同时，也就传播了品牌理念，这里面还融合了对美好生活的向往，对提高生活品质的期待，而不是一直都在看车主分享新车、车展、优惠补贴这类硬广而视觉疲劳。

（四）任务流程

子任务三设计营销传播机制操作流程如图 3-32 所示。

1. 明确任务目的

2. 设计传播规则

3. 制订执行方案

4. 设计传播海报

图 3-32　子任务三设计营销传播机制操作流程

二、任务操作

操作要求：阅读操作步骤一中的 3 个传播目的，分别设计对应的传播因子、传播任务、最适合的发布形式，对照传播海报的六要素完成海报的人群对标、确定主题文、撰写大纲、找到关键背书，并制造紧迫感。

本任务操作的最终目标：完成 3 个传播目的下的传播海报设计。

步骤一：明确任务目的

操作提示：结合唐韵温泉案例，在横线上填写各种可能的传播目的，第一步需要拆解目标。例如，目的可以是先触碰潜在客户，或者建立自己的粉丝群，在群里进行维护，或者是增加自媒体账号的知名度。阶段不同，传播目的也不同，例如，酒店推出新的产品时的传播目的同淡季为了平衡订单时的传播目的是不同的。以下给出预设的 3 个不同传播目的。

（1）酒店策划了一场跨年活动，设计了烤全羊、温泉泳池派，希望更多的人知道并且前来参加。

（2）现在是酒店的淡季，夏季泡温泉的人比较少，瞄准周边高校学生群体，很多学生并不是每天都有课，如果交通方便，学生在工作日、淡季的周末来团建、聚会、闺蜜游、打卡拍照游的可能性是非常大的，这时候需要用营销传播技巧把这个需求煽得更旺一些。

（3）让用户从不同渠道了解唐韵温泉新推出的管家服务。了解在唐韵如何度过一个难忘的周末，以及景区内一系列需要通过管家引导来解锁的玩法。例如，每天早上的水中太极、水中瑜伽课程，周末的插花、制香课程，每天晚上大唐街市的有奖活动、丰富的自助餐，高级技师的温泉 SPA 理疗，唐韵医院的各项理疗项目，如磁疗、蜡疗、水疗、泥疗等，隐藏项目温泉麻将的解锁，夜间闻香助眠、定制的闺蜜生日会、儿童生日会、情侣纪念日、公司团建等定制化产品的推广等，还有各类节日的做青团、包粽子、打年糕活动等，以及周边丰富的旅游资源的整合。

步骤二：设计传播规则

【做了有什么好处】

操作提示：明确传播任务后，一定要说清楚奖励是什么，用户通过自己的传播行为能够得到什么好处，这里的好处是奖励虚拟产品或实物，根据任务的难度不同，设计不同规格的奖励，也就是核心的传播因子，传播因子有可能成为决定一场传播活动成败的关键。例如，免费的跨年名额、套餐的升级、房型的升级、锦鲤大奖、养生宝典、伴手礼，甚至是报销路费、多人消费几人免单，或一些实用的小礼品等。

□ 目的一：推广跨年活动

传播因子 1 _____

传播因子 2 _____

传播因子 3 _____

□ 目的二：吸引淡季高校师生到店消费

传播因子 1 _____

传播因子 2 _____

传播因子 3 _____

□ 目的三：传播酒店文化品牌，理念输出

传播因子 1 _____

传播因子 2 _____

传播因子 3 _____

【用户需要做什么】

操作提示：这里预设为传播目的，设计传播规则，首先要明确用户需要做什么才能得到奖励。例如，多日养成类打卡任务、转发类任务、好友助力类任务，目标人群是周边 50 公里的自驾游人群，年龄段在 22~40 岁。

传播任务 1 _____

传播任务 2 _____

传播任务 3 _____

当传播目的发生了改变，变为了传播目的二，应该设计什么传播任务？请注意目标人群是高校学生、教职工，目标是淡季周末和工作日来泡温泉、聚餐、住宿。

传播任务 1 _____

传播任务 2 _____

传播任务 3 _____

当传播目的变为了传播目的三，请参照上一个子任务中的产品目录拓展思维来设计。这里的对标人群应该是工作时间相对自由，如职业旅行体验师、全职妈妈，他们热爱生活，兴趣广泛，或者旅行博主等，主打体验和分享。

传播任务 1 _____

传播任务 2 _____

传播任务 3 _____

在设计完传播任务和传播因子后，就可以进行排列组合，形成丰富多样的传播方案。

步骤三：制订执行方案

【用什么形式发布】

操作提示：仍然要对标 3 个不同的目标和人群，选择发布形式，是在自媒体账号发布？还是在酒店大堂摆放宣传物料，或是在现有粉丝群发布？公众号发布？还是找到校园里的种子客户发布？还是电台、网站、头条广告等？对标不同目标和人群，设计最适合的 3 种发布形式。

□ 目的一：

发布形式 _____

□ 目的二：

发布形式 _____

□ 目的三：

发布形式 _____

【如何审核任务完成情况】

操作提示：对标上述的传播任务，确定审核任务的机制。例如，打卡类的可以在辅助工具中导出审核，分享类的可以截图发给客服审核，助力类的最好有小程序实现，人工审核不太容易实现。

审核方式 _____

3

【如何兑现奖励】

操作提示：每一个任务对应的传播因子，也就是奖励机制都应该有自己对应的兑奖方式。例如，虚拟产品类的可以设计一个自动发送的口令，让用户在公众号小程序兑奖，包括电子门票、餐券、体验券等，实物类的兑奖应该是非常方便的，让用户填写邮寄地址或者到店领取，这些需要根据目标和人群设计。

兑现形式 _____

步骤四：设计传播海报

【确定用户身份】

操作提示：要让用户帮助传播海报，首先需要考虑用户的身份。只有符合用户画像的海报才能够得到认可，同时他们也会愿意转发、传播。另外，海报内容一定是积极向上的，这样人们才更愿意去分享。

□ 分别对标上面的 3 个目标填写 3 个典型用户身份：

身份一_____

身份二_____

身份三_____

【主标题设计】

□ 分别对标上面的 3 个目标设计 3 种主标题：

跨年活动标题_____

淡季游玩标题_____

理念输出标题_____

【大纲编辑】

操作提示：结合上面的传播任务、传播因子，选择一个最优的方案组合，编写活动大纲，海报上的文字要言简意赅，吸引人。

□ 跨年活动大纲：

_____

_____

_____

□ 淡季游玩大纲：

_____

_____

_____

□ 理念输出大纲：

_____

_____

_____

_____

【信任背书】

操作提示：分别增加可以使用的信任背书元素，可以天马行空，无须顾忌现有的条件，只要是能够匹配各种目的之下的加强背书的都可以设计进来。暂时无须考虑名人、明星、官员、古籍、权威报告、科研成果等的授权，默认你想得到背书，只要符合法律规定，企业都能获得授权。当然也要适当考虑企业的传播成本和可行性。还可以使用企业创始人、全国温泉研究院理事长的背书，也可以是浙江省四个温泉矿采矿许可证之一的背书等。

□ 跨年活动背书：

_____

_____

_____

□ 淡季游玩背书：

_____

_____

_____

□ 理念输出背书：

_____

_____

_____

【紧迫感】

□ 跨年活动紧迫感设计：

_____

_____

_____

□ 淡季游玩紧迫感设计：

_____

_____

_____

□ 理念输出紧迫感设计：

_____

_____

_____

【完成排版】

□ 跨年活动排版设计：

3

□ 淡季游玩排版设计：

□ 理念输出排版设计：

三、任务评价

子任务三设计营销传播机制评价如表 3-5 所示。

表 3-5　子任务三设计营销传播机制评价

序号	项　　目	分值	评　分　点	自　评	教　师　评	类型 1. 能力 2. 素养
1	任务目标的分解	15	目的清晰 循序渐进 必要性强			1
2	传播任务的设计	20	难度适中 流程简便 逻辑清晰			1
3	传播因子的设计	20	吸引力强 结合兴趣导向 有层次 与目标和人群契合			1+2
4	执行方案的设计	15	发布形式准确 审核机制可执行 兑奖机制简便可操作			1+2
5	海报设计	30	内容要素完整 排版美观大方 具有较强的传播性 能鼓励用户开展行动			1+2
	得分合计					

任务二　设计营销传播活动

任务情境

唐韵温泉在营销传播活动设计方面一直在做积极的尝试，可以通过查看其官方公众号、抖音号、小程序的推文和视频创意，一起来分析问题，提出对策。

1. 分析营销传播活动中唐韵的现状

查看近一年的公众号推文传播情况，一共推文 37 篇，阅读量超过 2000 的有 5 篇，转发率超过 15% 的有 6 篇。转发率最高的是 2020 年 5 月发布的《疗休养健康管理计划》推文，转发率高达 23.4%。

唐韵温泉公众号
推文数据列表

2. 唐韵温泉在营销传播活动中存在的问题

（1）疫情期间推文与热点的结合度不高。对比同类企业的公众号在疫情期间的推文发现，竞争品牌的推文与热点事件的结合度都很高，并且获得了较高的阅读转发数量。唐韵医院在疫情期间持续开展医护人员免费进社区咨询、答疑、基础检测等援助活动，并分配医护人员到当地的各个社区微信群，宣讲防疫常识、传播客观面对疫情、消除不必要的恐慌情绪等，获得了社区的一致好评。虽然在 2021 年 2 月有两篇相关推文，但可能是文章的切入点与热点事件的结合点并未打动观众，推文的相关数据表现差强人意。

（2）没有利用好借力思维做传播。37 篇推文全部都是基于温泉和疗养院来撰写，公众号更像是一个传统的官方网站，缺少吸引青年群体的爆发点。策划的营销活动，效果最好的就是年底的跨年夜免费自助餐抽奖活动，但是很可惜，没有借力周边景点，也没有与其他品牌、实体共通粉丝资源来开展营销传播活动。

3. 破局之法

（1）设计事件营销传播方案。在热点事件的结合上要更加的快速、紧密，切入点要更生动、更精准，对粉丝群体的需求与喜好，每月设计 1~2 个具有高传播潜质的营销事件，分别在不同的自媒体平台上投放。

（2）设计跨界营销传播方案。武义有非常丰富的旅游资源，除遍地温泉矿资源外，还有非常秀美的山水、各类新潮的极限运动基地，同时也不乏红色旅游基地。这些都是借力和跨界联盟的好资源。同时唐韵的环境非常适合与本地的旗袍协会、茶艺协会进行跨界粉丝互通。当然主流 IP、影视 IP、游戏 IP 都是百搭跨界的选择，也要不断留意合作机会。唐韵还是多个影视剧的取景拍摄地，与中央 9 台合作拍摄过纪录片《造园记》，邀请过知名央视导演拍过宣传片，在跨界营销方面，还是有非常优良的基础的，一定要积极启用。

3

■ 子任务一　设计事件营销传播方案

一、任务准备

（一）知识准备

知识点一：事件营销

事件营销（internet event marketing）是指企业通过策划、组织和利用具有新闻价值、社会影响以及名人效应的人物或事件，以网络为传播载体，吸引媒体、社会团体和消费者的兴趣与关注，以求建立、提高企业或产品的知名度、美誉度，树立良好品牌形象，并最终促成产品或服务的销售手段和方式。网络事件营销是事件营销的一个专业分支，是企业、组织主要以网络为传播平台，通过精心策划、实施可以让公众直接参与并享受乐趣的事件，并通过这样的事件达到吸引或转移公众注意力，改善、增进与公众的关系，塑造企业、组织良好形象的目的，以谋求企业长久、持续发展。

随着网络互动技术的发展和越来越多的社会热点从网络上爆发，企业正在尝试或已经利用互联网和消费者进行多种形式的互动，并开展网络事件营销，即组织和利用具有名人效应、新闻价值以及社会影响的人物或事件，引起媒体、社会团体和消费者的兴趣与关注。简单地说，事件营销就是通过把握新闻的规律，制造具有新闻价值的事件，并通过具体的操作，让这一新闻事件得以传播，从而达到广告的效果。

事件营销的
基本技能

知识点二：事件营销的重要方法

1. 情绪感染法

消费者日益增长的物质文化需求和落后的生产力以及信息不对称而产生的话题，容易引起网络人群的极大关注。民生类、情感类、励志类等话题最容易引起网民共鸣。网络平台自身的优势在于传播话题的多样性，一段视频、一篇微博甚至几个字，都能够在互联网上引起轩然大波。

利用美伊战争大赚的统一润滑油不仅进入了公众的视野，而且在众多的消费者心目中有了一个清晰的定位：为减少摩擦而努力！它是怎么做到的？原来统一润滑油在报道美伊战争的节目中打出了"多一点润滑，少一点摩擦"宣传语，并在互联网就该话题进行了大量传播，没有多余的解说和图景，和中央电视台反战宣传的语调高度一致，充分利用网民的反战情绪，吸引网民参与话题讨论，使其形象迅速深入人心。

2. 草船借箭法

草船借箭法是指在事件传播过程中，要善于学会在适当的时机借助其他热点事件达到产品传播的效果。很多经典的案例，都是借助了别人的力量，达到了良好的传播效果。如借助当前热点事件、借助名人参与、借助专家点评、借助传统媒体引导等。

北京奥运会期间，全球体育明星和金牌得主成为网络热点词汇的时候，一则名为《赤壁之大学》的视频在网络上迅速走红，并占据百度搜索风云榜第三名。该视频短片中植入社交网站"爱情公寓"，吸引大量网友关注与转载，并成为仅次于奥运会的网络热点事件，由于该视频标注是上集，所以众多网友开始期待下集，或许是策划方并未想到能引起这么大的轰动效应和鉴于制作事件的问题，下集迟迟未能公布，而在该视频发布的第三天，另一则名为《赤壁之风行版》在网上公开发布，效果不亚于大学版的转载率和传播率，其中植入了"风行电影"。原来，风行网站的市场部在看到大学版风靡互联网的时候，利用下集未发布的空隙，制作了风行版的视频短片。这正是借助了网络热点关注词汇，利用别人的力量轻松进行了自身产品的传播。

3. 概念带动法

企业在传播一个产品的时候，都希望一夜走红，但网络的不可预见性使众多企业组织者对事件营销望而却步。一种新的传播方式正在被越来越多的企业尝试，他们开始为自己的产品或服务创造一种新理念、新潮流。就像全世界都知道第一个造出飞机的是莱特兄弟一样，理论市场和产品市场同时启动，先推广一种观念，有了观念，市场慢慢就会做好。

近年事件营销成功案例盘点

事件营销的方法有很多种，关键在于各种素材的融合以及有效的传播控制。

（二）操作准备

步骤一：分析当下舆论环境

根据近一周的热点事件，关注全网的舆论风向，查看微博热搜、抖音热榜，各类行业垂直网站的重大事件，罗列出与唐韵温泉可以结合的关键事件。

（1）_____

（2）_____

（3）_____

步骤二：构建热点素材库

养成素材库收集的习惯，作为新媒体运营，特别是营销传播专员，每天上班第一件事就是盘点收集前日的热点营销素材，并充实素材库，制作自己的营销日历。

（1）节日类

_____

_____

（2）热点新闻类

_____

_____

（3）社会事件类

_____

_____

（4）爆梗类

_____

_____

（5）娱乐类

_____

_____

3

（三）任务要领

1. 不要过分迷信热点

尽管每个企业都希望以小博大，希望可以"蹭"到现象级的流量，但也会有"成也萧何，败也萧何"之说，再好的营销都是锦上添花。夯实产品力和销售力，才是品牌立身的根本和王道；营销助力企业发现精准跑道，蓄势腾飞。

事件营销的第一要务是洞察精准，与企业品牌发展实际状况和阶段匹配。第二是内容，是自娱自乐还是说到消费者心坎里。第三是聚焦，品牌口碑建设需要通过公关手段潜移默化，但在重要的营销节点需要集中火力，重拳出击。第四是预判传播走向的可控性。事件或资源匹配的传播与企业调性的匹配和相得益彰是非常重要的，同时收获知名度和口碑的事件才是好营销。

2. 轻活动重传播

在营销上不能把精力只投入事件本身上，应该用更多的资源进行传播，否则事件就变成了一场活动。通常来说，如果花 10 元做活动，你至少需要用 20 元甚至 100 元去做相关传播闭环，如果预算有限，不如把活动做成小而美，将更多费用放在如何打组合拳扩大声量上。

3. 真正的事件营销皆"整合"

从 4P 到 4C、4R 再到 7P，营销的探索一直在与时俱进，与消费者的触达俱进。传统4A 走下神坛了么？其实是传统的 PR、广告界限越来越模糊，跨媒介的整合传播越来越常见、常用。事件营销也不再独自卓立，任何一个大的项目，成功的、有影响力的项目，解剖复盘，洞察、创意、事件、媒介和数据支撑五脏俱全。很多时候，事件作为营销的发酵和驱动，成为留在营销史上的故事或传说。

（四）任务流程

子任务一设计事件营销传播方案操作流程如图 3-33 所示。

图 3-33　子任务一设计事件营销传播方案操作流程

二、任务操作

操作要求：阅读操作步骤一中的 3 个传达目标，找到最合适的传播营销话题，巧妙植入产品，寻找良性发酵的方法。

本任务操作的最终目标：针对 3 个传达目标，撰写对应的事件营销话术。

步骤一：确定传达目标

操作提示：一般来说，传达目标应该围绕某个具体的活动、产品的传播来做，也要紧密结合企业、品牌的核心价值的传导来做。

【目标一】推广"一泊二餐""疗休养套餐"王牌产品。

【目标二】推广冬病夏治，反季泡温泉的正确理念。

【目标三】种草唐韵美景、美食、好服务、好环境。

步骤二：制订话题传达方案

操作提示：结合舆论环境、营销日历，分别对以上 3 个传达目标确定传播话题。

与目标一契合的传播话题＿＿＿＿＿＿＿＿＿＿＿＿＿＿＿＿＿＿＿＿＿＿＿＿＿＿
＿＿＿＿＿＿＿＿＿＿＿＿＿＿＿＿＿＿＿＿＿＿＿＿＿＿＿＿＿＿＿＿＿＿＿＿＿＿

与目标二契合的传播话题＿＿＿＿＿＿＿＿＿＿＿＿＿＿＿＿＿＿＿＿＿＿＿＿＿＿
＿＿＿＿＿＿＿＿＿＿＿＿＿＿＿＿＿＿＿＿＿＿＿＿＿＿＿＿＿＿＿＿＿＿＿＿＿＿

与目标三契合的传播话题＿＿＿＿＿＿＿＿＿＿＿＿＿＿＿＿＿＿＿＿＿＿＿＿＿＿
＿＿＿＿＿＿＿＿＿＿＿＿＿＿＿＿＿＿＿＿＿＿＿＿＿＿＿＿＿＿＿＿＿＿＿＿＿＿

步骤三：巧妙植入产品及理念

操作提示：将产品和传播话题巧妙而柔性地进行结合。

结合目标一的营销话术设计＿＿＿＿＿＿＿＿＿＿＿＿＿＿＿＿＿＿＿＿＿＿＿＿
＿＿＿＿＿＿＿＿＿＿＿＿＿＿＿＿＿＿＿＿＿＿＿＿＿＿＿＿＿＿＿＿＿＿＿＿＿＿

结合目标二的营销话术设计＿＿＿＿＿＿＿＿＿＿＿＿＿＿＿＿＿＿＿＿＿＿＿＿
＿＿＿＿＿＿＿＿＿＿＿＿＿＿＿＿＿＿＿＿＿＿＿＿＿＿＿＿＿＿＿＿＿＿＿＿＿＿

结合目标三的营销话术设计＿＿＿＿＿＿＿＿＿＿＿＿＿＿＿＿＿＿＿＿＿＿＿＿
＿＿＿＿＿＿＿＿＿＿＿＿＿＿＿＿＿＿＿＿＿＿＿＿＿＿＿＿＿＿＿＿＿＿＿＿＿＿

步骤四：促进良性发酵

操作提示：线上整合引爆社交端，线下门店活动激发参与。鼓励用户参与，激励产生荣誉感。从让用户被动地听你说，看你有什么产品、什么功能，转变为用户愿意参与到品牌的活动中来，甚至成为一个像蒲公英一般的"传播者"，参与 H5 测试，分享到朋友圈、微信群等社交网络。

传播渠道＿＿＿＿＿＿＿＿＿＿＿＿＿＿＿＿＿＿＿＿＿＿＿＿＿＿＿＿＿＿＿＿＿
＿＿＿＿＿＿＿＿＿＿＿＿＿＿＿＿＿＿＿＿＿＿＿＿＿＿＿＿＿＿＿＿＿＿＿＿＿＿

可利用的工具或载体：□ H5　　□ 问卷　　□ 商城　　□ ＿＿＿＿＿＿＿＿

线上传播方案设计＿＿＿＿＿＿＿＿＿＿＿＿＿＿＿＿＿＿＿＿＿＿＿＿＿＿＿＿＿
＿＿＿＿＿＿＿＿＿＿＿＿＿＿＿＿＿＿＿＿＿＿＿＿＿＿＿＿＿＿＿＿＿＿＿＿＿＿

线下门店配合方式＿＿＿＿＿＿＿＿＿＿＿＿＿＿＿＿＿＿＿＿＿＿＿＿＿＿＿＿＿
＿＿＿＿＿＿＿＿＿＿＿＿＿＿＿＿＿＿＿＿＿＿＿＿＿＿＿＿＿＿＿＿＿＿＿＿＿＿

三、任务评价

子任务一设计事件营销传播方案评价如表 3-6 所示。

3

表 3-6　子任务一设计事件营销传播方案评价

序号	项　目	分值	评 分 点	自　评	教 师 评	类型 1. 能力 2. 素养
1	营销素材的收集	20	渠道广泛 类别丰富 及时性高			1+2
2	传播话题的结合	35	切入点准确 结合点巧妙 传播性高			1+2
3	产品、理念软性结合的话术编辑	20	话术简洁 符合目标人群的语言习惯			1
4	发酵传播方案的设计	25	线上利于传播 线下利于执行 借助工具			1+2
得分合计						

■ 子任务二　设计跨界营销传播方案

一、任务准备

（一）知识准备

知识点一：跨界营销的七大原则

跨界代表一种新锐的生活态度与审美方式的融合。可以建立跨界关系的不同品牌，一定是互补性而非竞争性品牌。这里所说的互补，并非功能上的互补，而是用户体验上的互补。跨界营销的七大原则如图 3-34 所示。

图 3-34　跨界营销的七大原则

知识点二：跨界营销的目的于手法

1. 主要目的

（1）相互借势品牌元素。跨界营销的精髓在于互相借用对方累积的品牌资产，对自己的品牌调性带来新的元素，所以跨界营销常常是品牌年轻化的一种有效手段。如果品牌老化了，想要变得更受年轻人欢迎，那么就可以寻找年轻人的品牌进行跨界合作；如果品牌想要更有技术感，那么就可以找技术品牌跨界推广。跨界营销能够加深品牌印象，并且为品牌带来新的元素，以找到营销的新突破口，带来新的活力、新的增长。小黄人与小黄车的跨界营销如图 3-35 所示。

（2）扩大渠道覆盖。由于渠道的不同，每个品牌所能够覆盖的群体不同，跨界营销可以让品牌借用双方的渠道资源覆盖到更多的目标人群。

这个原理其实跟公众号互推差不多，尽管是同一类目标人群，但对方品牌的渠道也许正能达到你的渠道盲区。例如，网易云与农夫山泉的跨界营销中，网易云属于线上渠道，农夫山泉属于传统的线下渠道，跨界营销就能让这两个品牌触及以前难以触及的用户。农夫山泉与网易云音乐的跨界营销如图 3-36 所示。

图 3-35　小黄人与小黄车的跨界营销　　　图 3-36　农夫山泉与网易云音乐的跨界营销

（3）引爆市场话题。跨界营销更多的是作为事件营销来操作，有很强的快闪性质，这也意味着双方品牌会在短期内集中资源引爆市场声量，引发用户关注。而跨界营销更注重的是内容上的新奇有趣，品牌之间的互补反差萌，就如花露水风味鸡尾酒，能够通过话题引发自传播，有足够的噱头让大众讨论。六神与 RIO 鸡尾酒的跨界营销如图 3-37 所示。

图 3-37　六神与 RIO 鸡尾酒的跨界营销

3

（4）突破场景流量。抢占用户场景在移动互联网语境下显得尤其重要，而跨界营销能抢占用户的使用场景，进一步争夺用户注意力。

依旧举例网易云音乐与农夫山泉的跨界，用户喝水的时候，自然能通过瓶身联想到网易云音乐，而用户使用网易云音乐的时候，也会因为联合推广想到农夫山泉。也就是说，网易云音乐抢占了用户喝水的场景，而农夫山泉抢占了用户听音乐的场景，这种"互抢"突破了原有品牌的场景流量。

2. 常见的跨界手法

（1）定制款产品。品牌双方制作定制款产品是最为常见的跨界形式，而这种定制款、限量款有时候更多地是通过 IP 授权的形式来实现。无论是亚朵酒店与网易云音乐、知乎等互联网产品的跨界定制，还是小黄人与 OFO 的跨界合作，还是六神花露水与 RIO 的跨界合作，实质上都是一种 IP 授权的定制。网易云音乐与亚朵酒店的跨界营销如图 3-38 所示。

图 3-38　网易云音乐与亚朵酒店的跨界营销

（2）快闪店及快闪活动。线下快闪活动是线下推广最为合适的选择。近年国内最为知名的案例就是饿了么与网易新闻推出只开 4 天的丧茶快闪店。当然，不仅是真正的快闪店，各种线下活动展示装置、快闪活动都是品牌跨界的常用手法。

（3）资源技术合作。跨界也可以是某一品牌方提供技术或资源进行活动推广或产品定制。例如，苹果手表与耐克联合推出的 Nike+ 手表，其中的技术合作已经非常有深度。

（二）操作准备

步骤一：分析目标用户

在设计跨界营销方案之初，分析目标用户是非常必要的，虽然前面已经多次对目标群体进行了分析总结，但是此处的分析仍有其特别之处。一个成功的跨界营销是有特定的人群属性的，例如，想把某两种人群的需求贯穿起来设计跨界营销方案，就必须把两个人群的喜好、需求都研究透彻。之前唐韵做过尝试，将旗袍协会、茶艺协会的会员结合到唐韵来，但是仅限于在温泉酒店里做插花、制香、茶道教学、旗袍走秀的活动，充其量算是一个活动，没有上升到跨界营销的范畴。

跨界营销经典
案例分享

所以，要做好跨界营销，需要对跨界用户先进行分析。选取契合的领域，寻找跨界合作对象。请把适合与唐韵温泉、唐韵疗养院进行跨界营销策划的人群属性关键词填到跨界人群属性图谱的气泡里（图 3-39）。

小贴士：适当的冲撞属性也许会有奇特的传播效应。例如，极限运动与温泉，宠物达人与温泉，后期甚至可以开发宠物专属泡池，或失眠人群的安神俱乐部等。

步骤二：确定跨界目的

虽然说直观的目的一定离不开产品的转化、品牌的传播，但是依然可以细分，更明确

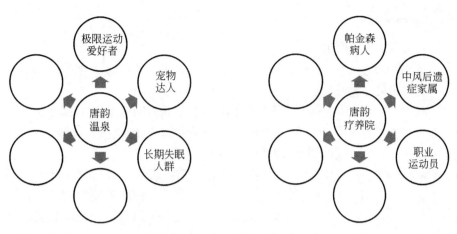

图 3-39　跨界人群属性图谱

的目的能够带来更精准的跨界营销方案。围绕跨界营销的目标，尝试将总体目标进行拆解，并进一步思考可以产生的跨界思路。跨界目标拆解如图 3-40 所示。

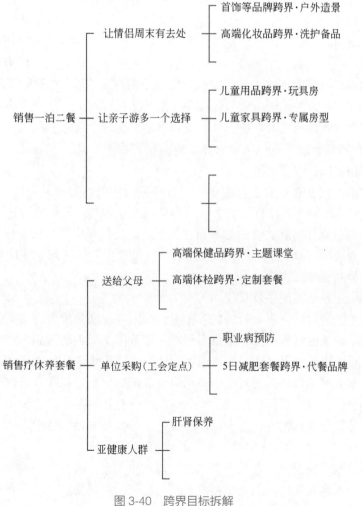

图 3-40　跨界目标拆解

（三）任务要领

1. 从信息噪声中突围而出

当音乐 App 网易云音乐推出了内裤、白酒品牌泸州老窖推出了香水，都能因其强烈的冲突感引发大量关注和讨论。

信息过载时代，用户眼前是应接不暇的信息洪流，其中 99% 的内容都会沦为"噪声"，品牌想要获取用户的注意，就必须削尖脑袋成为 1%。只有那些具有强烈冲突感的内容，才能引发用户认知上的"微地震"，成功脱颖而出。

360 智慧生活的"三十岁专属螺蛳粉"，也充满了冲突感。用户在看到时会诧异：万万没想到一个做智能硬件的品牌竟然做起了美食的生意？这种诧异就像引发好奇心的"诱饵"，会吸引用户继续深挖其中的故事和缘由，从而实现"勾住"用户注意力的目标，在用户认知中打造出差异度和记忆点。

2. 绑定流量王者，"情投意合"是前提

借势，早已是当代营销人的必备技能。然而借势如果做得不好，就容易沦为"赚噱头"，甚至是令人尴尬的"硬拗"。

只有当热点与品牌或产品的特征巧妙契合时，才能真正攻占用户心智，有效地传递品牌理念与产品优势。用一款"三十岁专属螺蛳粉"，一箭双雕地蹭了两个大热点：一是今年美食届的顶流网红"螺蛳粉"；二是热播电视剧《三十而已》，并且借势的姿势巧妙而得体。

一般而言，热点具有三个特征：高知晓度、高关注度和时效性。2020 年卖出 7.8 亿包的螺蛳粉显然是食品界的热销王，吃货们对它的热情高涨不退；热播剧《三十而已》也在社交网络上掀起了一波波关于家庭、职业和年龄的话题和讨论。这两个热点都满足高知晓度、高关注度和时效性这三大特征，可以说是当之无愧的"流量王者"。

"三十岁专属螺蛳粉"不仅将两大热点的流量归拢于一身，更是通过热点向用户传递了它的品牌主张"守护中坚力量"。

目标用户群主要是在社会、家庭中扮演着中流砥柱角色的中坚力量，也就是 30 岁以上的人群，这一人群与《三十而已》的观众群体契合度较高，容易通过这一热点引发他们的共鸣。而作为重口味暗黑美食的螺蛳粉，也能巧妙地诠释中坚力量群体的生存哲学：复杂、浓烈却"真香"。只有当品牌和热点处于"情投意合"的状态，才能真正不浪费热点带来的流量，为品牌增添声量。

3. 攻破圈层边界，实现品效双收

在这个"万物皆可跨，事事皆可联"的时代，跨界和联名成为许多品牌扩大声量、攻破圈层的利器。成功的跨界合作，不仅可以在一定程度上起到焕新品牌形象的作用，让用户感到新鲜，也可以让跨界品牌双方快速触达彼此的"私域流量"，获得品效双收的效果。

当前，许多新锐品牌的跨界玩法都值得借鉴。例如，麦片品牌"王饱饱"就曾携手卡通品牌"罗小黑"和歌手周深，推出了联名款麦片，有效地圈住了"罗小黑"的二次元粉丝和"周深"的追星女孩粉丝，为自己的品牌拓展了大量年轻消费者人群。不仅实现了跨次元"出圈"，也在产品销量上取得了不俗的成绩。

日式拉面品牌"拉面说"在跨界领域也玩得风生水起，脑洞大开地牵手 999 感冒灵推出"暖心鸡汤"联名礼盒，让人倍感新奇有趣，也让用户感受到"拉面和感冒灵都可以对抗寒冷"的两者相同的品牌调性。当品牌效应形成叠加，就能产生更具张力的品牌联想，实现 1+1≥2 的双赢局面。

4.门当户对，避免炒作

弱品牌找强势品牌很容易被淹没，因为消费者更容易记住强势品牌，所以跨界之前要想好自己的商业目标和品牌资产；跨界不是越界，需要把握好这个"界"，否则会适得其反，就像杜蕾斯和喜茶的案例；慎用炒作，跨界营销最怕"虎头蛇尾""雷声大雨点小"的炒作模式，因为后期没有持续性和系统性的内容建设，终究是昙花一现，草草收场。

两个强势品牌进行跨界合作时，可能会遇到资金、资源等问题，如果双方都一味索取，谈判往往会无果而终。跨界营销并不是简单地把两个品牌放在一起，而是需要从战略和战术层面仔细考虑，最终达到双赢的效果。

（四）任务流程

子任务二设计跨界营销传播方案操作流程如图 3-41 所示。

图 3-41　子任务二设计跨界营销传播方案操作流程

二、任务操作

操作要求：选择合适的合作伙伴，分析内在联结，通过联合设计，突破品牌刻板印象，确定好营销的渠道和预算，进行联合营销推广。

本任务操作的最终目标：用图文描述首饰品牌与唐韵温泉跨界后的户外艺术装置设计。

步骤一：挑选合作伙伴

操作提示：什么样的品牌才是合适的合作对象？跨界营销的核心是"和而不同"，相似的品牌量级、相似的目标人群，但同时具有某方面的反差效果。具体而言，可以从以下5 个维度选择合作伙伴。

（1）品牌价值：需要有一定的知名度和用户基础，这样的跨界才能在较大范围的用户群体中受到关注。

（2）引发共鸣和讨论：跨界营销基本上属于大公司的游戏，自身需要具有一定的市场影响力，否则也很难在市场上吸引用户的注意。

（3）受众相似或互补：产品利益点互补，跨界的品牌、品类之间需要存在某种品牌共性，跨界行为才能发挥品牌之间的协同效应。

（4）跨界的品牌和品类需具备话题性：引发大众的好奇心，不断传播发酵。

（5）品牌美誉度：选择品牌美誉度较好的品牌，以避免跨界对本品牌造成的负面影响。

根据操作准备内容，结合操作提示里的 5 个维度，选取两个适合合作的品牌填在一泊二餐产品跨界品牌探究图中（图 3-42）。

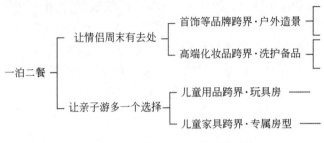

图 3-42　一泊二餐产品跨界品牌探究

步骤二：确定内在联结

操作提示：要完成一次高质量的跨界营销，很关键的一点在于确定合作品牌之间的内在关联点。首先判断有无元素联结，即两种品牌之间的某些关键元素构成互相强化的效果。例如，德克士为新品南美烟熏鸡腿堡上市，联合气味图书馆的香水产品推出德克士烟熏之语香水。其次，判断有无场景联结，即跨界品牌之间的使用场景能够产生交叉。例如，2016 年网易云音乐和亚朵酒店推出的跨界快闪酒店产品睡音乐主题酒店。最后，判断有无次元联结，即让自己的品牌"突破次元壁"，比较经典的方式是游戏、影视剧道具植入和情节植入。请在唐韵跨界合作品牌内在联结探究图（图 3-43）中的小圆里填写目标跨界合作品牌，大圆里填写内在联结。

步骤三：联合设计，突破品牌刻板印象

操作提示：产品重构打造品牌年轻化、趣味化形象。五菱通过高端上档次的螺蛳粉，大玩跨界营销，通过趣味的方式不断与年轻消费者进行沟通对话。可以先关注价值观重构，由于不同品牌拥有不同价值观、不同辨识度，跨界营销往往要对自身品牌的独特价值进行深挖，推出的联名款才能被更多的消费者认同和接受，推向市场，吸引更多新的消费者。请用图文描述首饰品牌与唐韵温泉跨界后的户外艺术装置设计。

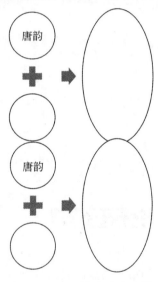

图 3-43　唐韵跨界合作品牌内在联结探究

步骤四：联合营销推广

操作提示：确定营销渠道和预算。

□ 营销渠道：

1. _____
_____

2. _____
_____

3. _____
_____

□ 营销预算

1. _____
_____

2. _____
_____

3. _____
_____

三、任务评价

子任务二设计跨界营销传播方案评价如表 3-7 所示。

表 3-7　子任务二设计跨界营销传播方案评价

序号	项　目	分值	评分点	自　评	教 师 评	类型 1. 能力 2. 素养
1	对跨界营销 7 原则的掌握	10	能够理解 能够运用			1
2	对跨界营销常见手法的掌握	10	能够理解 能够运用			1
3	对目标用户属性的分析	10	准确 有特色 有创新			1+2
4	对跨界目的的拆解	10	逻辑清晰 思路新颖			1+2
5	合作品牌的挑选	15	符合 5 个维度 门当户对 合作可能性高			1
6	内在联结的分析	15	联结明确 交叉明确			1
7	联合设计，重构产品	15	达到重构效果 创意新颖			1+2
8	联合营销的设计	15	渠道准确 预算准确			1
得分合计						

3

工作领域四
社交电商转化与复购

1. 知识目标

（1）掌握营销漏斗转化模型的概念。

（2）掌握曝光量的作用和获取曝光量的方法。

（3）掌握点击的作用和提高点击量的方法。

（4）掌握咨询的作用和获取咨询量的方法。

（5）掌握转化的作用和提高转化量的方法。

（6）掌握粉丝标签的概念。

（7）掌握粉丝分类和维护的原理与技巧。

（8）了解信息精准推送的作用及原理。

（9）掌握不同场景下话术设计的原理和技巧。

2. 技能目标

（1）能够将转化漏斗分析应用到实际业务中，优化业务流程，发现指标增长的可能性，以实现精细化运营。

（2）能够运用全媒体工具，对标同行曝光量，设计提高自身曝光率的优化方案。

（3）能够通过优化图片、文案、视频等方法，对标同行同层账号的点击率，提出提高点击、访问的策划方案。

（4）能够通过设计咨询有礼等活动，提出提高咨询数量与比率的优化方案。

（5）能够通过优化客服话术、产品服务、维护评价体系等方式，提出提升初次下单率、复购率的优化方案。

（6）能够设计并创建粉丝标签类型与个人有效信息标签字段。

（7）能够借助客户管理信息系统，给粉丝添加精准标签，设置备注、分组，实现日后信息分发的准确度。

（8）能够根据用户标签类型，分别建主题群组，精准选择素材库内容进行群发、私信，增加情感交流，保持日常有效互动。

（9）能够设计粉丝打卡机制，以及新粉交互、老粉互动机制。

（10）能够根据粉丝身份职业属性，确定沟通、信息分发的时间段，并测试效果，进行优化调整。

（11）能够编写优化催单催付引导文，建立催付话术库。

（12）能够依据粉丝类型和标签分组，分别制订关联推荐商品或服务的话术方案，建立关联推荐逻辑话术数据库。

（13）能够根据粉丝的购买频次、兴趣方向，建立有效的商品推新话术文案库。

（14）能够设计并创建粉丝标签类型。

（15）能够借助客户管理信息系统，给粉丝添加精准粉丝分类标签，设置备注、分组，实现日后信息分发的准确度。

（16）能够根据用户标签类型，分别建立主题群组，精准选择素材库内容进行群发、私信，增加情感交流，保持日常有效互动。

3. 素养目标

（1）培养学生的网络营销思维。

（2）培养学生的社群运营能力。

（3）培养学生传播正能量的社会责任感。

（4）树立学生正确的法律意识。

任务一　应用转化漏斗

任务情境

近年来，唐韵温泉一直在拓展其网络推广渠道，尝试通过图文、短视频等各种多媒体形式进行网络宣传，以提升企业知名度和影响力。

1. 分析在网络营销推广中唐韵的现状

（1）行业垂直平台运营现状。旅游是唐韵温泉的行业垂直类目，目前，唐韵温泉已在携程、美团、飞猪、驴妈妈四大旅游平台建站开展网络业务。除此之外，还在旅游用户比较活跃的穷游、携程旅拍、大众点评、去哪儿、马蜂窝开设账号，进行网络营销推广。图 4-1 所示为唐韵温泉穷游社交板块 Biu 的主页。截至 2020 年 3 月，该账号共发布图文内容 8 篇，累计点赞 3800，累计收藏 906 次，累计粉丝 602 人。

图 4-1　唐韵温泉穷游主页

（2）自媒体平台运营现状。唐韵温泉比较重视自媒体平台建设，自建了网站，用于企业和产品介绍展示。同时，唐韵温泉还注册了官方微博和微信公众号，用于日常信息传递与粉丝维护。唐韵温泉企业官方网站如图 4-2 所示。

图 4-2　唐韵温泉企业官方网站

唐韵温泉还注册了"浙江唐韵温泉度假村股份有限公司"和"唐韵乐养"两个公众号，分别对接旅游度假和康复疗养两种消费群体。唐韵企业官方公众号如图 4-3 所示。

其中"浙江唐韵温泉度假村股份有限公司"绑定企业小程序，可以实现线上客户的引流、转化和裂变。截至 2021 年 2 月 26 日，该公众号共创作图文素材 268 篇，累计粉丝 8198 人。浙江唐韵温泉度假村股份有限公司公众号后台如图 4-4 所示。

图 4-3　唐韵企业官方公众号

图 4-4　浙江唐韵温泉度假村有限公司公众号后台

　　为了实现粉丝的复购转化，实现多场景的自由购物，通过该微信公众号可直接进入企业微信小程序，通过小程序，用户可以订购企业产品。企业微信小程序首页如图 4-5 所示。

　　（3）社区电商平台运营现状。唐韵温泉以返现、返佣的形式，激励消费者、企业员工将旅游经历、唐韵文化通过社区电商平台进行投放。小红书、抖音关于唐韵温泉内容截图如图 4-6 所示。

4

图 4-5　企业微信小程序首页　　　　图 4-6　小红书、抖音关于唐韵温泉内容截图

2. 唐韵温泉在网络推广中存在的问题

（1）营销信息覆盖面狭窄。虽然企业在各大旅游网站、社区电商平台都有投放内容信息，也自建了网站、微信公众号、小程序商城等自媒体平台，但忽视了用户使用量非常高的搜索引擎的优化。在投放渠道的选择上也比较随意，没有进行目标人群细分，主要集中在抖音、小红书两个比较热门的平台。推广的账号也缺乏记忆点，没有形成矩阵，没有得到放大流量效果。

现有投放平台的曝光也不是很理想。用户搜索"唐韵温泉"等精准关键词时，可以轻松找到相关企业的信息，但是搜索"温泉""旅游"等行业大词时，搜索结果都不尽如人意。图 4-7 为在携程 App 攻略板块搜索关键词"温泉"所显示的结果，尽管用户定位在金华（唐韵温泉为金华市管辖县内企业），软件智能排序的前几屏中都没有和唐韵温泉有关的内容信息。

图 4-7　携程 App 截图

（2）营销信息缺乏吸引力。目前，唐韵温泉内容创作主要是以游客自发的度假体验为主，没有统一的规范，也没有对内容质量的要求，完全取决于游客的创作能力。也有一些游客发表过比较优质的作品，但是大部分内容都比较普通，缺乏吸引力。尤其是在内容的标题和封面图方面，

没有做到优化，缺乏吸引点击的元素，导致网络关注度不够。同时，官方的自媒体平台官网和微博也长时间没有更新，内容滞后，不能引起用户的注意。公众号因为公司内部没有专业的运营人员，推送的也大多是有关唐韵的新闻类消息，很难让用户产生兴趣。

（3）缺乏完善的沟通渠道。对旅游行业来说，直接下单的情况比较少，用户需要和服务方确认出行信息，满意了才会下单，这其中，沟通就显得尤其重要。然而，通过对唐韵网络上投放的推广信息研究发现，其沟通渠道不够完善，导致很多对浏览内容产生兴趣的网友没有最终转化为用户。以唐韵官网为例，首页上设置了"关于唐韵""新闻中心""产品中心""周边景点""地理位置""招贤纳士""全景展示"七大模块，却没有关于沟通的专门页面，仅在页面最下方放上了公众号二维码和联系电话，如图 4-8 所示。另外，企业对导流到公众号的用户也没有很好的维护，而且这种需要用户主动关注或者拨打电话的方式，在一定程度上造成了用户的流失。

图 4-8　唐韵官网沟通渠道

（4）在线客服服务满意度较低。公司没有专门负责线上客户的客服，而是由网络运营人员兼职做网络客服。通过线上平台的评价发现，很多客户对客服的满意度较低。导致在做加新邀评的过程中，客户的抵触情绪比较大，实施效果并没有达到预期。

（5）缺乏对老客户的维护。近些年唐韵才开始对老客户的信息进行管理和维护，这对一个有 20 多年历史的酒店来说，无疑是损失了很多宝贵的客户资源。而且在目前老客户的维护过程中，也存在着很多问题，微信公众号和微信群缺乏专人管理和维护，很多在群的客户对酒店裂变传播机制一无所知。

3. 破局之法

（1）设计曝光量优化方案。增加各类曝光渠道，同时结合消费人群特点选择适合的平台进行投放。对于已投放的内容，做好后续的维护和优化，提升内容排名，提高展现量。

（2）设计访问量优化方案。提高内容创作的质量，尤其是在内容标题和封面图的设计上，要注意从用户需求出发，结合时事热点，创作出更吸引人的内容，从而提高作品的访问量。

（3）设计咨询量提升方案。通过优化页面布局，增设或者优化页面的沟通渠道，打通网络客户和企业之间的渠道。同时，对客服进行培训，提升其专业素养。

（4）设计下单率、复购率提升方案。重新设计唐韵的产品详情页，优化客户评价，提升访客对唐韵的印象。同时，通过现有平台激活老客户，使其发挥应有的功效。

4

■ 子任务一　设计曝光量优化方案

一、任务准备

（一）知识准备

知识点一：营销漏斗转化模型

网络营销目标能否实现，由一系列前后呼应、彼此关联的营销传播环节构成。只要其中一环出现问题，营销目标就会功亏一篑。而营销漏斗转化模型，就是根据网络用户的消费行为数据所形成的模型，消费者在网络上直至发生消费的每一个行为即对应营销的一个传播环节。

营销漏斗转化模型共有五层，对应了企业搜索营销的各个环节，反映了从展现、点击、访问、咨询，直到生成订单过程中的客户数量及流失量（图 4-9）。从最大的展现量到最小的订单量，这个一层层缩小的过程，表示不断有客户因为对企业失去兴趣等各种原因而离开。

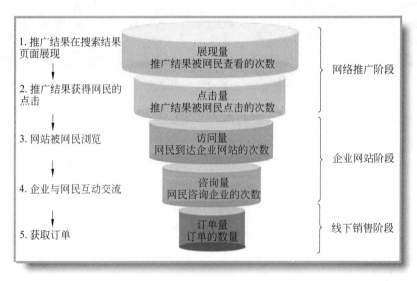

图 4-9　营销漏斗转化模型

模型的每一层都可以用量化的指标来表示。可以通过各个环节量化的指标，清楚地了解网络营销各个环节的效果，帮助找到薄弱环节。

随着信息技术的发展，从点击到访问过程中的流量流失越来越少，几乎为零，在之后的学习中，会将这两个环节合并进行分析。

传统的营销漏斗模型缺乏用户的反馈阶段，在社交电商时代，用户的行为模式发生了改变，为了适应新的媒体平台及用户行为路径的改变，漏斗模型经过多次的修改和扩展，产生了各种衍生版本。如 AISAS 模型（attention, interest, search, action, share），即注意—兴趣—搜索—行动—分享。用户从接收到产品的宣传营销信息，到引起兴趣，然后开始搜

索进行了解，再到在线购买，以及后续的评价分享产生裂变。AISAS 漏斗模型如图 4-10
所示。

图 4-10　AISAS 漏斗模型

知识点二：全媒体渠道介绍

全网的媒体推广渠道分为付费渠道、自媒体渠道和口碑渠道三类。付
费渠道分为线上广告、媒体广告、户外广告、社会化广告、App 广告、BD
联盟；自媒体渠道分为官方渠道，论坛渠道、社群渠道；口碑渠道分为名
人渠道、媒体渠道、粉丝渠道。

细分付费、自媒
体和口碑渠道

知识点三：推广手段介绍

《中国互联网发展报告 2021》指出，截至 2020 年年底，中国网民规模
为 9.89 亿人，互联网普及率达到 70.4%，特别是移动互联网用户总数超过 16 亿，因此网
络推广的主要战场也从 PC 端转向了移动端。与 PC 端时代搜索引擎几乎是唯一的流量入
口不同，如今移动端时代的流量入口被大量分割，从搜索引擎到社交媒体，需要尽可能地
在各大流量平台上进行展现。网络推广方式主要有 SEO、SEM 和信息流三种。

知识点四：曝光量的概念及作用

曝光量，也称展现量，是营销漏斗的第一层，是指一段时间营销信息
在用户面前的展现数量。只有先看到企业的营销信息，消费者才有可能点
击、了解、咨询，甚至购买企业的产品和服务。同时，曝光量的"量"不仅
体现在"数量"上，还应该体现在"质量"上。一味追求大曝光，而没有
将营销信息展现在真正有需求的用户面前，也会导致营销的后续环节效果
不理想，从而影响整个营销活动。因此，对于企业来说，曝光量关系到潜

详解 SEO、SEM
和信息流

在用户的覆盖情况，也关系到最终订单的形成，是营销环节中要优化的至关重要的第一步。

（二）操作准备

步骤一：渠道分析与选择

在选择渠道的时候，不仅要了解该渠道的一些基本特点，还要结合企业的目标人群特

4

点，选择目标人群集聚的平台进行营销信息的投放。例如，唐韵温泉，之前已对其公司产品有了一定的了解，还针对其目标客户进行了调研，了解了客户的年龄段、消费频次、消费的产品结构等基本信息。接下来，结合企业目标人群的特征，帮助企业选择合适的网络推广渠道。

【随堂作业】 从以上全网媒体推广渠道中，为企业选择合适的推广渠道，并说明原因。

步骤二：同行经验借鉴

在设计展现优化方案之前，还要了解唐韵的竞争对手都是通过哪些平台进行网络推广的。

【随堂作业】 寻找一家和唐韵温泉定位类似的酒店，分析其网络推广的渠道有哪些？

步骤三：熟悉平台规则

在进行推广之前，要对所要投放的渠道进行调研，了解该渠道中适合唐韵投放广告信息的平台或栏目，了解其准入门槛和投放内容的要求。

【随堂作业】 通过网络信息搜集，了解为唐韵网络推广所选择的渠道的平台规则，并完成表 4-1 信息的收集整理。

表 4-1　渠道平台规则

渠　　道	具体平台 / 栏目	准 入 门 槛	内 容 要 求

（三）任务要领

1. SEO 优化技巧与方法

SEO 优化的一个关键技能就是关键词优化，通过关键词优化，可以让营销信息被更多的人看到。挑选关键词有两个原则：一是该关键词的用户基数要大；二是该关键词要和企业所销售的产品和服务相关。根据现在搜索引擎的规则，排名会同时考虑文章关键词和用户搜索词的匹配度以及文章关键词与主题的相关度两个维度。这两个条件，就是选择关键词的基本准则。而确定关键词的热度（即搜索用户基数）可以参考百度指数。在百

五一长假的需求图谱、人群画像和趋势分析

度指数中搜索关键词时，可以出现关于该词的三个页面，即需求图谱、人物画像、趋势分析。

除百度指数外，微博也是一个发现热点关键词的好渠道。微博作为一个国民大平台，其话题性和新闻敏感度要远远高于其他平台。可以通过微博热搜时事了解当下最流行的话题和最具影响力的新闻，发掘关键词。微博热搜如图 4-11 所示。

图 4-11　微博热搜

　　在选好关键词之后，就要对关键词进行布局，使要推广的内容在搜索引擎的表现更好。首先在标题上要包含目标关键词，也可以添加一些行业热搜词，但是要考虑到是否和所要营销的产品或服务有关。在正文中，要特别注意文章前 50~100 个词中出现关键词，搜索引擎会给予比较高的权重，所以建议尽可能在第一段文字的第一句话就出现关键词。在文章的左侧也可以适当添加一些关键词。整篇文章的关键词出现频率一般为 1%~7%，切记不要随意堆砌关键词。写作时可以适当融入关键词的变化形式，包括同义词、近义词、同一个事物的不同称呼等。例如，西红柿和番茄是同一个事物的两种不同称呼，可以在页面中交叉出现，毕竟搜索这两个词的用户都可能有。

　　2. 账号矩阵设计原理及应用

　　账号矩阵是一种账号运营的玩法，是指一个运营主体开设或联动多个账号之间引流，诱导流量分类，转化精准流量，以账号组的形式实现营销效果最大化。通过运营不同类型的账号矩阵实现多点开花，利用子账号为母账号导流，增强和放大母账号的影响力。账号矩阵有利于增加品牌曝光，通过展现不同面实现粉丝积累，提升粉丝活跃度，实现粉丝沉淀，通过账号组共同推广，获得流量。同时，一个账号的内容还可以作为团队的资源，

详解账号矩阵
设计思路

实现价值最大化。账号矩阵的设计有以下 5 种思路：①放射式；②蓝 V+ 个人；③向心式；④纵深式；⑤漏斗式。

4

3. 百度竞价推广

百度竞价推广是百度搜索引擎推广的一个重要组成部分，用户可以在百度推广上开设账户，通过付费的方式，获得更好的搜索展现位置。例如，在百度中搜索关键词"鲜花"，搜索结果中，排在前面的带有广告标志的内容就是通过百度竞价展现的。百度竞价搜索结果如图 4-12 所示。

图 4-12　百度竞价搜索结果

用户可以通过百度推广页面进入百度竞价的账户页面，在进行竞价推广之前，首先要了解百度竞价推广的账户结构。一个专业版账户最多可包含 100 个推广计划，每个推广计划最多可包含 1000 个推广单元，每个推广单元最多可包含 50000 个关键词和 50 个创意。同一个单元的关键词和创意是多对多的关系。百度竞价推广账户结构如图 4-13 所示。

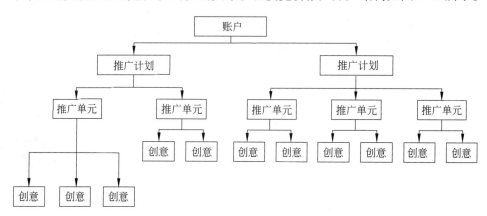

图 4-13　百度竞价推广账户结构

　　在推广计划层次里面，用户需要设置计划名称、预算、时间段、投放地区的定义详解及设置的操作流程等内容。

关于计划名称、预算、　　抖音信息流
时间段和投放地区　　　广告细分

4. 抖音信息流广告

　　抖音品牌广告产品有抖音开屏广告、信息流广告、贴纸广告、音乐库广告、达人广告。抖音信息流广告产品如图4-14所示。

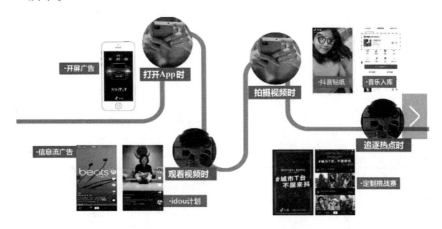

图4-14　抖音信息流广告产品

（四）任务流程

　　子任务一设计曝光量优化方案操作流程如图4-15所示。

图4-15　子任务一设计曝光量优化方案操作流程

二、任务操作

　　操作要求：每个步骤中都会给出几种不同的设计思路，根据操作提示逐步完成企业展现量优化的设计方案。

　　本任务操作的最终目标：完成唐韵温泉网络营销推广方案中的曝光量优化部分。

　　步骤一：优化推送的曝光方案

　　【方法1】账号定位

　　操作提示：选择以上渠道中的一个具体平台/栏目，注册账号，并运用所学知识，填写表 4-2。

表 4-2　账号定位信息

基本信息	昵称		性别		头像
	年龄		地域		
	职业		婚姻状况		
	擅长领域		爱好		
	性格		语言风格		
网络特征	形象				造型、服装、发型、配饰等方面
	场景				该账号人物经常出现的地方场景
	小动作				标志性的动作设计
	口头禅				标志性的用语设计
	说话语气				有特征的说话方式

【方法 2】设计账号矩阵

□ 蓝 V+ 个人：

结合唐韵项目设置 1 个企业账号和多个个人账号，见表 4-3。

表 4-3　蓝 V+ 个人账号矩阵

企业账号名称	账 号 定 位	投 放 内 容

个人账号名称	账 号 定 位	投 放 内 容

□ 向心式：

设置多个指向唐韵的个人账号，每个账号要有独特的人设，见表 4-4。

表 4-4　向心式账户矩阵

个人账号名称	账 号 人 设	投 放 内 容

□ 纵深式：

在旅游领域下，设置细分类目账号，见表 4-5。

表 4-5　纵深式账号矩阵

细 分 类 目	账 号 名 称	投 放 内 容

步骤二：优化搜索曝光方案

【获取关键词】

通过百度指数获取唐韵温泉目标人群的搜索关键词，见表 4-6。

表 4-6　热搜词

热搜词 1		相关热搜词 1	
		相关热搜词 2	
		相关热搜词 3	
		相关热搜词 4	
		相关热搜词 5	
热搜词 2		相关热搜词 1	
		相关热搜词 2	
		相关热搜词 3	
		相关热搜词 4	
		相关热搜词 5	
热搜词 3		相关热搜词 1	
		相关热搜词 2	
		相关热搜词 3	
		相关热搜词 4	
		相关热搜词 5	

【关键词布局】

为之前创作的一篇图文内容进行 SEO 关键词布局优化。

步骤三：优化付费推广曝光方案

【方法 1】SEM 推广

操作提示：为唐韵企业选择合适的平台进行 SEM 推广。

□ 新建推广计划：

计划名称_____

4

预算_____

投放时间：结合平台数据，把图中需要投放的时间段圈起来。

星期一	0 1 2 3 4 5	6 7 8 9 10 11	12 13 14 15 16 17	18 19 20 21 22 23
星期二	0 1 2 3 4 5	6 7 8 9 10 11	12 13 14 15 16 17	18 19 20 21 22 23
星期三	0 1 2 3 4 5	6 7 8 9 10 11	12 13 14 15 16 17	18 19 20 21 22 23
星期四	0 1 2 3 4 5	6 7 8 9 10 11	12 13 14 15 16 17	18 19 20 21 22 23
星期五	0 1 2 3 4 5	6 7 8 9 10 11	12 13 14 15 16 17	18 19 20 21 22 23
星期六	0 1 2 3 4 5	6 7 8 9 10 11	12 13 14 15 16 17	18 19 20 21 22 23
星期日	0 1 2 3 4 5	6 7 8 9 10 11	12 13 14 15 16 17	18 19 20 21 22 23

投放地域：在需要投放广告的地域上打勾。

□ 华北地区	□北京	□天津	□河北	□山西	□内蒙古
□ 东北地区	□辽宁	□吉林	□黑龙江		
□ 华东地区	□上海	□福建	□山东	□安徽	□浙江
	□江苏				
□ 华中地区	□河南	□湖北	□湖南	□江西	
□ 华南地区	□广东	□广西	□海南		
□ 西南地区	□四川	□重庆	□贵州	□云南	□西藏
□ 西北地区	□陕西	□甘肃	□青海	□宁夏	□新疆
□ 其他地区	□台湾	□香港	□澳门		

【新建推广单元】

操作提示：为唐韵此次推广计划新建 N 个推广单元，并进行命名。可以按照"词义相近、结构相同"原则，将关键词归类为不同推广单元。根据词义相近原则，可以搭建产品词、通俗词、地域词、品牌词、人群相关词等类型推广单元；根据结构相同原则，可以搭建名词、短语、疑问句、陈述句等类型推广单元。例如，"某教育机构"根据词义相近原则可搭建"某品牌""好教育""金华教育机构""书法培训""儿童教育机构"等推广单元。根据结构相同原则，可以搭建"教育机构""培训""金华什么教育机构比较好""金华有名的教育机构"等推广单元，见表4-7。

表 4-7　新建推广单元

关键词类型	推广单元 1	推广单元 2	推广单元 3
产品词			
通俗词			
地域词			

续表

关键词类型	推广单元 1	推广单元 2	推广单元 3
品牌词			
人群相关词			
名词			
短语			
疑问句			
陈述句			

【新建创意】

填写图 4-16 所示新建创意页面相应内容。

图 4-16　新建创意页面

创意标题＿＿＿＿＿＿＿＿＿＿＿＿＿＿＿＿＿＿＿＿＿＿＿＿＿＿＿＿＿＿＿

创意描述 1 ＿＿＿＿＿＿＿＿＿＿＿＿＿＿＿＿＿＿＿＿＿＿＿＿＿＿＿＿＿

创意描述 2 ＿＿＿＿＿＿＿＿＿＿＿＿＿＿＿＿＿＿＿＿＿＿＿＿＿＿＿＿＿

移动访问网址＿＿＿＿＿＿＿＿＿＿＿＿＿＿＿＿＿＿＿＿＿＿＿＿＿＿＿＿

计算机访问网址＿＿＿＿＿＿＿＿＿＿＿＿＿＿＿＿＿＿＿＿＿＿＿＿＿＿＿

创意图片：

4

【方法 2】信息流广告推广

操作提示：结合唐韵项目，选择合适的平台投放信息流广告，并进行预算和曝光量的预估，见表 4-8。

表4-8 信息流广告

广 告 形 式	计 费 方 式	预 算	预计曝光量

三、任务评价

子任务一设计曝光量优化方案评价如表 4-9 所示。

表4-9 子任务一设计曝光量优化方案评价

序号	项　目	分值	评 分 点	自　评	教 师 评	类型 1. 能力 2. 素养
1	平台选择	10	合理			1
2	账号注册	10	步骤正确			1+2
3	账号定位	10	特征鲜明			1
4	账号矩阵设计	10	合理、新颖			1+2
5	关键词获取	5	合理、准确			1+2
6	关键词布局	10	合理、清晰			1+2
7	推广计划设置	10	合理、准确			1
8	推广单元设置	5	合理、全面			1
9	推广创意设置	20	新颖、要点完整			1
10	信息流广告推广	10				1+2
得分合计						

■ 子任务二　设计访问量优化方案

一、任务准备

（一）知识准备

知识点一：点击量、访问量的概念

营销漏斗的第二层和第三层是点击量和访问量。点击量是指某一段时间内某个广告内容被点击的次数。访问量是指页面浏览量，用户每次访问网站中的每个网页时均被记录为 1 次，对同一页面进行多次访问，访问量可累计。

当内容信息在用户面前展现时，其实才完成了营销的第一步，在一堆内容信息中间，要想办法让用户点击进来，才可能促成交易。吸引用户点击的方法，就是进行访问量优化方案设计的目的。当用户做点击这个动作的时候，页面会跳转到企业相关的落地页。随着现代信息技术的发展，从点击到访问因链接跳转不顺而产生的流量流失越来越少，因此在子任务二中，将这两部分的优化方案合并设计，记为访问量优化方案设计。

知识点二：影响访问的因素

要想在海量的信息中，获得消费者的点击和访问，就需要让自己显得与众不同，吸引消费者的注意。消费者往往是通过文章的标题、内容的封面来决定是否点进去。例如，图 4-17 所示为微信订阅号消息展现页面，用户通过标题和封面图来决定点击哪一篇文章，图 4-18 所示为抖音关键词"义乌游玩攻略"搜索下的视频展现页面，整个页面比较显眼的是视频的封面及下面的一句标题，它们对用户的点击访问行为有着很大的影响。

图 4-17　订阅号消息页面

图 4-18　抖音视频搜索页面

（二）操作准备

步骤一：整理素材

子任务一已经完成了唐韵企业相关的内容创作，接下来需要从中选出进行访问优化的内容。

【随堂作业】 选择需要优化的图文内容和短视频内容各一则。

步骤二：同行借鉴

在进行访问优化方案设计之前，了解唐韵的优秀同行们是如何做的。

【随堂作业】 在网络推广平台寻找同行优秀的标题和封面图。

（三）任务要领

1. 标题设计的规范与技巧

对图文内容来说，第一印象就是标题，撰写出一个具有吸引力的标题是很有必要的。要写出高质量、高点击率的标题，可以从多个角度进行思考。

多角度标题及
注意事项

2. 封面设计的规范与技巧

有些内容推广平台除标题之外，更为醒目的就是封面图。一个好的封面会带来更多的点击，对提升访问量有着很大的帮助。

3. 封面制作软件介绍

一张好的封面图可以让广告内容获得更多的访问。如果你不懂设计和排版，想要做出吸引人的封面图，可以借助一些专业的封面图制作工具，例如懒设计（https://www.fotor.com.cn/）、创客贴（https://www.chuangkit.com）、稿定设计（https://www.gaoding.com/）、图怪兽（https://818ps.com/）等。通过这些平台，可以在线生成各类内容形式的封面图，操作简单方便。

视频封面示例

封面图设计流程

（四）任务流程

子任务二设计访问量优化方案操作流程如图 4-19 所示。

图 4-19　子任务二设计访问量优化方案操作流程

二、任务操作

操作要求：每个步骤中都会给出几种不同的设计思路，根据操作提示逐步完成企业访问量优化的设计方案。

本任务操作的最终目标：完成唐韵温泉网络营销推广方案中的访问量优化。

步骤一：优化内容标题

操作提示：给之前为唐韵创作的内容设计标题。从问题引导式、事件陈述式、联想调动式、数据呈现式、利弊告知式、名人典故式 6 种标题设计的形式中选择一种最适合的形式进行标题的设计，使其更能吸引潜在客户的注意力，提高内容的点击率和访问量。

【优化图文内容标题】

选择的标题形式＿＿＿＿＿＿＿＿＿＿＿＿＿＿＿＿＿＿＿＿＿＿＿＿

优化后的标题＿＿＿＿＿＿＿＿＿＿＿＿＿＿＿＿＿＿＿＿＿＿＿＿＿＿

【优化短视频内容标题】

选择的标题形式＿＿＿＿＿＿＿＿＿＿＿＿＿＿＿＿＿＿＿＿＿＿＿＿

优化后的标题＿＿＿＿＿＿＿＿＿＿＿＿＿＿＿＿＿＿＿＿＿＿＿＿＿＿

步骤二：优化内容封面

【优化图文内容封面】

（1）选择的封面图

（2）用封面制作软件制作的封面图

【优化短视频内容封面】

（1）截取短视频封面图

（2）用封面制作软件制作的短视频封面图

4

步骤三：测试调整

操作提示：将两篇优化好的内容在对应渠道中进行投放，观察记录 7 天内的访问相关数据，分析其数据表现，提出相对应的改进建议，见表 4-10、表 4-11。

【图文内容数据检测】

表 4-10　图文内容数据检测

项　目	第一天	第二天	第三天	第四天	第五天	第六天	第七天
展现量							
点击量							
点击率							
访问量							

□ 分析该图文内容数据表现情况：

_____

_____

□ 改进建议：

_____

_____

【短视频内容数据检测】

表 4-11　短视频内容数据检测

项　目	第一天	第二天	第三天	第四天	第五天	第六天	第七天
展现量							
点击量							
点击率							
访问量							

□ 分析该图文内容数据表现情况：

_____

_____

□ 改进建议：

_____

_____

三、任务评价

子任务二设计访问量优化方案评价如表 4-12 所示。

表 4-12　子任务二设计访问量优化方案评价

序号	项　　目	分值	评 分 点	自　　评	教 师 评	类型 1. 能力 2. 素养
1	图文标题设计	10	合理、新颖			1
2	短视频标题设计	10	合理、新颖			1
3	图文封面图选取	5	合理			1
4	短视频封面图选取	5	合理			1
5	图文封面设计	15	合理、新颖、美观			1+2
6	短视频封面设计	15	合理、新颖、美观			1+2
7	图文投放效果	10	准确			1+2
8	短视频投放效果	10	准确			1+2
9	图文改进建议	10	合理、准确			1+2
10	短视频改进建议	10	合理、准确			1+2
得分合计						

■ 子任务三　设计咨询量提升方案

一、任务准备

（一）知识准备

知识点一：咨询量的概念

咨询量，即网民在企业网站内，向企业发起咨询的次数，此处的咨询包括线上咨询（在线客服、QQ 等）和线下咨询（电话、实地走访等）。除线上商城及 App 推广企业外，绝大多数企业在拥有订单之前一般会进行咨询，尤其是社交时代的电商，咨询交流就显得尤为重要。咨询是营销漏斗转化模型中非常关键的第四步，这时要与潜在意向的客户进行有效的互动沟通，做到转化的引导。

知识点二：影响咨询量的因素

影响咨询量的因素主要在于着陆页的设计、沟通渠道设置和互动引导 3 个方面。

（1）着陆页也称落地页、引导页，是指用户看到广告后，点击的跳转出现的第一个页面。作为客户详细了解企业产品或服务的界面，着陆页的设计是否合理直接关系到客户是否会对产品有购买意向。

（2）设置合理的沟通渠道，可以方便客户及时与企业进行联系，减少客户的流失。

（3）互动引导是指通过互动的设置，引导客户与企业进行沟通咨询，从而使两者建立联系、产生交互。这对增加用户的参与感、了解用户、增加用户黏性、增加粉丝量及增加销售起关键作用。

4

（二）操作准备

步骤一：同行借鉴

在进行咨询量提升方案设计之前，了解唐韵的优秀同行们是如何做的。

【随堂作业】 分析唐韵优秀同行网站、微信公众号、官方微博页面构成、沟通渠道和互动引导 3 个方面的设计方法。

步骤二：客户满意度调研

对唐韵企业的客户进行调研，了解其对网络平台和服务的满意程度，了解目前网络平台和在线客服的不足。

【随堂作业】 设计唐韵企业网络满意度调研问卷。

（三）任务要领

1. 着陆页的构成及设计思路

着陆页主要由头图、产品卖点（用户需求）、召唤按钮（增强动机）、品牌信任（解决担忧）、场景痛点（增强动机，非必需）构成。

详解着陆页
构成要素

着陆页的设计需要具备 3 个方向，即满足用户需求、增强动机、解决担忧，而每个方向下需要具备不同的关键因素。在设计流程上可以先将着陆页的元素拆解成最小颗粒，然后按照头图、产品卖点、召唤按钮、品牌信任、场景痛点等归类组合，搭配不同的表现形式，从而找到最佳转化方案。着陆页设计思路如图 4-20 所示。

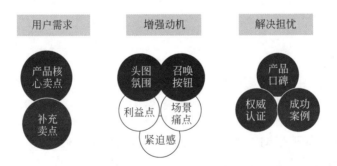

图 4-20　着陆页设计思路

2. 沟通渠道的分类及设计思路

沟通渠道分为实时沟通和延时沟通两类。在进行沟通渠道设置时，要优先选择实时沟通方式的设置，通过及时的反馈，与潜在客户进行沟通交流，从而减少客户流失。如果需要设置延时沟通，尽可能引导客户留下个人信息，以方便对应的客服在知道客户的信息之后主动出击。

实时沟通与延时
沟通的区别

咨询引导与
咨询有礼

3. 互动引导的设计思路

互动引导主要分为咨询引导与咨询有礼。

（四）任务流程

子任务三设计咨询量提升方案操作流程如图 4-21 所示。

图 4-21　子任务三设计咨询量提升方案操作流程

二、任务操作

操作要求：每个步骤中都给出几种不同的设计思路，根据操作提示逐步完成企业咨询量提升的设计方案。

本任务操作的最终目标：完成唐韵温泉网络营销推广方案中的咨询量优化部分。

步骤一：设置着陆页

操作提示：结合任务准备中唐韵企业线上产品和服务满意度的调研情况，从用户需求、增强动机和解决担忧 3 个角度设置着陆页的相关内容模块，见表 4-13~ 表 4-15。

【用户需求设计】

结合消费者需求，提炼唐韵产品卖点。

表 4-13　产品卖点

产品核心卖点	
补充卖点 1	
补充卖点 2	
补充卖点 3	

【增强动机设计】

结合强化动机要求，设计着陆页头图内容。

表 4-14　着陆页头图内容

增强项目	图 片 要 求	文　　案
召唤按钮		
利益点		
场景痛点		
紧迫感		

【解决担忧设计】

结合解决担忧要求，设计着陆页相关内容。

4

表 4-15 着陆页相关内容

解决担忧项目	图 片 要 求	文 案
产品口碑		
权威认证		
成功案例		

步骤二：设置沟通渠道

操作提示：结合唐韵企业背景，设置实时沟通和延时沟通两种模式下的客服话术。

【方法 1】

实时沟通，设置实时沟通模式下的接待话术。

【方法 2】

延时沟通，设置延时沟通模式下的引导延时咨询的话术。

【方法 3】

延时沟通，设置延时沟通模式下的引导客服留下联系方式的话术。

步骤三：设置引导互动

【方法 1】

引导咨询设计，运用文案、图标和弹窗设置引导咨询标识。

【方法 2】

咨询有礼活动设计。

三、任务评价

子任务三设计咨询量提升方案评价如表 4-16 所示。

表 4-16　子任务三设计咨询量提升方案评价

序号	项　　目	分值	评 分 点	自　　评	教 师 评	类型 1. 能力 2. 素养
1	核心卖点提炼	10	合理、新颖			1
2	补充卖点提炼	5	合理、新颖			1
3	召唤按钮设计	5	合理			1
4	利益点设计	5	合理			1
5	场景痛点设计	5	合理、新颖、美观			1
6	紧迫感设计	5	合理、新颖、美观			1
7	产品口碑设计	5	准确			1
8	权威认证设计	5	准确			1
9	成功案例设计	5	合理、准确			1
10	接待话术	10	合理、准确			1+2
11	引导延时咨询话术	10	合理、准确			1+2
12	引导留下信息话术	10	合理、准确			1+2
13	引导咨询设计	10	合理、准确			1+2
14	咨询有礼设计	10	合理、准确			1+2
得分合计						

■ 子任务四　设计下单率、复购率提升方案

一、任务准备

（一）知识准备

知识点一：下单、复购的概念

下单是通过各种方式促使用户进入店铺，并找到适合自己的商品，从而购买。下单是店铺运营最基本的要求。店铺销售商品的目的是获取合理利润。店铺绝大部分的运营

4

动作及营销活动都是为最终的下单服务，因此它也是营销漏斗模型的最终环节。社交电商与传统电商最大的不同之处是分享和传播的便捷性。由人找货的成交场景逐渐演变为货找人的交易。

复购是指用户因对上一次购买的产品或服务满意再次进入店铺购买的行为。在获客成本始终保持走高的态势下，营销成本小的老客户是企业需要重点维系的人群，因此，提高复购率也是企业营销的关键。

知识点二：下单率、复购率计算方法

传统电商的成交公式如下。

$$交易额 = 访客数 × 转化率（下单率）× 客单价$$

复购后的成交公式如下。

$$交易额 = 访客数 × 转化率（下单率）× 客单价 × 复购次数$$

淘宝、天猫等平台型电商很难实现用户留存，用户习惯通过比价进行购买，店铺复购率较低。而对社交电商而言，通过公众号频繁发送推文、商家微信小号高频互动、朋友圈转发裂变等营销手段，都极大地提高了复购的可能性，使单客经济越来越成为可能。

知识点三：RFM 模型介绍

RFM 模型是衡量用户价值和用户创造利润能力的重要工具。该模型通过用户最近一次消费间隔时间（recency）、消费频率（frequency）、消费金额（monetary）来预估该用户的价值。

recency 表示用户最近一次消费的间隔时间。R 值越大，表示距离用户最近一次购买行为的时间越长；反之，表示距离用户最近一次购买行为的时间越短。

frequency 表示用户在最近一段时间内的消费频率。F 值越大，表示用户越活跃；反之，表示用户活跃度不够。

monetary 表示用户最近一段时间内交易的金额。M 值越大，表示用户越有价值；反之，表示用户价值越低。

RFM 模型如图 4-22 所示。

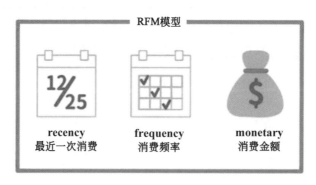

图 4-22　RFM 模型

利用 RFM 模型,可以对用户进行精准细分,从而找到重点用户并跟进。提取商家最近一年的用户数据,核算 RFM 平均值,大于平均值则默认为高,反之为低,最后根据 RFM 的权重配比把用户分成 7 个类型:新用户、重要价值用户、重要深耕用户、潜力用户、重要挽留用户、一般保持用户、流失用户。商家可根据用户类型制定不同的复购营销策略。

详解八种
用户类型

RFM 权重配比如表 4-17 所示。

表 4-17　RFM 权重配比

R	F	M	用户类型
高	低	低	新用户
高	高	高	重要价值用户
高	低	高	重要深耕用户
高	高	低	潜力用户
低	低	高	重要挽留用户
低	高	低	一般保持用户
低	低	低	流失用户

（二）操作准备

步骤一:下单率、复购率计算

在进行下单率、复购率的提升之前,要了解企业目前下单复购的数据,并结合数据做出相对应的策略。

【随堂作业】 计算唐韵各个线上平台的下单率、复购率。

步骤二:用户分类

【随堂作业】 选择唐韵的一个线上平台,根据 RFM 模型,将该平台的用户分为新用户、重要价值用户、重要深耕用户、潜力用户、重要挽留用户、一般保持用户、流失用户 7 种类型。

（三）任务要领

1. 评价优化

消费者在进行购买决策时,会参考已经消费过的人的评价反馈。好的评价可以吸引用户快速下单,而不好的评价会造成客户的流失。所以商家要引导高质量评价,看到差评积极解释。

具体做法

2. 社交电商常用促销活动

支付有礼、团购、秒杀、优惠券、拼团等都是常用的促销活动。

3. 提高复购的活动

打包销售、会员储值及定向发券都是可以有效提高复购的方法。

常用促销
活动细分

三类活动的定义
和具体措施

4

（四）任务流程

子任务四设计下单率、复购率提升方案操作流程如图 4-23 所示。

图 4-23　子任务四设计下单率、复购率提升方案操作流程

二、任务操作

操作要求：每个步骤中都会给出几种不同的设计思路，根据操作提示逐步完成企业下单率、复购率提升的设计方案。

本任务操作的最终目标：完成唐韵温泉网络营销推广方案中的下单率、复购率优化部分。

步骤一：优化评价

【方法 1】

引导高质量评价：设计引导高质量评价的活动，并写一段引导话术。

活动＿＿＿＿＿＿＿＿＿＿＿＿＿＿＿＿＿＿＿＿＿＿＿＿＿＿＿＿＿＿＿＿

＿＿＿＿＿＿＿＿＿＿＿＿＿＿＿＿＿＿＿＿＿＿＿＿＿＿＿＿＿＿＿＿＿＿＿

＿＿＿＿＿＿＿＿＿＿＿＿＿＿＿＿＿＿＿＿＿＿＿＿＿＿＿＿＿＿＿＿＿＿＿

话术＿＿＿＿＿＿＿＿＿＿＿＿＿＿＿＿＿＿＿＿＿＿＿＿＿＿＿＿＿＿＿＿

＿＿＿＿＿＿＿＿＿＿＿＿＿＿＿＿＿＿＿＿＿＿＿＿＿＿＿＿＿＿＿＿＿＿＿

＿＿＿＿＿＿＿＿＿＿＿＿＿＿＿＿＿＿＿＿＿＿＿＿＿＿＿＿＿＿＿＿＿＿＿

【方法 2】

差评解释：为差评进行解释，通过解释展现企业的态度和形象，同时打消潜在顾客的顾虑。

评价解释＿＿＿＿＿＿＿＿＿＿＿＿＿＿＿＿＿＿＿＿＿＿＿＿＿＿＿＿＿＿

＿＿＿＿＿＿＿＿＿＿＿＿＿＿＿＿＿＿＿＿＿＿＿＿＿＿＿＿＿＿＿＿＿＿＿

＿＿＿＿＿＿＿＿＿＿＿＿＿＿＿＿＿＿＿＿＿＿＿＿＿＿＿＿＿＿＿＿＿＿＿

步骤二：设计促销活动

操作提示：结合社交电商特点，为提高唐韵企业的下单率，设置促销活动，见表 4-18、表 4-19。

【方法 1】

支付有礼：结合工作领域二唐韵产品规划，针对不同产品，设置支付有礼活动。

表 4-18　支付有礼

序号	企业产品	价　格	支付有礼活动
1			
2			
3			
4			

表 4-19　拼团

序号	企业产品	价　格	拼团价格	拼团人数	拼团条件
1					
2					
3					
4					

【方法 2】

团购：设置唐韵温泉门票的团购活动。

产品原价＿＿＿＿＿＿＿＿＿　团购价＿＿＿＿＿＿＿＿＿　团购人数＿＿＿＿＿＿＿＿＿

活动文案＿＿＿＿＿＿＿＿＿＿＿＿＿＿＿＿＿＿＿＿＿＿＿＿＿＿＿＿＿＿＿＿＿＿＿＿＿

＿＿＿

【方法 3】

秒杀：设置唐韵大唐街市门票的团购活动。

产品原价＿＿＿＿＿＿＿＿＿　秒杀价＿＿＿＿＿＿＿＿＿　秒杀数量＿＿＿＿＿＿＿＿＿

活动文案＿＿＿＿＿＿＿＿＿＿＿＿＿＿＿＿＿＿＿＿＿＿＿＿＿＿＿＿＿＿＿＿＿＿＿＿＿

＿＿＿

【方法 4】

优惠券：针对唐韵企业设置三档产品优惠券。

优惠券金额＿＿＿＿＿＿＿　使用门槛＿＿＿＿＿＿＿

优惠券金额＿＿＿＿＿＿＿　使用门槛＿＿＿＿＿＿＿

优惠券金额＿＿＿＿＿＿＿　使用门槛＿＿＿＿＿＿＿

【方法 5】

拼团：结合工作领域二唐韵产品规划，针对不同产品，设置拼团活动。

步骤三：设计复购活动

操作提示：结合社交电商特点，为提高唐韵企业的复购率，设置引导复购活动。

【方法 1】

打包销售：为唐韵企业设置包年套餐。

套餐内容＿＿＿＿＿＿＿＿＿＿＿＿＿＿＿＿＿＿＿＿＿＿＿＿＿＿＿＿＿＿＿＿＿＿＿＿＿

4

套餐金额＿＿＿＿＿＿＿＿＿＿＿＿＿＿＿＿＿＿＿＿＿＿＿＿＿＿＿＿＿＿＿＿

活动文案＿＿＿＿＿＿＿＿＿＿＿＿＿＿＿＿＿＿＿＿＿＿＿＿＿＿＿＿＿＿＿＿

＿＿＿＿＿＿＿＿＿＿＿＿＿＿＿＿＿＿＿＿＿＿＿＿＿＿＿＿＿＿＿＿＿＿＿＿＿

＿＿＿＿＿＿＿＿＿＿＿＿＿＿＿＿＿＿＿＿＿＿＿＿＿＿＿＿＿＿＿＿＿＿＿＿＿

【方法 2】

会员储值：为唐韵企业设置会员储值活动。

1.＿＿＿＿＿＿＿会员，储值金额＿＿＿＿＿＿＿元，享受权益＿＿＿＿＿＿＿＿

2.＿＿＿＿＿＿＿会员，储值金额＿＿＿＿＿＿＿元，享受权益＿＿＿＿＿＿＿＿

3.＿＿＿＿＿＿＿会员，储值金额＿＿＿＿＿＿＿元，享受权益＿＿＿＿＿＿＿＿

4.＿＿＿＿＿＿＿会员，储值金额＿＿＿＿＿＿＿元，享受权益＿＿＿＿＿＿＿＿

5.＿＿＿＿＿＿＿会员，储值金额＿＿＿＿＿＿＿元，享受权益＿＿＿＿＿＿＿＿

【方法 3】

定向发券：结合不同用户类型，设计定向发券活动，见表 4-20。

表 4-20　定向发券

用户类型	营销重点	定向活动
新用户		
重要价值用户		
重要深耕用户		
潜力用户		
重要挽留用户		
一般保持用户		
流失用户		

三、任务评价

子任务四设计下单率、复购率提升方案评价如表 4-21 所示。

表 4-21　子任务四设计下单率、复购率提升方案评价

序号	项　目	分值	评　分　点	自　评	教　师　评	类型 1.能力 2.素养
1	引导高质量评价	10	合理、新颖			1+2
2	差评解释	10	合理、展示形象、打消顾虑			1+2
3	支付有礼	10	合理、新颖			1
4	团购	10	合理、新颖			1
5	秒杀	10	合理、新颖			1
6	优惠券	10	合理、新颖			1
7	拼团	10	合理、新颖			1
8	打包销售	10	准确、新颖、合理			1+2

续表

序号	项　　目	分值	评　分　点	自　　评	教　师　评	类型 1.能力 2.素养
9	会员储值	10	合理、准确			1+2
10	定向发券	10	合理、准确			1+2
	得分合计					

任务二　分类分层管理粉丝

任务情境

武义唐韵温泉度假村酒店自 1998 年开业以来，接待了来自五湖四海的游客，每年接待游客量超过 20 万人次，用户群体庞大。

1.唐韵在粉丝管理方面的现状

（1）客房预订系统。在唐韵的总台订房系统中，有着超百万的客户信息，图 4-24 所示为武义唐韵温泉订房系统的部分截图。这些来自各个渠道入住唐韵的游客，通过在唐韵的旅行，都留下了自己的痕迹。但是，唐韵并没有安排专门的人员，对这庞大的客户信息

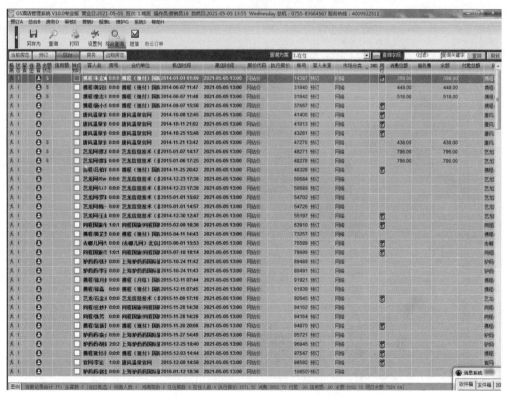

图 4-24　唐韵温泉订房信息部分截图

4

进行整理和管理。

（2）微信公众号。除此之外，唐韵通过各个新媒体渠道建立了自己的官方账号，也吸引了很多的用户关注。以其建设、维护相对完善的微信公众号为例，唐韵根据业务内容，分别建有浙江唐韵温泉度假村酒店有限公司和唐韵乐养两个公众号。其中，针对游客用户的浙江唐韵温泉度假村酒店有限公司账号，共有关注粉丝 8198 人。浙江唐韵温泉度假村有限公司微信公众号后台如图 4-25 所示。

图 4-25　浙江唐韵温泉度假村有限公司微信公众号后台

然而，这些粉丝只简单地被分为星标用户、餐饮房务、金华人、唐韵温泉员工、网络客户、温泉组、销售人事 7 个组，不能很好地涵盖所有粉丝人群。浙江唐韵温泉度假村有限公司微信公众号用户管理界面如图 4-26 所示。

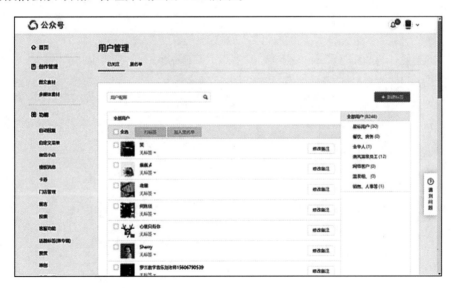

图 4-26　浙江唐韵温泉度假村有限公司微信公众号用户管理界面

针对康养用户，唐韵企业开设唐韵乐养微信公众号，目前，该公众号有 3963 个粉丝。唐韵乐养微信公众号后台如图 4-27 所示。

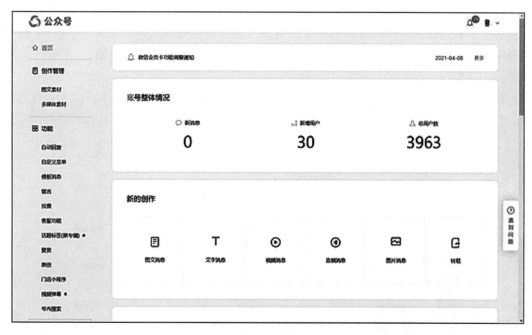

图 4-27　唐韵乐养微信公众号后台

在这 3000 多粉丝中，建有星标用户、彩虹密码、泡温泉唐员工、同程、预订酒店 5 个分组。同样不能涵盖所有用户人群，且大部分的关注用户还没有进行分组。唐韵乐养微信公众号用户管理界面如图 4-28 所示。

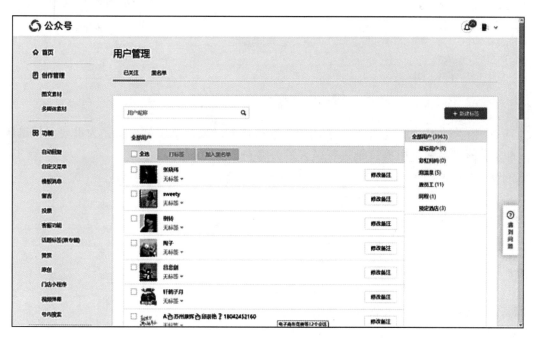

图 4-28　唐韵乐养微信公众号用户管理界面

此外，唐韵温泉已根据性别、年龄、地域等将公众号用户进行细分。

公众号用户细分

2. 唐韵在粉丝管理上存在的问题

（1）粉丝信息杂乱。通过唐韵总台订房系统的信息可以发现，企业的用户信息很多且很乱，预订客人有以个人名义入住的，也有以团体名义入住的。客户来源也很广泛，有各个线上旅游平台的，也有线下旅行社或散客等。

在微信公众号上也是一样，粉丝数量虽然没有住店客户信息那么庞大，但信息也是比较杂乱，没有在一开始就对粉丝打上标签，导致现在仅通过头像和微信名分不清楚粉丝的类型（图 4-29），无法精准地管理粉丝。

图 4-29　微信公众号粉丝信息

（2）粉丝数据缺乏整理。由于用户人数非常多，数据整理就显得尤为重要。但是唐韵的客房预订系统是根据订单进行录入的，客户信息也只是作为订单录入使用，没有对客户进行标签的整理。

微信公众号的后台自带数据分析功能，但是其数据分析的范围有限（图 4-30），只是对性别、年龄、地域进行简单的分析。如要对粉丝进行打标分类，这些数据是远远不够的。

（3）粉丝信息没有充分利用。由于缺乏对粉丝数据分析，以及对粉丝的分类管理，导致企业有这么多客户资源却没有很好地发挥作用。很多客户住店消费离店后，也没有专门人员进行跟踪管理。企业也曾做过电话回访、

图 4-30　微信公众号后台数据统计

微信拉新等尝试，但是效果都不是很好，且在拉新的过程中，不少客人表示反感，给企业带来了不良的影响。

微信公众号作为社交电商的一个重要领地，可以针对不同的用户推送不同的内容，从而实现更佳的营销效果。但是，企业的微信公众号粉丝分组没有完成，因为对粉丝没有做精准化的管理，导致用户取关率非常高、转化率非常低。如图 4-31 所示，唐韵乐养微信公众号的关注人数一直呈负增长趋势。

时间 ⇕	新关注人数 ⇕	取消关注人数 ⇕	净增关注人数 ⇕	累积关注人数 ⇕
2021-05-06	0	2	-2	3963
2021-05-05	0	0	0	3965
2021-05-04	0	0	0	3965
2021-05-03	0	1	-1	3965
2021-05-02	0	0	0	3966
2021-05-01	0	0	0	3966
2021-04-30	0	1	-1	3966
2021-04-29	0	1	-1	3967
2021-04-28	0	1	-1	3968
2021-04-27	0	1	-1	3969
2021-04-26	0	1	-1	3970
2021-04-25	0	0	0	3971
2021-04-24	0	2	-2	3971
2021-04-23	0	0	0	3973

（2021-04-23 至 2021-05-06，下载表格）

图 4-31　唐韵乐养微信公众号用户增长

3. 破局之法

（1）设计标签字段。结合企业的粉丝画像，明确粉丝分层分类的维度，并设计标签字段。

（2）粉丝分组并建群。根据用户标签类型，分别建立主题群组，进行社群日常管理。

■ 子任务一　设计标签字段

一、任务准备

（一）知识准备

知识点一：粉丝与粉丝经济

粉丝（fans）是一个网络词语，俗称追星族，即崇拜某明星、艺人或事物的一种群体，他们多数是年轻人，有着时尚流行的心态。随着社会发展，粉丝一词的定义也在不断拓展泛化，无论是对于具体的明星个人，还是对于某些品牌，抑或是思维观点，都可能拥有让人意想不到的忠实拥护者。

粉丝经济泛指架构在粉丝和被关注者关系之上的经营性创收行为，是一种通过提升用户黏性并以口碑营销形式获取经济利益与社会效益的商业运作模式。以前，被关注者多为明星、偶像和行业名人等。例如，在音乐产业中的粉丝购买歌星专辑、演唱会门票，以及明星所喜欢或代言的商品等。现在，互联网突破了时间、空间上的束缚，粉丝经济被宽泛地应用于文化娱乐、销售商品、提供服务等多个领域。商家借助一定的平台，通过某个兴趣点聚集朋友圈、粉丝圈，给粉丝用户提供多样化、个性化的商品和服务，最终转化成消费，实现盈利。

知识点二：粉丝经济的价值

粉丝经济分为直接经济价值和间接经济价值，粉丝的直接经济价值主要表现为粉丝的购买力，粉丝群体的行为不仅以单纯购买力产生影响，还对偏好商品的构建有着举足轻重的作用，从而产生间接经济价值。

直接经济与间接经济的区别

知识点三：粉丝标签

客户身上都会有各种属性，例如，这个客户喜欢什么颜色，他的消费习惯、他的来源渠道等。粉丝标签就是指给客户打标签，把客户身上的这些属性标注出来。

粉丝标签的作用在于按照不同的标签给客户进行分组，管理起来更有针对性和目的性。例如，把消费能力比较高的客户打上高消费的标签，下次就可以针对这些客户推送具有针对性的消息。

（二）操作准备

步骤一：了解消费者构成

【随堂作业】 通过携程、美团、飞猪 3 个线上平台，整理唐韵的线上消费用户评价，筛选出 10 个有二次消费可能性的用户，并进行记录，见表 4-22。

表 4-22 通过线上平台了解消费者构成

用户 ID	线上平台	客户信息记录

步骤二：了解粉丝构成

【随堂作业】　通过穷游、小红书、微博等新媒体平台上的唐韵用户评价，筛选出 10 个有进店转化可能性的用户，并进行记录，见表 4-23。

表 4-23　通过线上平台了解粉丝构成

用户 ID	线上平台	客户信息记录

（三）任务要领

1. 用户核心行为

之前学习了营销的漏斗模型，在营销过程中，消费者的行为可以分为展现、点击、访问、咨询和转化 5 个动作。然后，可以通过这 5 个环节的表现，来进行各个行为的优化。同样的，在进行粉丝分类时，这个逻辑也适用于社群的标签体系，根据用户在转化漏斗上的核心动作，来设计用户标签的逻辑。

例如，图 4-32 是一个名为曹宅爱婴岛"宝贝成长"群的母婴社群。这个社群是由曹宅爱婴岛母婴店店长西子创办，店铺客户可以在群里进行交流分享。分析这个群的客户的核心行为有哪些？根据一段时间的潜水观察，发现大家经常聊母婴类、生活类话题，还会有某些产品推荐分享，西子也经常在群里发布母婴产品的促销活动。

可将用户的核心行为分成以下几种：第一种，仅浏览信息行为用户，也就是潜水用户；第二种，参与讨论的行为用户，当有感兴趣的话题时，他们会参与群内的讨论；第三种，下单行为用户，他们看到群里推出的产品，会产生下单欲望，并直接下单购买。这三种行为就构成了一个漏斗模型（图 4-33）。

2. 定义标签

当清晰地了解用户的核心动作后，就可以围绕用户的核心动作来设计与定义标签。每一个核心动作下，都可以根据具体情况，将用户分成不同的类型。

例如，在浏览信息这个行为下，有些人是进群时间很久却一直都没有参与任何话题和活动，有些人是才进群不久，还没来得及发言。所以，可以根据进群的时间，将这个行为下的用户进行标签设置（图 4-34）。

在参与讨论这个行为下，每个人参与讨论的频率也是不同的，根据用户参与讨论的频率将其分为活跃用户、一般活跃用户和冒泡用户（图 4-35）。

4

图 4-32　曹宅爱婴岛"宝贝成长"群

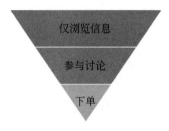

图 4-33　曹宅爱婴岛"宝贝成长"群转化漏斗

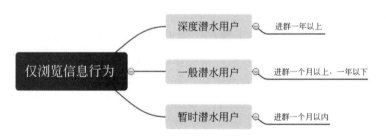

图 4-34　仅浏览信息行为粉丝标签

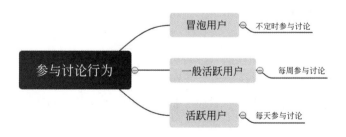

图 4-35　参与讨论行为粉丝标签

在下单这个行为下，每个人下单的频率也是不同的，根据用户的下单频率将其分为新下单用户、老客户和忠诚客户（图4-36）。

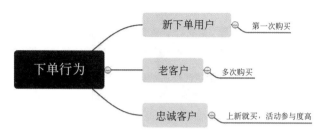

图4-36　下单行为粉丝标签

在设计并定义粉丝标签时，应注意以下事项。

（1）每个标签之间没有交集，组合起来就是整个用户群体。

（2）每个标签是可以准确定义的，如何定义标签与平台的历史数据或经验相关。

（3）标签是需要迭代的，需要定期进行更新。

3. 标签登记表

在确定标签后，可以通过标签将客户进行归类。很多运营人员习惯直接在微信上给用户打标签，但因为用户的状态是不断变化的，如果只在微信上为用户打标签，会缺少数据分析的可行性，也会削弱标签的体系化，并且在修改标签时很容易乱，因此，可以制作用户标签登记表，将用户标签更体系化地进行管理。

根据之前的分析，可以将用户分为仅浏览信息、参与讨论和下单3种核心行为，每个核心行为又分为不同的粉丝标签。选取对应的标签，将用户的个人信息填入表4-24中。

表4-24　标签登记

序号	姓名	宝宝名称	仅浏览信息			参与讨论			下单		
			深度潜水用户	一般潜水用户	暂时潜水用户	冒泡用户	一般活跃用户	活跃用户	新下单用户	老用户	忠诚客户

可以根据之前用户画像的分析，将客户的基本特征标签、社会特征标签、偏好特征标签、行为特征标签在表格后面进行标注。

（四）任务流程

子任务一设计标签字段操作流程如图4-37所示。

4

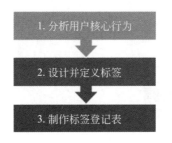

图 4-37　子任务一设计标签字段操作流程

二、任务操作

操作要求：每个步骤中都会给出几种不同的设计思路，根据操作提示逐步完成企业粉丝分类分层的标签字段设计。

本任务操作的最终目标：完成浙江唐韵温泉度假村有限公司微信公众号粉丝标签字段设计。

步骤一：分析用户核心行为

操作提示：分析浙江唐韵温泉度假村酒店有限公司微信公众号粉丝的核心行为，画出该微信公众号的转化漏斗（图 4-38）。

图 4-38　转化漏斗

步骤二：设计并定义标签

操作提示：将核心行为下的用户进行标签设计。

□ 核心行为 1：

粉丝标签 1 ＿＿＿＿＿＿＿＿粉丝标签 2 ＿＿＿＿＿＿＿＿粉丝标签 3 ＿＿＿＿＿＿＿

□ 核心行为 2：

粉丝标签 1 ＿＿＿＿＿＿＿＿粉丝标签 2 ＿＿＿＿＿＿＿＿粉丝标签 3 ＿＿＿＿＿＿＿

□ 核心行为 3：

粉丝标签 1 ＿＿＿＿＿＿＿＿粉丝标签 2 ＿＿＿＿＿＿＿＿粉丝标签 3 ＿＿＿＿＿＿＿

步骤三：制作标签登记表

操作提示：根据定义标签制作标签登记表，将浙江唐韵温泉度假村酒店有限公司微信公众号的关注用户放入标签登记表（表 4-25）。

表 4-25　标签登记表

序号	姓名	核心行为 1			核心行为 2			核心行为 3		
		标签	标签	标签	标签	标签	标签	标签	标签	标签

续表

序号	姓名	核心行为 1			核心行为 2			核心行为 3		
		标签	标签	标签	标签	标签	标签	标签	标签	标签

三、任务评价

子任务一设计标签字段评价如表 4-26 所示。

表 4-26　子任务一设计标签字段评价

序号	项　目	分值	评分点	自　评	教 师 评	类型 1. 能力 2. 素养
1	核心行为分析	15	合理			1
2	转化漏斗设计	10	合理、正确			1+2
3	核心行为 1 粉丝标签设置	10	合理			1
4	核心行为 2 粉丝标签设置	10	合理			1
5	核心行为 3 粉丝标签设置	10	合理			1
6	标签登记表制作	15	合理、清晰			1+2
7	客户信息录入	30	合理、准确			1+2
得分合计						

■ 子任务二　粉丝分组并建群

一、任务准备

（一）知识准备

知识点一：粉丝标签分组

无论是微商还是新媒体，只要是开始累积粉丝资源，就可以对粉丝进行标签管理，当粉丝累积到一定程度时，根据标签对粉丝进行分组建群更能有效地做到精细化运营。在有相同标签的粉丝群组里，可以更加精准地匹配客户需求，也能使粉丝管理效率得到有效提升。

粉丝分组三要素

在分组时可以选用单个标签分组，或多个组合标签分组，根据不同营销目的选择分组方式。例如，新粉丝组的标签是"1 次购买客户"。高级粉丝组的标签是"3 次以上购买客户""消费额 2000 元以上"。

4

知识点二：粉丝分组要素

粉丝分组的要素包括同好、成员、内容 3 个方面。

（二）操作准备

步骤一：制定入群规则

建立粉丝群之初，首先要设置符合粉丝群自身定位的入群规则，从而增加粉丝的入群仪式感。想要建立高质量的粉丝群，就要根据粉丝标签，对入群人员进行筛选。企业可以用阶梯架构建立粉丝群，由一星群到五星群，以粉丝质量为衡量标准，想要进更高级的群，得到更多的优惠，就必须完成相应的任务。

【随堂作业】 为唐韵温泉设计阶梯架构的入群规则，见表 4-27。

表 4-27   阶梯架构的入群规则

入群规则	拥有标签
一星粉丝群	咨询客户
二星粉丝群	咨询客户、一次购买
三星粉丝群	咨询客户、三次购买、消费 2000 元
四星粉丝群	
五星粉丝群	

步骤二：制定交流规则

粉丝群的主要目的是开展交流和讨论，随着群成员的增多，群内交流制度需要设定合理的交流规则。一个优秀的粉丝群，活跃度要控制在一定范围内，有组织、有纪律才能提高粉丝的使用体验。例如，读书类的粉丝群，如果群学员经常擅自发小广告、表情包等信息，就很容易将教师和一些粉丝提出的读书问题刷过去，导致粉丝体验下降。所以社群在鼓励粉丝参与的同时，也要明确讨论的内容或发送的信息范围。

【随堂作业】 为唐韵温泉制定粉丝群交流规则。

唐韵温泉粉丝群交流规则
1. 未经管理员许可，所有成员不得发布广告。 2. 文明沟通，不出现污言秽语。 3. 可以持有不同观点，但不能对他人进行语言攻击。 4. 5. 6. 7.

（三）任务要领

为不同群组粉丝推送精准信息：在企业根据粉丝标签进行分组后，需要精准选择素材库内容进行群发或私信，增加粉丝情感交流，保持日常有效互动。

美容护肤、养生保健粉丝群

（四）任务流程

子任务二粉丝分组并建群操作流程如图 4-39 所示。

图 4-39　子任务二粉丝分组并建群操作流程

二、任务操作

操作要求：梳理粉丝分组建群的 4 个主要步骤，根据操作提示逐步完成浙江唐韵温泉度假村有限公司粉丝分组建群的过程。

本任务操作的最终目的：完成浙江唐韵温泉度假村有限公司粉丝分组建群。

步骤一：找到建群的目的

操作提示：建立粉丝群的初期要明确建群的目的，这样才能为后期明确粉丝群运营方法和规则提供基础。一般建群目的分为产品销售、客户服务、聚集兴趣和打造品牌 4 个部分。

结合唐韵企业粉丝特点，为唐韵温泉设计 3 类不同目的的粉丝群，见表 4-28。

详解建群目的

表 4-28　设计粉丝群

粉丝群名	建群目的	群内容

步骤二：根据标签建群

操作提示：在确定建群目的后，群主需要根据标签建群，将同好粉丝拉入同一个粉丝群，方便以后更有效地管理。

以下有 18 个标签，根据唐韵温泉的粉丝标签，建立 3 个不同的粉丝群，见表 4-29。

标签：女、男、20~30 岁、30~40 岁、40~50 岁、50 岁以上、咨询未消费客户、一次消费客户（订房）、二次消费客户（订房）、三次消费客户（订房）、三次以上消费客户（订房）、温泉单次消费客户、温泉多次消费客户、理疗单次消费顾客、理疗多次消费顾客、消费金额 1000 元以下、消费金额 1000~3000 元、消费金额 3000~5000 元。

4

表 4-29　根据标签建群

群 名 设 计	标 签 设 计

步骤三：设计欢迎话术

操作提示：建好粉丝群后，设计欢迎话术是一项基础又必要的工作。一个好的欢迎话术，能给新人留下良好的印象，帮助新人快速了解社群，对维护群内关系、打造群内氛围起到良好的作用。麦当劳欢迎话术如图 4-40 所示。

图 4-40　麦当劳欢迎话术

好的粉丝欢迎话术包括打招呼、群介绍及任务福利，通过有趣个性化的表述吸引新人的注意力，让新人感受群里的热情与活跃，能快速了解群内的价值并且认同。例如，麦当劳的粉丝群，在新人入群的欢迎话术中，首先对新粉丝进行点名欢迎，并附上了"加入麦麦、开心一派"群口号，最后是群内福利简述及群规则。

结合唐韵企业的特点，为唐韵粉丝群设计新人欢迎话术。

_____

_____

_____

步骤四：形成群文化

一个拥有群文化的粉丝群往往都有很强的内部凝聚力和外部文化输出力，这样的群的价值要远大于一个单纯聚集人群的粉丝群。所以，构建群文化是所有群管理者的目标。群文化的形成一般从3个方面着手：愿景、使命、价值观。愿景是"去哪里"，指理想和目的地；使命是"为什么去"，指实现目标；价值观是"怎么去"，指对未来的观念。小米粉丝群文化如表4-30所示。

表4-30　小米粉丝群文化

愿　　景	让每个人都能享受科技的乐趣或和用户交朋友，做用户心中最酷的公司
使　　命	始终坚持做感动人心，价格厚道的好产品
价 值 观	真诚和热爱

参考小米粉丝群文化，形成一组适合唐韵粉丝群文化的愿景、使命与价值观，填入表4-31中。

表4-31　唐韵粉丝群文化

愿　　景	
使　　命	
价 值 观	

三、任务评价

子任务二粉丝分组并建群评价如表4-32所示。

表4-32　子任务二粉丝分组并建群评价

序号	项　　　目	分值	评 分 点	自　　评	教 师 评	类型 1.能力 2.素养
1	粉丝群名设计	10	合理、创意			1
2	确认粉丝群目的	10	合理、正确、全面			1+2
3	确定群内容	10	合理、正确			1
4	根据标签建群	10	合理、正确、全面			1
5	设计欢迎话术	20	合理、新颖			1+2
6	群愿景	10	清晰、明了			1+2
7	群使命	15	清晰、明了			1+2
8	群价值观	15	清晰、明了			1+2
	得分合计					

4

任务三　应用转化与复购技巧

任务情境

在现下网络销售的时代，维护客户关系是很多网店每天都在做的事情，唐韵温泉是拥有多个 OTA 平台的现代化酒店，科学梳理客户信息，建立客户维系体系是唐韵提高客户忠诚度、可持续发展的重要工作内容。

1. 分析唐韵温泉粉丝群现状

（1）群内互动现状。唐韵微信粉丝群于 2019 年 3 月建群，至今共有 968 名粉丝。大部分粉丝来自曾经在唐韵消费过的客户群体，也有部分是对唐韵感兴趣的潜在客户，粉丝群内消息数约每天 32 条，大部分来自群管理员和个别老粉丝。群内节假日会组织群活动，活动期间群内消息数略高于平日，约每日 67 条。唐韵粉丝群如图 4-41 所示。

（2）群内信息分发现状。为了维持粉丝群客户数量，提高群内活跃度，唐韵群坚持每天推送话题或专业分享给粉丝，信息发布的时间一般是 20:00 左右，工作日信息反馈人数为 5~9 人，周末及节假日反馈人数略高，在 15 人左右，多为老粉丝。

图 4-41　唐韵粉丝群

（3）订单转化现状。在唐韵温泉飞猪平台"数据中心"的"生意参谋"板块，可以看到酒店近一个月的预订转化情况。唐韵温泉的预订转化率在 2021 年 3 月 18 日达到该月最高值（11%），3 月 24 日后转化率稍有提升，该月平均转化率约为 1.4%。在后台订单中发现，平台顾客下单不付款的情况屡见不鲜，而聊天记录中却缺失了客服非常重要的催付环节，这是造成顾客流失的重要原因之一。唐韵飞猪平台 2021 年 3 月转化率如图 4-42 所示。

（4）关联销售现状。关联销售是考量客服人员专业程度的重要指标，顾客的关联销售越多、客单价越高，说明店铺客服的专业水平越好。唐韵飞猪平台周成交间夜单价为 774 元，与唐韵客房均价相符，说明客服关联销售工作暂未展开。唐韵飞猪成交情况如图 4-43 所示。

（5）产品推新现状。唐韵温泉产品推新时，多在公众号发布相关产品推文。例如，2020 年 7 月，大唐街市开业，在公众号上发布了"大唐街市开业啦！"推文，推文发出后获 2689 个阅读量，点赞 8 人，评价 23 人。而在粉丝群中的推新链接，粉丝关注量较少，极个别粉丝在群内询问了大唐街市的相关问题。唐韵推新情况如图 4-44 所示。

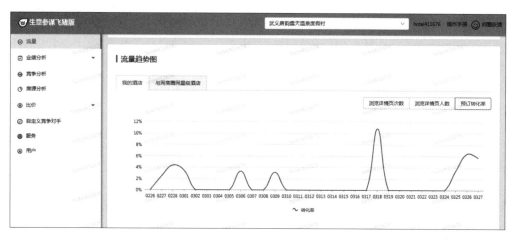

图 4-42　唐韵飞猪平台 2021 年 3 月转化率

图 4-43　唐韵飞猪成交情况

图 4-44　唐韵推新情况

4

2. 唐韵温泉在粉丝群方面存在的问题

（1）粉丝群气氛不活跃。调研唐韵温泉酒店粉丝群的发现，97%的粉丝不会主动在群中交流分享，部分粉丝会在群主发红包时抢红包，但不会进行过多交流，粉丝群气氛极度不活跃。唐韵温泉酒店空有粉丝交流平台，却没有发挥真正的作用。

（2）粉丝互动时间不科学。在微信粉丝群和其他粉丝交流平台中，粉丝互动时间设计极不科学，由于群内粉丝大部分为30岁以上，很多人家里有小孩，群内在20:00推送信息，大多群成员可能正在辅导小孩写作业，没有办法在群内保持互动关系。

（3）订单转化效果不好。OTA平台酒店行业平均转化率为3.23%，而唐韵温泉飞猪转化率仅为1.4%，远低于行业平均水平，经过调查发现，后台未付款订单催付工作没有做到位，客服没有在顾客下单第一时间了解顾客未付款原因，导致顾客流失，造成订单转化效果不佳。

（4）关联销售量低。通过飞猪后台数据发现唐韵温泉关联销售基本为零，可能出现的问题包括产品关联设计不科学、关联销售目标客户不清晰、客服关联销售技巧不佳等。在客服日常服务过程中，需要挖掘顾客的潜在需求，并根据顾客的需求推荐关联产品，通过销售技巧达成高客单价、关联销售的目的。

（5）一对一推新活动缺乏。在唐韵温泉惯用的推新方式中，多以微信公众号推文为主，这种方式只能让小部分看到推文的粉丝产生兴趣，而那些可能感兴趣却没有看到推文的粉丝就流失掉了。针对这种情况，一对一的推新方式是唐韵可以考虑安排的推广活动。

3. 破局之法

（1）设计老粉丝互动机制。针对唐韵粉丝群内气氛不活跃、话题量低的问题，唐韵可以设计老粉丝互动机制，通过群内定期的内容分享、组织社群打卡活动、分发福利来建立粉丝群的信任关系，用频繁的互动加深粉丝的依赖，最终增加粉丝黏性。

（2）确定信息分发时间。唐韵粉丝群内信息投放时间不科学，导致很多信息投放的反馈都不高。需要根据粉丝群内的职业属性，来确定粉丝闲暇时间，在闲暇时间发布更有效的信息互动，以便得到更好的粉丝反馈效果。

（3）制定催付话术。订单转化率不高，可能是因为催付话术不专业导致的顾客流失。通过设计唐韵温泉账号的人格化定位和语言结构，编写优化催单催付引导文，建立催付话术库，帮助客服在顾客下单未付款时了解未付款原因，解决相关问题，提高转化率。

（4）制定关联推荐方案。针对唐韵关联销售能力差的问题，可以依据粉丝类型及标签分组，根据不同类型粉丝需求设置对应的关联推荐商品，设计服务话术，建立关联推荐逻辑话术数据库，帮助客服提高客单价，增加关联销售。

（5）制定推新话术。利用粉丝一对一推新的方式，提高新品销售量。首先根据粉丝的购买频次及兴趣方向确定粉丝的不同需求，再根据需求确定活动的推新人群，最后按照商品特色建立有效的商品推新话术文案库，帮助客服提升新品销售量。

■ 子任务一　设计粉丝互动机制

一、任务准备

（一）知识准备

知识点一：粉丝互动的定义

在营销者的眼中，粉丝是一个非常具有潜力的庞大消费群体，也是实现口碑传播和消费增长的便利途径。现今，随着曝光、流量的价格不断提升，获客成本越来越高，维护客户关系，老顾客留存显得尤为重要。无论线上、线下，各个商铺都开始组建自己的粉丝群。不少线下店铺都推出会员折扣产品，价格往往比定价便宜很多，而加入会员的方式也尤为简单，只需加入他们的粉丝群即可。

粉丝群可以在商家和顾客之间建立起一种长期的联系，加强客户黏性。但如果粉丝群不能持续吸引用户参与、产生价值，那么这种松散的组织就会逐渐失去应有的作用，成为死群。因此，粉丝互动在粉丝群中就是尤为重要的活动。粉丝互动是指在粉丝沟通平台中与粉丝进行交流，通过设计线上与线下的不同活动，使粉丝主动参与、主动投入，不断获取粉丝的信任，最终达到粉丝认可、粉丝拥护的效果。

知识点二：粉丝互动的目的

粉丝群除了是一群兴趣爱好、价值观相同的人的聚集地，还是一个拥有商业诉求的平台。群管理员需要花费很多精力保持和提高粉丝群的活跃度，并不断挖掘粉丝的经济潜力，将粉丝群转化为消费群，这同样也是社交电商的最终目的。

在粉丝群中，通过不断的互动让粉丝了解这个群能够给他带来有价值的信息和资源，从而产生信任感，并且愿意为这个产品或信息的价值买单，到最后深度认可，自觉成为品牌的拥护者和宣传员。

知识点三：新粉和老粉的区别

无论是新粉还是老粉，对粉丝群来说，都是非常重要的资源，但作为管理者，面对新老粉丝时却不能"一视同仁"，要针对其不同特性，以不同的方式处理粉丝关系。对老粉来说，他们对群有更强的信任感，群主也更了解他们的性格偏好，所以一定要让老粉感受到重视，用个性化交流把老粉当成朋友，避免让老粉出现失落感，以致对群的热情减退。对新粉来说，他们还没有那么了解群，还未建立信任感，所以对待新粉，主要保证沟通及时与服务周到，群内可以设置群回复机器人，保证新粉入群能及时受到欢迎、常见问题能够在第一时间得到解答。

知识点四：粉丝打卡

粉丝打卡是指粉丝群为了提高群内活跃度，保持群内高质量的信息输出，设计的习惯养成活动，一般是为了形成某个习惯采取的每日打卡行为。常见的粉丝打卡活动，如运动打卡、学习打卡、早起打卡、早睡打卡等。

打卡活动贵在坚持，为了使打卡更高效，可以考虑建立以下4种活动制度：押金制，用参与活动付押金、达成目的返押金的形式激励粉丝积极参与；淘汰制，用未完成打卡淘

4

汰出局的形式引起粉丝对参与的重视；监督制，建立监督者角色，奖励参与者，督促落队者；激励制，利用小礼物、小利益的形式激励粉丝坚持打卡。

知识点五：群机器人助手

对粉丝群来说，群机器人是必不可少的管理软件，在群运营过程中，经常会出现因群内信息太多无法及时回复、群内数据无法统计应用、群气氛不活跃、客服工作无法考核等问题，群机器人可以通过自动托管、入群欢迎语、签到、自定义回复等功能，帮助群主管理粉丝群，提高效率，同时提高群的活跃度。

（二）操作准备

步骤一：分析群内人群的兴趣点

大部分商家的粉丝群都是为老客户建立起来的信息分享沟通平台。当问及商家粉丝的共同兴趣时，不少商家都自信地认为，粉丝群内成员的兴趣爱好就是自己的产品或服务。但真的是这样吗？调研了234位加入商家粉丝群的顾客，发现其中124人是因单次利益引导加入粉丝群，如加群返现；63人表示真的喜爱该品牌产品，因为想得到更多的品牌信息主动加群；还有28人表示对产品品牌还算熟悉，对粉丝群中的一些福利和活动感兴趣主动加群；其他19人不记得因为什么原因加群。顾客加入商家粉丝群的理由如图4-45所示。

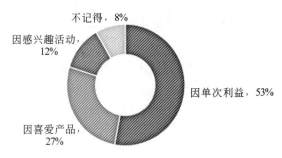

图 4-45　顾客加入商家粉丝群的理由

由以上调研结果发现并不是所有粉丝成员都对产品或品牌有着相同的兴趣，商家如果不能抓牢群内粉丝真正的兴趣点，那么粉丝互动设计必然参与度低、群内互动不活跃。所以，在开始设计粉丝互动机制之前，需要提前分析群内人群兴趣点，通过粉丝兴趣设计合适的互动活动，帮助企业维系客户关系。

【随堂作业】　设计一份调研粉丝兴趣爱好的问卷，题目控制在10个以内。搭配设计问卷礼。

1. 您的兴趣爱好是什么？

　　A. 看书　　　　　B. _____　　C. _____　　D. _____

2. 您的兴趣爱好给您带来了什么收获？

　　A. 消磨时间　　　B. _____　　C. _____　　D. _____

3. 您对哪些网络活动比较感兴趣？

　　A. 上知乎　　　　B. _____　　C. _____　　D. _____

4. 您感兴趣的电视节目有哪些？

　　A. 新闻　　　　　B. _____　　C. _____　　D. _____

5. 您感兴趣的电影有哪些？

    A. 爱情片　　　　B. _____　　C. _____　　D. _____

6. 您感兴趣的书籍有哪些？

    A. 人物传记　　　B. _____　　C. _____　　D. _____

7. 您喜欢与朋友交流什么话题？

    A. 娱乐八卦　　　B. _____　　C. _____　　D. _____

8. 您在微博、小红书、抖音上喜欢关注哪类博主？

    A. 美食餐饮　　　B. _____　　C. _____　　D. _____

9. 您更喜欢浏览图片还是文字？

    A. 图片　　　　　B. 文字

10. 您更喜欢长篇内容还是短篇内容？

    A. 长篇　　　　　B. 短篇

问卷礼设计如下。

活动类型：抽奖。

奖品等级：特等奖、_____、_____、三等奖。

获奖概率：特等奖（5%）、　　（　　）、　　（　　）、三等奖（40%）。

奖　　　品：特等奖获 _____

    _____ 获 _____

    _____ 获 _____

    三等奖获 _____

步骤二：群活动意向

    设计一份调研问卷，询问粉丝群内成员活动参与意向，线上及线下活动喜好，帮助商家清楚群内活动设计的方向。

    【随堂作业】 设计一份粉丝群内成员活动参与意向的调研问卷，介绍活动权益，了解粉丝参与意愿。注意这里是假设的权益，可以有多种方案的设计，问卷是在设计群活动之前发放，是为了帮助更合理设计而发放。问卷要包括活动设计的频次、活动内容是否具有吸引力等，最后还要设计相应的问卷礼。

1. 您是否有参加过线上活动的经历？

    A. 不记得　　　　B. _____

2. 您参加线上活动的渠道有哪些？

    A. 小红书　　　　B. _____　　C. _____　　D. _____

3. 您同意群里定期开展活动吗？

    A. 无所谓　　　　B. 最好有　　　　C. _____　　D. _____

4. 群里如果组织活动您会参加吗？

    A. 感兴趣的参加　B. 看时间参加　　C. _____　　D. _____

5. 您认为群活动间隔多久比较好？

    A. 每10天　　　　B. _____　　C. _____　　D. _____

4

6. 您希望群内开展什么类型的活动？

　　A. 线上游戏比赛　　B. _____　　C. _____　　D. _____

7. 您是否愿意参加群内组织的线下活动？

　　A. 看活动内容　　　B. _____　　C. _____　　D. _____

8. 您希望参加什么类型的线下活动？

　　A. _____　　B. _____　　C. _____　　D. _____

9. 您会带朋友一起参加群活动吗？

　　A. 不确定　　　　　B. _____　　C. _____　　D. _____

问卷礼设计如下。

活动类型：抽奖。

奖品等级：特等奖、_____、_____、三等奖。

获奖概率：特等奖（5%）、　　（　　）、　　（　　）、三等奖（40%）。

奖　　品：特等奖获 _____

　　　　　_____获 _____

　　　　　_____获 _____

　　　　　三等奖获 _____

（三）任务要领

1. 建立粉丝信任

亲密活跃的粉丝群往往建立在充分信任的基础之上，通过线上与线下的频繁活动，以及不断输出的利益分享使粉丝间建立起一种以情感为支持的强关系，这种关系可以使粉丝群保持高度的活跃性和持续的生命力。

而群内信任感并不是一朝一夕就能产生的，它需要经过长时间的沉淀与累积，一旦形成就能使粉丝参与度与黏性快速增长。构建粉丝信任一般需要满足 3 个条件：身份可信度、互动频繁度和群内依赖度。

详解需要满足
三条件

2. 设计互动主题

保持粉丝群的参与度和活跃度是一件很不容易的事，尤其对于那些中小型且没有庞大财力和明星大 V 加持的粉丝群更是困难。首先，网络社区建立在虚拟空间，本身就使成员间的关系有隔阂，尤其是在对群的新鲜劲过了以后，会很快找到替代品而变得不再活跃。其次，群内谈资的缺乏也会使群不再活跃，因谈资缺乏，信息量变少，群成员摄取的价值也就变少，群活跃度就会不断降低。所以，设计好的互动主题，吸引粉丝参与，是保持群内活跃度的重要工作。设计针对性强、参与成本低、反应效率高的主题，可使群建立并保持存在感。如何使主题脱颖而出？群主可以假设作为以下角色。

（1）主题提出者。挖掘周围的新鲜事物，提出新奇或容易产生共鸣和反思的话题，然后用自己对主题的独到见解引起大家的关注与探讨。例如，小区物业群采用学区房作为话题，吸引业主参与讨论。

（2）主题回答者。用有趣的角度或专业的知识参与话题，逐渐成为群内的意见领袖。

（3）积极引导者。成为群内的活跃粉丝，运用技巧缓解群内尴尬冰冷的气氛，增强话题存在感。

（四）任务流程

子任务一设计粉丝互动机制操作流程如图 4-46 所示。

图 4-46　子任务一设计粉丝互动机制操作流程

二、任务操作

操作要求：在粉丝建群后，会因为各种各样的原因失去活力，群主需要策划不同的互动进行群内促活，保持群内活跃度。以下步骤给出不同群内互动方法，例如，内容分享、社群打卡、福利分发及线下交流几种方式，开展互动机制设计。

本任务操作的最终目标：完成唐韵温泉粉丝群内互动策划方案。

步骤一：内容分享

操作提示：保持每天内容分享是粉丝群生命力的根基，专业优质的内容分享能更好地服务粉丝，吸引更多的粉丝加入社群，也可以增加粉丝对社群的信任感，增加粉丝黏性。

【方法 1】小红书

小红书发布流程如图 4-47 所示。

图 4-47　小红书发布流程

4

1. 选择素材

操作提示：图文类型的小红书内容分享，图片最多可选 9 张，视频支持 5 分钟不超过 2GB 的内容上传。

2. 为图片添加标签

操作提示：标签包括打卡、品牌、商品、地点、用户等类型，可以根据粉丝的兴趣点、聚集地、图片相关信息等对图片进行标签设计，一张图片可以同时添加多个标签。

图 1	
图 2	
图 3	
图 4	
图 5	
图 6	
图 7	
图 8	
图 9	

3. 设计内容文字

操作提示：图文笔记的正文字数不超过 1000 个字，视频笔记建议添加不少于 5 个字且表意清晰的标题，吸引更多用户点击视频，见表 4-33。

表 4-33　设计内容文字（小红书）

设计标题	
添加正文	
参与话题	
添加地点	

【方法 2】公众号

公众号发布如图 4-48 所示。

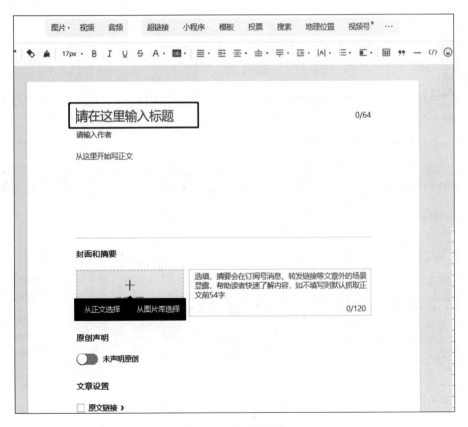

图 4-48　公众号发布

1. 设计封面和摘要

操作提示：封面图片和摘要的设计一定要吸引人，要让粉丝有点击的冲动，摘要的编写需在 120 个字内，若未填写摘要，在粉丝收到的图文消息封面时会自动默认抓取正文前 54 个字，见表 4-34。

表 4-34　设计封面图片和摘要

封面图片	
摘　　要	

2. 设计内容文字

操作提示：标题不能为空且长度不超过 64 个字，图文消息内容没有图片数量限制，正文必须要有文字内容，图片大小加正文的内容不超过 50000 个字即可，见表 4-35。

表 4-35　设计内容文字（公众号）

标题	
作者	
正文	

步骤二：社群打卡

社群打卡如图 4-49、表 4-36 所示。

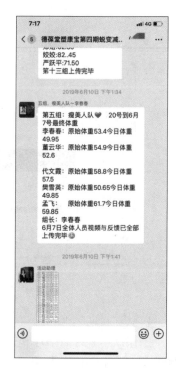

图 4-49　社群打卡

表 4-36　设计社群打卡

打卡主题	全城邀约燃脂通缉令
打卡目标	① 达成 50% 的塑康宝代餐粉销售转化率 ② 打造 200 个代餐粉瘦身案例
素材	宣传海报、图片
人员	活动助理、健康知识讲师、角色扮演者
规则	① 必须购买产品及要交 PK 金，实实在在交钱才会有效果，同时 PK 金在活动结束后会奖励减重效果好的体验者 ② 必须 5 人组成互助小组，形成互帮互助的氛围 ③ 按照要求完成打卡任务，最后会获得产品奖励或低门槛加入代理，享受创业大礼包
活动前流程	活动前 1 个星期开始接龙报名 活动前 3 天开始拉体验群上交体验前视频 活动前 1 天全部组好团队，选出队长，告知队长产品服用方法及食谱，并告知组员及收集完组员的视频
活动开始流程	第 1 天，进行体验活动启动仪式及体验活动相关事项规则讲解 第 2 天 ~18 天，每天拍称重数据图片到群里进行体验反馈 第 9 天，在群里进行中期数据报告分析，告诉所有人，有人降体重、有人没有降体重的原因，给所有人普及科学健康减脂的意识 第 19 天，告知队长监督组员上交体验后视频及体验报告 第 20 天，进行"德葆堂减脂营体验活动"线上颁奖典礼
活动后流程	活动后 3 天，发奖品跟踪询问客户体验情况，根据情况回答客户疑问，最终告诉客户，18 天只是体验的一小步，想要真正的瘦身塑形，一定要坚持使用塑康宝 3 个月
活动跟进	① 普及产品知识，增强原本在使用产品的客户的信心，增加复购率 ② 推出限时优惠加盟门槛，让想创业的意向人群顺势成为代理

　　操作提示：以塑康宝代餐粉产品的全城邀约燃脂通缉令打卡活动为例，设计唐韵温泉度假村的社群打卡活动，见表 4-37。

表 4-37　社群打卡

打卡主题	
打卡目标	
素材	
人员	
规则	
活动开始流程	
活动后流程	
活动跟进	

4

步骤三：福利分发

1. 红包类

操作提示：用抢红包的方式增进群内活跃度，一般用于欢迎新人、宣布喜讯、活跃气氛、打赏、发广告信息等，见表4-38。

表4-38　抢红包

活动主题	
活动平台	
规则	
活动流程	

2. 荣誉类

操作提示：为鼓励群粉丝积极性，设置一些荣誉小称号，如"旅游达人""旅游专家"等，以激励成员积极参与，见表4-39。

表4-39　荣誉

活动主题	
活动平台	
规则	
活动流程	

3. 知识类

操作提示：知识分享型粉丝群可以用知识福利鼓励粉丝，如分发电子书、付费课程等，见表4-40。

表4-40　知识

活动主题	
活动平台	
规则	
活动流程	

4. 物质类

操作提示：用免费试用、抽奖等方式给粉丝产品福利，见表4-41。

表4-41　物质

活动主题	
活动平台	
规则	
活动流程	

5. 积分类

操作提示：建立积分制，粉丝用签到、发言等方式赢取积分，每个固定时间段积分评比，并可以用积分换取小礼品，见表4-42。

表 4-42　积分

活动主题	
活动平台	
规则	
活动流程	

步骤四：线下交流

操作提示：人和人之间的信任除用在线的方式进行搭建外，还可以用线下交流的方式加深，粉丝群可以依根据地区线下聚会来保持群内亲密度，见表 4-43。

表 4-43　线下交流

活动主题	
活动目的	
活动地点	
活动时间	
参与人群	
参与规则	
活动流程	
活动跟进	

三、任务评价

子任务一设计粉丝互动机制评价如表 4-44 所示。

表 4-44　子任务一设计粉丝互动机制评价

序号	项　目	分值	评　分　点	自　评	教　师　评	类型 1.能力 2.素养
1	小红书内容分享	10	新颖、吸引力、语言流畅			1+2
2	公众号内容分享	10	新颖、吸引力、语言流畅			1+2
3	社群打卡设计	20	合理、逻辑清晰、要点完整			1+2
4	红包福利分发	8	新颖、明了、吸引力			1
5	荣誉福利分发	8	新颖、明了、吸引力			1
6	知识福利分发	8	新颖、明了、吸引力			1
7	物质福利分发	8	新颖、明了、吸引力			1
8	积分福利分发	8	新颖、明了、吸引力			1
9	线下活动策划	20	创新、吸引力、活动清晰			1+2
	得分合计					

4

■ 子任务二 确定信息分发时间

一、任务准备

（一）知识准备

知识点一：选择合适信息推送时间的重要性

在掌握了粉丝互动方式和技巧之后，群管理员还要掌握发送信息及互动的最佳时间段。对正在打造良好粉丝关系的企业来说，定期推送信息是一个很好的选择。但如何在合适的时间内发送信息，是众多粉丝群和公众号的共同问题。很多用户都会抱怨，每天一打开手机就有无数条信息跳出来，这种轰炸式的信息发送不仅不会增加客户黏性，反而会让客户反感。所以，群管理员要在保证信息质量的前提下，选择合适的时间推送，不但能够避免信息堆积时间段，提高有效信息发送量，还能提升转化率。

知识点二：信息推送的时间与转化效果的关系

粉丝群内信息推送时间与群内转化效果有着非常直接的联系，设定最佳的信息推送时间能使阅读量与转化率大幅提高。大部分账号运营者会根据大众人群的上下班休息时间、餐饭时间推送信息，而这种制定方式是非常粗糙的，影响信息推送的原因有很多，如信息内容、用户属性、内容质量等，不同行业群体的信息推送时间各不相同。不同时间信息打开率如图 4-50 所示。

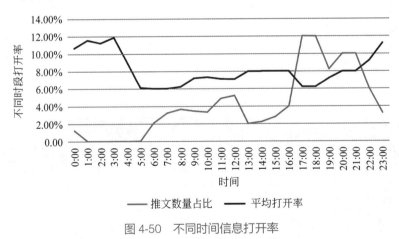

图 4-50 不同时间信息打开率

调研 120 余家公众号推文数据可知，大部分公众号选择在 17:00—20:00 这个时间段推送，而这一时间段平均打开率只有 7% 左右，转化效果不佳，这也符合信息堆砌导致阅读量少的普遍规律，所以，根据粉丝职业特性，选择合适的推送时间，才是科学提高转化的重要工作。

6 种典型职业

知识点三：粉丝职业身份特性

在确定信息推送时间前，首先要对粉丝的职业身份进行分析，确定群内粉丝的职业类型。典型职业分为 6 种：社会型、企业型、常规型、实际型、调研型和艺术型。

（二）操作准备

步骤一：各个职业下班时间

每个公众号或粉丝群的信息接收人群不同，选择的信息推送时间段就不同，需要根据受众所在行业下班时间的具体情况进行安排，当然也不一定要按照相同的时间进行推送，要学会根据自己公众号或粉丝群的实际情况进行灵活应用。

大部分行业上班时间在 8:00—8:30，在这个时间段推送信息，用户只能在用早餐或乘坐公共交通的路上进行碎片化阅读；11:30—14:00 为午休时间，用户可能会用午餐或午休时间翻看信息；17:00—19:00 是下班时间，用户这段时间的阅读习惯与早上相同。21:00 以后为休息时间，大部分用户此时已经忙完了工作和家务，开始休息，这个时间段阅读信息量较大。

以上是大部分人的上下班、休息时间，下面来看一些具体的职业岗位：大部分事业单位、公务员及人事工作人员下班时间在 17:00 左右；物流、医疗、教育、财务、金融类工作者大多在 18:00 左右下班；设计、媒体、电商人员下班时间在 20:00 左右；餐饮、主播、自媒体、IT 工作者一般在 21:00 以后才能下班。

步骤二：行业内信息推送时间

曝光量如图 4-51 所示。

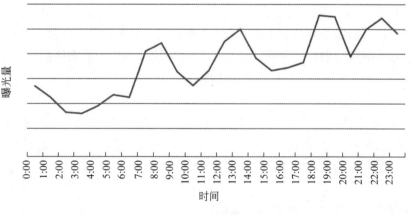

图 4-51　曝光量

行业内信息推送时间根据具体推送内容和接收者情况而定，一般没有标准的答案，但有几个公认的较好的时间点，从每日的曝光曲线图上可以看到，它们分别是 7:00—8:00、12:00—13:30、18:00—19:00、21:00—22:00，曝光量越高证明该时间段看信息的人越多。

中国微信 500 强 24 小时发布规律如图 4-52 所示。在中国微信 500 强的信息发布规律中，发现 6.5% 的用户选择在 12:00 发布信息，7.6% 的用户选择在 18:00 发布信息，8.8% 的用户选择在 20:00 发布信息，13.6% 的用户选择在 21:00 发布信息。根据该规律对应曝光量，以上 4 个时间段应该是转化效果最好的信息推送时间。

4

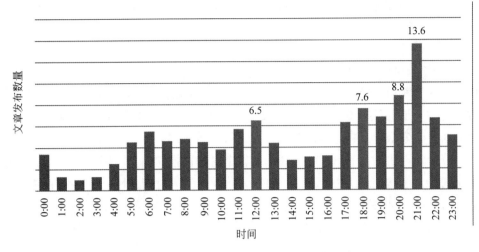

图 4-52　中国微信 500 强 24 小时发布规律

（三）任务要领

1. 各类信息推送频率

信息推送分为电商类、美食类、新闻类、学习类与生活类 5 种类型，就推送频率对比分析，摸索最合适的发送频率，以提高运营效果。

电商类的信息平台，如小红书，网购人群一般夜晚比较活跃，所以信息推送时间晚上比较多，推送频率一般一天 1~2 次。美食类信息一般是优惠券或团购比较多，可选择每周五推送一次。新闻类的信息主要内容重在推送当下实时的热点新闻，推送频率在一天 5~6 次，学习类信息一般比较重视情怀，信息内容简单直接，具有吸引力，一般一天 1~2 次。生活类信息非常广泛，一般一天 2~5 次。

2. 各时间段推送信息种类

根据互联网消费调研中心对于 IT 网民手机使用情况的调研数据，在 8:00—10:00、12:00—14:00、20:00—22:00 这 3 个时间段，网民使用手机频率最高。通过对用户职业及生活习惯进行分析，与用户的工作时间匹配得当，推送的信息才会更有效，才能逐渐建立客户黏性。

以事业单位人员为例来制定一天的信息推送时间，早上 7:00，用户准备出门上班，这时可以推送天气变化和交通情况；8:00 在上班路上，碎片化的时间可以推送一些热点新闻；9:00—11:00 用户在工作，这个时间段注意不要打扰用户；11:30—14:00 午休时间，可以发送娱乐休闲信息，让用户换换脑子；14:00—17:00 工作量大，不安排推送；17:00—18:00 下班路上，推送轻松的娱乐资讯；19:00—22:00 推送更丰富的新闻、学习等各类信息。

（四）任务流程

子任务二确定信息分发时间操作流程如图 4-53 所示。

图 4-53　子任务二确定信息分发时间操作流程

二、任务操作

操作要求：**按步骤要求设定信息投放测试计划、模拟进行投放测试，并阅读步骤三和步骤四模拟的投放数据分析与优化。**

本任务操作的最终目标：掌握如何制作信息投放计划表，并根据投放结果做好投放的优化工作。

步骤一：设定信息投放测试计划

由于唐韵温泉旅游度假酒店所拥有的粉丝分布在各个行业，这里选择大部分行业通用的工作时间：8:00—11:30、13:30—17:30，根据行业作息时间设计信息投放时段，见表 4-45。

表 4-45　信息投放时段

星期	时间	内容	时间	内容	时间	内容
周一	7:30	天气突变提醒				
周二						
周三			12:00	娱乐八卦		
周四						
周五					20:00	美食打卡
周六						
周日						

步骤二：进行投放测试

接下来进行信息投放测试，首先要设定测试时间段，一般以月为单位测试 2～3 个月，选择测试平台，如公众号、粉丝群、小红书、抖音等，再根据以往的经验设定一个预期的测试结果，最后将需要测试的信息发放时间逐一写入，见表 4-46。

表 4-46　信息投放测试

测试时间段	2021 年 4 月 25 日至 6 月 25 日		
测试平台	微信公众号		
预期结果	预期阅读量增长 20%		
测试时间	每天 18:00	测试内容	美食分享
测试时间	每天 20:30	测试内容	娱乐八卦

4

续表

测试平台	小红书		
预期结果	预期收藏量增加 15%、关注量增加 15%		
测试时间	每周三 17:00	测试内容	娱乐八卦
测试时间		测试内容	
测试时间		测试内容	
测试时间		测试内容	

步骤三：分析测试结果

通过后台的推文时间与平均打开率进行对比，分析该时段的推文是否达到预期效果。以图 4-54 为例，某公众号在 4—5 月测试信息推送时间，设定每天 18:00 和 20:00 发布信息，原来信息平均打开率在该时段为 9%，设定新的信息发布时间后，预期提高 20% 的阅读量，测试结束后，推文情况和打开率呈曲线变化，对该次测试进行分析，见表 4-47。

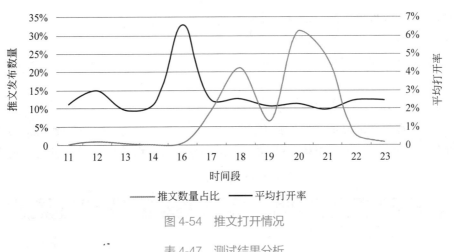

图 4-54　推文打开情况

表 4-47　测试结果分析

测试信息推送时间	每天 18:00 和 20:30
预期结果	预期阅读量增长 20%
当前测试时间段信息打开率	18:00 打开率 12%、20:30 打开率 30%
是否达到预期	否

步骤四：优化信息投放方案

优化信息投放方案见表 4-48。

表 4-48　优化信息投放方案

现阶段打开率最高时段	每天 14:00
原方案时间	每天 18:00 和 20:30
原方案内容	18:00 推送美食分享、20:00 推送娱乐八卦
优化方案时间	工作日每天 12:00
优化方案内容	用户利用午休进行阅读，选取碎片化信息，如短篇的休闲娱乐

三、任务评价

子任务二确定信息分发时间评价如表 4-49 所示。

表 4-49　子任务二确定信息分发时间评价

序号	项　　目	分值	评　分　点	自　　评	教　师　评	类型 1. 能力 2. 素养
1	时间设定	20	合理按照职业工作时间设定			1
2	内容选择	10	新颖、吸引力			1+2
3	投放平台	20	合理、逻辑清晰、要点完整			1
4	预期结果	10	明了、吸引力			1+2
5	测试结果分析	20	明了、吸引力			1+2
6	优化投放方案	20	合理、明了			1+2
	得分合计					

■ 子任务三　制定催付话术

一、任务准备

（一）知识准备

知识点一：催付的重要性

在粉丝实际消费过程中，客服人员的引导是非常重要的，客服往往需要运用一些专业的技巧来解决出现的不同问题，如客户明明有了购买意向，却迟迟不付款，这时就需要客服使用催付话术使顾客尽快付款。

据调查，网上交易中下单未付款的客户占客户总数的 9%，而这些客户中有 45% 的客户是因为服务原因，20% 的客户是因为支付问题，15% 的客户希望得到更优价格，5% 的客户是因为其他原因。如果能够在第一时间了解客户未付款原因，并且及时解决，就能提高 8% 的转化率。

知识点二：账号人格

人格是一个人与社会环境相互作用表现出的一种独特的行为模式、思想模式和情绪反应的特征，也是一个人区别于他人的特征之一。账号人格是一个有个性的运营账号的团队，它与一般冷冰冰的账号不同，它表现出像人一样有性格、有情绪的特征。

账号人格在建号之初，就要找到一个合适的方向，并在这个基础上不断坚持，它可以是一个"高贵冷艳"的人格，也可以是一个"搞笑逗趣"的人格，这种人格化相当于一个标签，告诉用户"我是谁"。

什么是人格账号

4

人格账号可以实现与用户的有效沟通，因为人格体更能让用户感受到平等，如果账号一直保持着很官方的态度，说着"您好""有什么可以帮助您"这种客套话，那么很难和客户拉近距离，只有俯下身来，成为和他们一样有性格、有情感的"人"，才能让用户产生更多共鸣。

详解各类原因

账号人格有很多选择，例如高冷的、幽默的、热情的、正经的、亲切的、卖萌的、懒惰的、勇敢的、内向的、细心的、沉着的等。大家都熟悉的"三只松鼠"，它们的账号人格就是卖萌，以可爱的姿态与顾客沟通。服装品牌 ZARA 表现的则是高冷的性格。

知识点三：未付原因

未付可能是价格问题、商品问题、支付问题、物流问题及售后问题等造成的。

（二）操作准备

步骤一：分析客户类型

为了提高转化率，客服在服务过程中一定要学会察言观色，了解客户类型，通过客户性格采取不同的服务技巧，达到让顾客购买、提高客单价的目的。一般来说，客户可以分为友好型客户、支配型客户、分析型客户和温和型客户。

详解 4 种类型客户

步骤二：催付技巧

针对老客户一般对店铺信任度较高、购买意愿也不错，如果用模板式的催付话术，则会引起他们的反感，因此，要使用个性化的方式进行催付，了解老客户的需求，进行及时关怀，既能达到催付目的，又能体现对老客户的特殊照顾。

高客单价客户属于店铺的优质客户，要尽可能促进订单成交，话术以解决客户疑虑为主要内容，最后推荐一些关联商品，尽可能挽留客户。

针对客单价不高的新客户，一般发送简洁明了的催付信息，在信息中需要强调店铺的名称和购买的商品，帮助顾客回想下过的订单。

针对活动客户，发送时强调活动实效，告知客户库存有限尽快付款，加强顾客购买的紧迫感，帮助顾客下定购买决心。

步骤三：催付工具

当客服对客户进行催付时，选择适合的催付工具往往会事半功倍。一般常见的催付工具有平台快捷回复、输入法快捷回复及 CRM 系统短信功能。

常见的催付工具

（三）任务要领

1. 催付时间

面对客户未付订单，要选择合适的时机对客户进行催付，一般催付时间最好放在客户的非休息时间。如果客户在咨询时表露出购买意向，则客服应在客户咨询或下单后的 10 分钟内进行催付。如果客户属于静默时下单，那么上午单，则在 12:00 前进行催付；下午单，在 17:00 前进行催付；傍晚单，在第二天 12:00 前催付；凌晨单，则在第二天中午之后催付。

如果未付款的是老客户，则客服不必忙于催付，可以先询问曾经购买的产品使用感受，以提高客户黏性。如果是大客户，那就不要用模板催付，分析顾客类型，使用沟通技巧，掌握分寸，不要用过高的频率进行催付，以免引起反感。

2. 催付频率

催付不宜过于频繁，可以尝试采用不同的方式来表达催付的目的，可以在第一次催付时跟客户核对心仪产品的型号、颜色、发货地址，第二次催付可以询问顾客对产品是否有其他疑虑。如果是大客户，可以进行第三次催付，在这次催付中，可以给大客户一些让利，以促进客户下单。第一次与第二次催付时间间隔，尽可能在 12 小时内，与第三次催付可间隔 24 小时。

（四）任务流程

子任务三制定催付话术操作流程如图 4-55 所示。

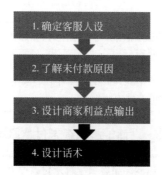

图 4-55　子任务三制定催付话术操作流程

二、任务操作

操作要求：根据三只松鼠催付话术范例设计唐韵温泉催付话术。

本任务操作的最终目标：完成唐韵的催付话术文案。

步骤一：确定客服人设

客服人设的确定一定要与品牌的价值观与定位相符，如三只松鼠，它的品牌客服是一只网红鼠，它是一个年轻小女生的松鼠人设，是客户的小宠物，它的口头禅是"主人您好""因为我是松鼠呀"，见表 4-50。

表 4-50　三只松鼠客服人设

客服昵称	网红鼠
人设原型	小松鼠
人设性别	年轻小女生
人设性格	可爱、萌趣
人设角色	客户的小宠物
口头禅	"主人您好""因为我是松鼠呀"

请为唐韵温泉的客服进行人设设定，见表 4-51。

4

表 4-51 唐韵温泉度假村客服人设

客服昵称	
人设原型	
人设性别	
人设性格	
人设角色	
口 头 禅	

步骤二：了解未付款原因

主动联系客户，先自报家门，这是给顾客一个提醒，避免有些客户忘记曾经下的订单，也能给客户留下一个好印象。然后，询问顾客是否对下单还有疑虑，帮助客户尽快解决。

三只松鼠客服了解未付款原因	
网红鼠	主人您好，我是您的小宠物，三只松鼠官方旗舰店的网红鼠。您在店铺里拍下的坚果还没付款哦！这个宝贝可是我们家的热销款，我的很多小伙伴都很喜欢呢！不知道主人您是因为什么问题还没付款，有没有需要帮忙的地方呀？

请根据唐韵温泉的客服人设，设计了解顾客未付款原因的话术。

唐韵温泉客服了解未付款原因

步骤三：设计商家利益点输出

对于老客户和大客户的催付，商家往往要设计一些利益点的输出，通过让利、小礼物等方式促进催付转化率，见表 4-52。

表 4-52 设计三只松鼠商家利益点输出

优惠券	一次催付：二次购买 300 元送 20 优惠券 二次催付：二次购买 300 元送 30 优惠券
小礼物	一次催付：送零食封口夹一个 二次催付：送零食封口夹一个、零食试吃小样一袋
折扣	一次催付：购买 300 元 9 折 二次催付：购买 300 元 8.5 折
包邮	一次催付：中通包邮 二次催付：顺丰包邮

为唐韵温泉设计商家利益点输出，见表 4-53。

表 4-53　设计唐韵温泉商家利益点输出

优 惠 券	
小 礼 物	

步骤四：设计话术

话术设计见表 4-54。

表 4-54　话术设计

强调库存	三只松鼠：主人您好，看到您在我们店铺抢到了热销松子哦！您这边还没有付款，主人要加快速度了哦！如果被别人抢下，您就要失去机会了呢。 唐韵温泉：
强调发货	三只松鼠：主人看到您还没付款哦！您付款后联系我，我会优先给您发货哦！谁让您是我最爱的主人！ 唐韵温泉：
强调赠品	三只松鼠：主人，看到您拍下的松子还没付款哦，知道您是第一次下单，小鼠专门为您向店长申请了试吃小礼包，其他客人都没有哦！ 唐韵温泉：

三、任务评价

子任务三制定催付话术评价如表 4-55 所示。

表 4-55　子任务三制定催付话术评价

序号	项　目	分值	评 分 点	自　评	教 师 评	类型 1. 能力 2. 素养
1	客服人设确定	20	新颖、有吸引力、语言流畅			1+2
2	了解未付款原因	20	新颖、有吸引力、语言流畅			1+2
3	利益点设计	20	合理、逻辑清晰、要点完整			1
4	强调库存	10	新颖、明了、有吸引力			1+2
5	强调优惠	10	新颖、明了、有吸引力			1+2
6	强调发货	10	新颖、明了、有吸引力			1+2
7	强调赠品	10	新颖、明了、有吸引力			1+2
	得分合计					

4

■ 子任务四　制定关联推荐方案

一、任务准备

（一）知识准备

知识点一：关联销售的定义

关联销售是指在一个产品链接上同时有另一个产品的描述，一般这种形式是对同款产品或对有关联产品的引导销售，这种方式可以提高客户的自主选择权和网站黏性。进行关联推荐，首先要寻找产品与需要营销商品的关联性，然后在双赢的基础上，进行多层次的推荐引导。

知识点二：关联销售的意义

关联推荐对店铺的意义重大，它可以大幅度提高商品的曝光量和销量，通过商品搭配技巧，获取客户更多的关注。好的搭配可以有效提高店铺转化率，店铺可以将引流款与利润款或爆款与新款之间搭建一个关联，便于顾客查找，让潜在用户发现自己的需求，提高客单价。

进行关联销售时，一定要做好产品关联，这是非常需要技巧的，如同类关联，就要推荐同款产品相似风格、同等价位的产品，让客户有更多选择；互补关联，就要用互补商品进行搭配，如眼镜框搭配眼镜片等。利用不同的产品关联帮助店铺进行有效引流。

（二）操作准备

步骤一：熟悉产品信息

进行产品关联推荐时，首先要了解产品信息，只有知道产品的品牌、分类、规格、知识等信息，才能对产品进行科学搭配，更专业地为客户推荐适合的产品。

各类产品信息
细分

步骤二：消费者消费偏好（购物体验）问卷调研

消费者需求偏好分析是指消费者对不同商品或商品组合的喜好程度。在消费者的收入和产品价格基本固定的情况下，消费者对产品的选择最终取决于对产品的偏好程度。通过分析消费者偏好，可以明确产品的哪些方面对顾客具有吸引力，消费偏好是什么，能帮助企业更好地设计关联推荐产品。

【随堂作业】　设计一份调研唐韵温泉消费者偏好的调研问卷，题目控制在 15 个字以内。搭配设计问卷礼。

1. 请问您了解温泉旅游吗？

　　A. 了解　　　　　　　B. 不了解　　　　　　C. 一般

2. 您愿意为温泉旅游花多少钱？

　　A. 1000 元以下　　　B. 1000~2000 元　　C. ＿＿＿＿＿＿＿　　D. ＿＿＿＿＿＿＿

3. 如果去温泉旅游您愿意安排几天时间？

A. 1 天以内　　　　B. ＿＿＿＿＿＿＿　　C. ＿＿＿＿＿＿＿　　　　　　D. ＿＿＿＿＿＿＿

4. 您觉得温泉酒店最吸引您的地方是?

A. 温泉的养生功效　　　　　　　　B. 温泉的环境景观

C. ＿＿＿＿＿＿＿　　　　　　　　D. ＿＿＿＿＿＿＿

5. 您选择温泉旅游的目的是?

A. 温泉风光　　　B. 休闲度假　　　C. ＿＿＿＿＿＿＿　　　　　　D. ＿＿＿＿＿＿＿

6. 在旅游过程中,您首选的就餐地点是?

A. 酒店配餐　　　B. 农家乐　　　　C. ＿＿＿＿＿＿＿　　　　　　D. ＿＿＿＿＿＿＿

7. 在旅游过程中,您会选择哪种休息方式?

A. 特色酒店　　　B. 民宿　　　　　C. ＿＿＿＿＿＿＿　　　　　　D. ＿＿＿＿＿＿＿

8. 您对于温泉酒店基础设施的需求更偏向于?

A. 交通情况　　　B. 卫生情况　　　C. ＿＿＿＿＿＿＿　　　　　　D. ＿＿＿＿＿＿＿

9. 相比于其他旅游,您认为温泉旅游在哪一方面花销更大?

A. 住宿费用　　　B. 交通费用　　　C. ＿＿＿＿＿＿＿　　　　　　D. ＿＿＿＿＿＿＿

10. 在旅游过程中,您希望有哪些娱乐场所?

A. 民俗体验馆　　B. 酒吧　　　　　C. KTV　　　　　　　　　　 D. ＿＿＿＿＿＿＿

E. ＿＿＿＿＿＿＿

11. 在旅游过程中令您不满意的通常是?

A. 费用不合理　　B. 住宿不方便　　C. ＿＿＿＿＿＿＿　　　　　　D. ＿＿＿＿＿＿＿

问卷礼设计如下。

活动类型:抽奖。

奖品等级:特等奖、＿＿＿＿＿＿、＿＿＿＿＿＿、三等奖。

获奖概率:特等奖(5%)、　　　(　　)、　　　(　　)、三等奖(40%)。

奖　　品:特等奖获＿＿＿＿＿＿＿＿＿＿＿＿＿＿＿＿＿＿＿＿＿

＿＿＿＿＿获＿＿＿＿＿＿＿＿＿＿＿＿＿＿＿＿＿＿＿＿＿

＿＿＿＿＿获＿＿＿＿＿＿＿＿＿＿＿＿＿＿＿＿＿＿＿＿＿

＿＿＿＿＿获＿＿＿＿＿＿＿＿＿＿＿＿＿＿＿＿＿＿＿＿＿

(三)任务要领

1. 关联推荐的搭配方式

产品关联推荐是商家提高客单价、提升转化率非常有效的方法之一。80% 的商家为了方便采用全店统一式的关联,将所有的宝贝都关联同一产品。虽然这种方式最便捷,但效果却不佳,主要原因是缺少根据产品的特性来量身定制。

4 种常见
关联方式

2. 关联推荐的技巧

关联商品推荐也不是越多越好,不同类目可推荐的数量多少有些不同。例如,服饰类,衣服的花样选择往往很多,这时为了不让消费者挑花眼,又要让他们有选择的余地,可以为顾客关联 6~9 款商品。如果是捆绑式的关联销售，则 2~4 个产品即可，5 个以上产品捆绑往往不会带来更多的转化。如果是搭配套餐型，如客户买了一个手机，搭配手机壳和手机贴膜，那么搭配数量最好不要超过 2 个，否则会引起客户反感。

（四）任务流程

子任务四制定关联推荐方案操作流程如图 4-56 所示。

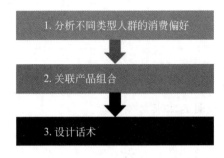

图 4-56　子任务四制定关联推荐方案操作流程

二、任务操作

操作要求：扫码查看步骤一案例背景材料中的人群消费偏好，设计关联推荐的产品备选组合。

本任务操作的最终目标：完成预设 4 个场景的关联推荐话术文案。

步骤一：分析不同类型人群的消费偏好

近年来，随着人们生活水平的不断提升，旅游业发展迅速。同程艺龙与马蜂窝曾共同发布了《新旅游消费趋势报告》，针对旅游人群使用习惯及市场趋势进行了解读。新旅游消费者从原来的"价格驱动型"客户到"服务驱动型"，现在正向"一站式消费"模式转变。据公开数据显示，43% 的客户会在同一平台组合购买交通、住宿、门票和景区娱乐产品。消费者对旅游产品的丰富程度与一站式消费的便利程度要求越来越高，除传统的交通、住宿、门票之外，消费者还希望能购买到更多的关联旅游服务。如当地向导、当地消费、出国签证、旅游 Wi-Fi、接驳交通等，都是关联服务中热度较高的产品。旅游热门产品关联如图 4-57 所示。

影响旅游者购买行为的 4 种主要因素

不同的旅游人群消费偏好各不相同，扫描右方二维码查看影响旅游者购买行为的 4 种主要因素。

唐韵温泉主要通过分析消费者的年龄来判断人群偏好，根据人群偏好需求设计关联产品组合。

步骤二：关联产品组合

唐韵产品列表见表 4-56。根据唐韵温泉主要旅游产品，设计针对不同年龄人群的关联产品组合，填写表 4-57。

购买服务	占比
门票 + 住宿 + 交通	43.3%
门票 + 景区娱乐产品	16.3%
门票 + 住宿	14.6%
仅门票	11.9%
门票 + 交通	9.1%
门票 + 景区餐饮	4.8%

图 4-57　旅游热门产品关联

表 4-56　唐韵产品列表

产品种类	产品详情	产品价格
温泉景区	成人温泉票	198 元
	儿童温泉票	88 元
唐韵文化主题酒店	中式豪华标间	388 元 / 晚
	日式豪华标间	388 元 / 晚
	中式温泉房	828 元 / 晚
	园林标准房	448 元 / 晚
	湖景家庭房	548 元 / 晚
	湖景温泉房	778 元 / 晚
	自助早餐	30 元 / 位
	特色养生午餐	108 元 / 位
	自助晚餐	188 元 / 位
唐韵疗养院	健康项目评估	499 元
	蜡疗	178 元
	灸疗	178 元
	中药熏蒸	189 元
	水中运动	198 元
	康复训练	299 元
景区游玩	牛头山	120 元
	俞源	36 元
	坛头湿地公园	58 元
	大红岩	39 元
	寿仙谷	28 元
	郭洞	25 元

表 4-57　关联产品组合

消费者年龄层	关联产品	价格 / 元
18~30 岁	中式豪华标间 +2 成人温泉	588
	日式豪华标间 +2 成人温泉 + 自助晚餐	648
	湖景温泉房 + 自助晚餐 + 景区任选 2	1088
30~50 岁	中式豪华标间 +2 成人温泉 +1 儿童温泉 +3 自助早餐	648
	湖景家庭房 +2 成人温泉 +2 儿童温泉 +4 早餐 + 景区任选 2	1288
50~65 岁	中式豪华标间 + 健康项目评估 + 中药熏蒸	588

步骤三：设计话术

很多顾客喜欢静默下单，所以顾客在店铺拍下商品第一时间就是进行关联推荐的最好时机。客服可以通过核对商品信息和收货地址来跟顾客建立沟通联系，再根据顾客所拍产

4

品特性，分析客户喜好、推荐关联产品。在推荐时可以就顾客担心的产品质量和售后等问题进行解释，告诉顾客搭配购买是最优惠的消费方式。

例如，您好，看到您在我们酒店拍了本月 20 日的中式豪华标间一晚，您是一位还是两位？大概到店时间是？我们到时会为您在房间准备新鲜水果。另外，同时拍下我们特色温泉门票享有 7.5 折优惠哦，比到店购买便宜 196 元呢！这是我们的温泉门票链接，您看一下呀。

一位顾客拍下了唐韵温泉 11 月 3 日至 5 日两晚的湖景家庭房，作为客服请利用以上话术为这个顾客进行关联产品推荐。

产品推荐：湖景家庭房 +2 成人温泉 +2 儿童温泉 +4 早餐 + 景区任选 2	

一位顾客拍下了唐韵温泉 12 月 17 日中式豪华标间两间，作为客服请利用以上话术为这个顾客进行关联产品推荐。

产品推荐：中式豪华标间 + 健康项目评估 + 中药熏蒸	

一位顾客拍下了唐韵温泉 12 月 31 日晚的湖景温泉房一间，作为客服请利用以上话术为这个顾客进行关联产品推荐。

产品推荐：湖景温泉房 + 自助晚餐 + 景区任选 2	

三、任务评价

子任务四制定关联推荐方案评价如表 4-58 所示。

表 4-58　子任务四制定关联推荐方案评价

序号	项　目	分值	评 分 点	自　评	教 师 评	类型 1. 能力 2. 素养
1	关联产品设计	15	新颖、合理			1
2	关联产品价格设计	15	合理			1+2
3	了解顾客购买行为	10	合理、逻辑清晰			1+2
4	判断顾客潜在需求	20	新精准度			1
5	话术专业度	15	明了、准确、专业			1+2
6	礼貌用语	15	明了、准确、专业			1+2
7	推荐技巧	10	明了、准确、专业			1
得分合计						

■ 子任务五　制定推新话术

一、任务准备

（一）知识准备

知识点一：重复购买率

重复购买率是指单位时间内重复购买客户的人数与总购买人数的比值。例如，在一年内，共有 200 个客户成交，其中 40 个客户是重复购买客户，那么该店的重复购买率则为 20%。重复购买的客户越多，重复购买率则越高，消费者对品牌的忠诚度就越高。

重复购买率对企业至关重要，历久常新的企业往往都有较高的重复购买率，现在很多网红产品通过营销瞬间扩大影响力，使年轻人产生好奇而购买，但这些顾客往往尝鲜后便会慢慢流失，想要维持顾客的购买率，产品的质量、性价比、服务缺一不可。

知识点二：推新的重要性

企业都喜欢新客户，新客户的购买能使企业的成交量不断上涨，而在新客户购买之后怎么维系客户关系，利用推新的方式使新客户重复购买变成老客户，才是企业想要从新客户身上挖掘的更高价值。

据调查欧洲国家网络购物数据，重复购买顾客给店铺带来的平均利润为 5.34 欧元，是首次购买者交易额的 3 倍。欧洲国家网络购物销售中 26% 来自重复购买客户，英国为 16%，而美国虽然只有 8% 的销售来自重复购买客户，但 41% 的利润都来自这部分客户。所以，想将新客户转化为老客户，提升老客户的购买率就要进行有效的客户维系、产品推新。

知识点三：老客户在推新中的重要性

在中国的电商平台中，很多商家还没有意识到复购推新的重要性，把重心只放到引流上，甚至有些微商在客户下单一次后，直接把客户的微信删除，这种做法都是非常不明智的。据调查显示，在某些类目，如母婴类产品，专注做老客户的推新，能够提升 60% 的产品复购率。从以上数据看来，老客户在推新中有着举足轻重的地位，高利润、好口碑、低成本都体现了老客户的重要程度。

为什么老客户
如此重要

（二）操作准备

步骤一：推新人群定位

产品推新不是盲目地将所有客户都纳入目标人群中，而是通过顾客购买频次、兴趣方向等信息，分析出哪些客户对推新产品更有需求、转化率更高，从而确定精准人群，让推新信息在有需要的客户前展示。

首先，分析客户购买的频率，不同类目的产品客户购买频率各不相同，如厨房日用品一般购买频率为 3 个月，那么在推新时就可以针对 3 个月前曾有购买行为的客户做信息推送。其次，考虑客户的兴趣方向，分析客户曾经购买产品的偏好，分析推新产品符合哪些客户的兴趣，推新有针对性地进行。

4

步骤二：老客户试用体验与建议

定位好推新人群后，为了保证活动质量，企业可以先邀请部分老客户对产品进行试用，通过客户的试用体验与建议判断该产品的推新定位是否准确。选择试用老客户尽量选择对产品兴趣高且黏度大的客户，这样在试用之后，才能更有效地回收客户试用反馈。

【随堂作业】 某护肤品牌推出了自己的新品美白精华，在正式推新之前，该公司对部分忠实客户进行了免费试用活动，请设计一份问卷，调研客户对新品美白精华的试用反馈，题目控制在 15 个以内。搭配设计问卷礼。

1. 您的性别？

　A. 男　　　　　　　　B. 女

2. 您的年龄？

　A. 20 岁以下　　　B. _____　C. _____　D. _____

3. 您的皮肤类型？

　A. 油性皮肤　　　B. _____　C. _____　D. _____

4. 您常用的护肤品主要功效有哪些？

　A. 保湿　　　　　B. _____　C. _____　D. _____

5. 您对本次试用产品美白精华的总体评价是几分？

　1 分　　2 分　　3 分　　4 分　　5 分

6. 您对产品的外在属性评分？

外观包装设计	1 分	2 分	3 分	4 分	5 分
产品说明书	1 分	2 分	3 分	4 分	5 分
包装质感	1 分	2 分	3 分	4 分	5 分
产品颜色	1 分	2 分	3 分	4 分	5 分
使用方便性	1 分	2 分	3 分	4 分	5 分

7. 您对产品的内在属性评分？

保湿	1 分	2 分	3 分	4 分	5 分
滋润	1 分	2 分	3 分	4 分	5 分
吸收	1 分	2 分	3 分	4 分	5 分
气味	1 分	2 分	3 分	4 分	5 分
温和	1 分	2 分	3 分	4 分	5 分
浓稠	1 分	2 分	3 分	4 分	5 分

8. 您是否按照说明书坚持使用本产品？

　A. 是　　　　　　　　B. 否

9. 您在使用产品之后是否出现不良反应？

　A. 是　　　　　　　　B. 否

10.请为本产品的美白功效打分。

　　1分　　2分　　3分　　4分　　5分

11.您会长期购买此类美白精华吗？

　　A.是　　　　　　B.否

12.通过您对该产品整体效果的评价，是否推荐上市？

　　A.效果非常好，推荐上市

　　B.＿＿＿＿＿＿＿＿＿＿＿＿

　　C.＿＿＿＿＿＿＿＿＿＿＿＿

　　D.＿＿＿＿＿＿＿＿＿＿＿＿

13.本产品一瓶30毫升，您认为零售价多少更适合市场推广？

　　A.＿＿＿＿＿＿　B.＿＿＿＿＿＿　C.＿＿＿＿＿＿　D.＿＿＿＿＿

14.若此产品在市面上出售，您购买的可能性是？

　　A.肯定买　　　B.＿＿＿＿＿＿　C.＿＿＿＿＿＿　D.＿＿＿＿＿

15.您对本产品还有什么其他感受和建议，请简要描述。

　　＿＿＿＿＿＿＿＿＿＿＿＿＿＿＿＿＿＿＿＿＿＿＿＿＿＿＿＿＿＿

问卷礼设计如下。

活动类型：抽奖。

奖品等级：特等奖、＿＿＿＿＿＿、＿＿＿＿＿＿、三等奖。

获奖概率：特等奖（5%）、　　（　　）、　　（　　）、三等奖（40%）。

奖　　品：特等奖获＿＿＿＿＿＿＿＿＿＿＿＿＿＿＿＿＿＿＿＿＿＿

　　　　　＿＿＿＿获＿＿＿＿＿＿＿＿＿＿＿＿＿＿＿＿＿＿＿＿＿＿

　　　　　＿＿＿＿获＿＿＿＿＿＿＿＿＿＿＿＿＿＿＿＿＿＿＿＿＿＿

　　　　　三等奖获＿＿＿＿＿＿＿＿＿＿＿＿＿＿＿＿＿＿＿＿＿＿

（三）任务要领

1.选择推新时间

在商品供大于求的市场中，如何让新品迅速占领市场，可以先从选取推新时间节点下手。以快销品为例，一般推出新品的时间节点有两个，每年的春节前和9月。

春节前的两个月是快销品销售的重要节点，尤其对于糕点、饮料、土特产等礼盒商品，是非常好的老客户推新时机。另外一个时间是9月，这个时间段很多学校都开学了，零食、方便面、月饼等食品成为年轻学生的必买产品，这时候进行老客户推新转化率更高。

详解推新策略

2.制定推新策略

新品上架，在权重低的情况下，让销量迅速破零的方法就是利用老客户进行推新活动，作为店铺的忠实客户，往往购买概率更高，所以做好老客推新是让新品销量快速上涨的捷径。上新提醒、权益设置、投放渠道都是进行老客推新的方式。

4

（四）任务流程

子任务五制定推新话术操作流程如图 4-58 所示。

图 4-58　子任务五制定推新话术操作流程

二、任务操作

操作要求：首先确定推新的目标人群，然后分别设计适合消费中和消费后的推新利益点。

本任务操作的最终目标：设计适合消费后人群的推新品话术文案。

步骤一：确定推新目标人群

唐韵温泉推出了新的景区大唐街市，它集吃喝玩乐于一身，还原唐朝街景，顾客可以在汉服体验馆租一套心仪的汉服，穿上它走在街市，仿佛置身于繁闹的盛唐。请为大唐街市推新定位目标客户人群，见表 4-59。

表 4-59　推新目标客户人群

人群年龄	
过往消费频率	
过往消费金额	
过往消费产品	
兴趣方向	

步骤二：设计推新利益点

推新利益点一般分为消费中客户利益点及老客户消费后利益点，不一样的时间节点，利益点输出不同，请为唐韵温泉设计推新利益点，见表 4-60。

表 4-60　推新利益点

消费中利益点	消费后利益点
例如，再加 30 元即可享受 88 元大唐街市汉服体验	例如，唐韵温泉买 198 元成人票送 88 元儿童票一张

步骤三：设计推新话术

根据已经设计的推新利益点，针对消费中的客户及消费后的老客户为唐韵温泉设计不同的推新话术，见表4-61。

表 4-61　推新话术

消费中	例如，您好，刚刚看到您订了 5 月 9 日的中式标间，客服小董感谢您的预订。我们酒店的特色是天然温泉哦，温泉刚推出了大唐街市特色项目，非常适合您这样的年轻客人，现在您只需再加 30 元就可以体验大唐街市价值 88 元的汉服租赁服务，好看的汉服特别多哦，这是我们的链接，您看一下呀。
消费后	

三、任务评价

子任务五制定推新话术评价如表 4-62 所示。

表 4-62　子任务五制定推新话术评价

序号	项　　目	分值	评 分 点	自　评	教 师 评	类型 1.能力 2.素养
1	目标人群年龄	15	合理			1
2	过往消费特征	15	清晰、要点完整			1
3	目标人群兴趣	20	逻辑清晰、要点完整			1
4	消费中利益点	10	明了、有吸引力、新颖			1+2
5	消费后利益点	10	明了、有吸引力、新颖			1+2
6	消费中话术	15	明了、语言流畅			1+2
7	消费后话术	15	明了、语言流畅			1+2
	得分合计					

4

工作领域五
社交电商数据分析

学习目标

1. 知识目标

（1）掌握社群用户相关的 4 个关键数据指标。

（2）掌握社群促活相关的 3 个关键数据指标。

（3）掌握社群转化相关的 4 个关键数据指标。

（4）了解数据分析的两种常用方法。

（5）掌握直播流量相关的 5 个关键数据指标。

（6）掌握直播互动相关的 3 个关键数据指标。

（7）掌握直播转化相关的 6 个关键数据指标。

（8）掌握直播粉丝相关的 5 个关键数据指标。

（9）掌握直播推广相关的 4 个关键数据指标。

（10）了解数据可视化统计图形的类型及适用场景。

（11）掌握短视频运营相关的 8 个关键数据指标。

（12）理解抖音的数据权重机制与叠加推荐规则。

（13）认识短视频数据分析的 4 个工具。

2. 技能目标

（1）能够根据采集到的社群运营数据做好分析，并向决策者提交有效的社群运营数据日报、周报、月报。

（2）能够根据采集到的直播运营数据做好分析，并向决策者提交有效的直播运营数据日报、周报、月报。

（3）能够根据采集到的短视频运营数据做好分析，并向决策者提交有效的短视频运营数据日报、周报、月报。

3. 素养目标

（1）养成日常数据采集与统计习惯。

（2）培养学生对数据的敏感性。

（3）培养学生的数据保密意识。

（4）培养学生严谨的工作态度。

（5）培养学生缜密的逻辑思维。

任务一　分析社群运营数据

任务情境

1. 分析唐韵社群运营数据管理现状

唐韵目前有 60 多个百人以上的营销群，总计群成员 15000 多人，分别由 10 余位专职管家负责群管理。群内主要推送老客复购优惠信息，大促活动信息，每天固定发布 3~5 条官方优惠信息。其中，比较活跃的群分别是唐韵汉服打卡活动群、唐韵疗休养群、唐韵温泉福利群、上海地区唐韵温泉专属管家群、唐韵温泉周末团建金职院群等。

目前 10 多位专职管家的工作任务主要为接待团队，做好日常的接待工作，营销群的维护工作并未列入关键绩效指标内，所以群内的成员变化、活跃度、成交的统计和分析都未形成日常规范的体系。

2. 唐韵社群运营管理存在的问题

（1）没有规范的数据采集统计流程。平时管家们也都在积极设计社群活动，关注群内的人数变化，还用社群 AI 助理努力让群组热闹起来，但是在数据采集工作方面做得还是不够规范，特别是关键的数据指标方面，不乏遗漏和不准确的时候，并且统计周期的颗粒度也比较随意，有时候是两三天，有时候是一周，特别是客流量大的时候，管家常常忙于团队的接待，忽略社群的工作。

（2）社群数据没有定期分析。记录了基础数据后，对于数据的变化，管家们还是不太能做出准确分析，也无法非常准确地提供决策和建议。很多管家还是没有办法理解冷冰冰的数据背后到底蕴涵何种奥义，把数据的统计工作当作一个"苦差事"，不明所以。

（3）未定期开展日报和月报工作。目前的报告制度是周报，在每周一的管家例会上，每个管家会大概汇报自己管理的群组的情况，通常也是报喜不报忧，没有固定的汇报模板和格式，没有可视化图表，也没有规定汇报哪些关键指标。通常出现的问题也都是抛出来大家讨论，没有具体的解决方案和行动计划，更别提时间轴了，下一周可能还是出现类似的问题，然后很多问题就不了了之。

3. 破局之法

（1）做好数据采集统计和分析工作。数据工作最大的意义在于分析，得出结论，帮助

5

做决策。而不是两眼一抹黑的拍脑瓜行动。所以必须引导、教育社群管理员使用好数据这盏明灯，从中分析出哪个活动的引流效果最好、转粉率最高，原因是什么，以后有哪些可以借鉴或推广的地方；又如，群里最受欢迎的促活手段是什么，组织的打卡活动、签到活动、寻宝活动、集赞活动在我负责的社群里是不是合适，有没有出现水土不服？并且通过关注群内的粉丝画像的变化数据，把好手中的方向盘，做好每一次的社群活动。

（2）安排专职人员负责社群数据报告与审核。这项工作不仅考验执行者，也同样考验管理者。所有日报、周报、月报都是员工递交上来的答卷，如果没有阅卷老师的批改、讲解，那么答卷还有什么意义呢？所以，如果要执行好日报、周报、月报工作，管理者就必须花费更多的精力到社群的管理当中来。上报就要批阅，发现问题就要解决，发现好的举措就要推广，执行过程中，员工有懈怠情绪的，就要赋能。同时，制定好日报、周报、月报工作的时间点、格式要求，明确谁上报、报哪里、谁批阅。这样的数据采集、分析、汇报工作才真正有意义。

■ 子任务一　社群运营数据采集与统计

一、任务准备

（一）知识准备

知识点一：社群用户数据指标解析

1. 老带新率

老带新率，又称拉新率，是最直接反映社群的拓客效果的指标。可以结合每次的运营活动，进一步分析入群来源。例如，哪个来源渠道效果比较好，为什么这次活动的入群率比较高或低，这次活动的亮点或缺点是什么等。

在拉新率上，有一个 X 因子指标：X 因子 = 发起邀请的用户数 × 转化率。也就是说，一个发起邀请的用户最终可以带来几个新用户。正常 X 因子指标为 0.9，即一个发起邀请的老用户最终可以带来 0.9 个新用户是比较正常的，低于这个数字，则意味着社群运营质量不过关，或邀请机制或话术存在问题，需要优化和迭代。同时，社群的月度用户拉新总指标维持在 50% 以上是合理的，假设社群的初始人数是 50 人，一个月后，社群的总人数应该在 75 人以上，2~3 个月该群就可以封闭了，因为在社群管理员配备数量没有提升的情况下，一个社群超过 300 人后，管理、互动方面的效果都会明显下降。

2. 退群率

退群率是反映社群能否有留住人的价值的指标。根据退群率可以进一步分析退群的原因是什么，在什么时间退群，如何降低退群率。

3. 净增用户数

净增用户数是最直接、客观的考核指标，决定了后续用户的规模和运营策略。一个群人数太多、太少都不好，通常建议一个社群人数规模控制在 200~300 人较好。

净增用户 = 入群用户 − 退群用户，净增为正，可以保证健康增长。

净增虽然是入群和退群的综合结果体现，但是入群和退群背后反映的运营行为并不相同，甚至在一些组织，拉新和群内运营是不同团队，需要细化分析，以针对性改善运营行为。

4.用户数与留存率

用户数可以分为累计用户数和在线用户数。累计用户数表示累计接触了多少用户，在线用户数则表示最终留下了多少用户，通过两者之间的差距可以分析当下的运营行为。长期留存需要让用户持续发现并认识到社群的深层价值，而这种价值不是社群的有形价值（如内容输出、知识分享等），而是无形价值（如情感、认同、价值观、人脉、兴趣等）。一般用户的留存率需要维持在 60% 以上，70%~80% 是正常的水平，优秀社群的留存率可以达到 90% 以上。

知识点二：社群促活数据指标解析

社群活跃度是对社群运营综合能力的考验，包括社群定位、社群活动、社群内容等。通常来讲，社群的活跃度越高，社群的价值越大；反之，社群的价值则越小。所以，从某种意义上来讲，粉丝活跃率是决定社群生死的重要指标，一个社群的活跃率（活跃人数 / 群总人数）低于 15% 时，就比较难以运营。

1.社群互动率

社群互动率数据反映了多少人愿意参与群话题、问答、反馈、交流等。群里有交流就可以算一次活跃（乱发广告的除外），互动率的统计方式为当日有效发言人数 / 群成员总人数。最基础通用的 KPI（关键绩效）指标，可以进行单群、多群等社群架构下不同层级和粒度的社群活跃度对比，也同样方便做外部社群标杆对比。

互动率时间范围可以选择月、周及日（尤其是重要的活动日）进行统计。互动用户率是社群活跃度、运营能力的综合体现。另外，潜水用户有两类：一类是群目标用户，但没参与互动，希望促活；另一类本不是群目标用户，流失属于正常调整。对于需要激活的用户，要调研用户需求，分析运营策略、日常运营行为以及如何加以改善。

2.互动次数

从互动次数的指标上可以分析出有多少用户参与活动、有多少用户深度参与。次数多，说明参与深度比较高，那么可以进一步分析用户的喜好和群体的互动特点。据此可以在后续的活动中迭代优化策略，提升运营效率。

其中最基础的数据就是消息条数，也可以发起一些签到有礼的活动，记录签到人数；同时，发红包后，也可以统计抢红包的人数。用户端互动次数多，代表了较高、较深入的参与度，隐含较多的用户产生内容，可以做进一步分析，深挖用户需求偏好和群体互动内容特点。

3.活动内容

内容是社群比较重要的产出，除了运营者产生的内容，更多的价值点在于用户产生内容，一些产品社群在群内积极收集用户对产品、服务、活动、试用体验等提出的各种建议意见、需求、想法，将这些宝贵的用户声音，反馈到产品、服务、营销运营等部门，以供业务改进参考。

还有，本社群在一定的周期内开展了多少场活动，有多少篇有价值的内容、话题等。活动内容数量从一定程度上了反映了社群所提供的价值。社群运营核心指标如图 5-1 所示。

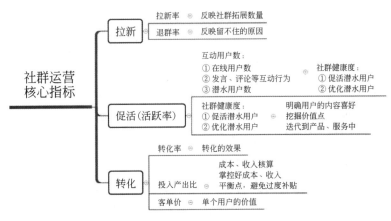

图 5-1　社群运营核心指标

知识点三：社群转化数据指标解析

1. 转化率

转化率 = 下单人数 / 群成员总数。不同的业务类型有不同的社群转化率，例如社交电商在 10% 左右，拼团的可能会高一点。影响转化率的主要因素也比较多，如产品质量、价格、服务、推广文章、成员质量等。

2. 社群 ROI（投入产出比）

投入产出比简称 ROI，投入产出比 = 销售额 / 投入。主要用来平衡投入和销售的均衡点，避免过度补贴，投入太大，造成亏损不可控。当然，任何推广活动，前期都是要加大投入的。另外，计算投入产出比的时候，还要关注产品成本，计算出盈亏平衡点。

3. 客单价

客单价 = 订单总金额 / 订单人数，这个指标可以用来判断某个用户群体的心理价位是多少，也能用来判断单个用户的价值。

4. 复购率

复购率也称二次转化指标，一般也放在转化指标中，是指老用户完成 2 次以上的官方引导行为（如购买等），该数据反映忠实客户的比例，对于转化具有非常重要的意义。因为二次转化的比例越高，意味着老用户越活跃。

以上是社群运营的主要参考指标。当然，业务不同，在具体运营时，还要结合业务指标，例如，在线教育行业考核听课率、完课率；酒店景区行业考核到店率、预订率等。一些以服务为导向的业务社群，还考核问题的快速响应率，即解决问题的时效；有些社区类的社群，还考核社群的自运转率，就是让用户自行运营社群，形成自运转系统。所以运营实践中，要结合自己的社群目的、业务形式，根据目标建立分析指标，从而提升社群的效率。

（二）操作准备

步骤一：制作在线数据采集表格模板

一般情况下，社群都是由多人管理的，而且一个公司也有很多社群需要进行数据的报备统计。如果每个人都把表格留在自己的计算机上，一方面无法实现协同办公，还有可能造成非常多的统计口径，同时也不方便人员离职后的工作交接。所以，推荐使用协同办公的在线表格，实现唯一统计口径、随时随地修改查看、团队协同办公。根据知识准备里的11 个关键指标，创建采集模板。×× 公司 ×× 社群数据日报表模板（用户及促活部分）见表 5-1，社群转化指标日报模板见表 5-2。

表 5-1　×× 公司 ×× 社群数据日报表模板（用户及促活部分）

数据类型	用户数据指标							社群促活数据指标			
日期	当前总人数	进群人数	退群人数	退群率	老带新人数	推新率	净增人数	互动人数	互动率	互动消息数	活动内容
填写要求	直接采集	直接采集	直接采集	计算	间接采集	计算	计算	间接采集	计算	间接采集	记录摘要

退群率 = 退群人数 ÷ 群总人数

推新率 = 老带新人数 ÷ 前日（周期）群人数

净增人数 = 昨日群总人数 + 今日新进群人 − 今日退群人数

　　　　　= 今日群总人数 − 昨日群总人数

互动率 = 互动人数 ÷ 群总人数

表 5-2　社群转化指标日报模板

数据类型	社群转化数据指标							
日　期	成交金额	成交人数	转化率	客单价	今日投入	投产比	复购人数	复购率
填写要求	间接采集	间接采集	计　算	计　算	间接采集	计　算	间接采集	计　算

转化率 = 成交人数 ÷ 群总人数

客单价 = 成交金额 ÷ 成交人数

投产比 = 今日投入 ÷ 成交金额

步骤二：确定采集时间点和责任人

可以设计每天早上上班的时间点为数据采集时间，如果是 9:00 上班，那么这里的每日数据统计口径就是昨日的 9:00 至今日 9:00 的数据表现，而不是刻意用凌晨 0:00 作为统计分割。确定责任人也非常重要，每个群的管理员、数据填报人、数据审核人都要确定下来，并下发一个内部纪要。如果填报人是需要交接班的，刻意在表格的最后加上一个填报人项即可。

（三）任务要领

1. 如何采集社群里的间接数据

仔细看上面的表格会发现有好几个数据都标注着间接采集。直接采集很好理解，例如群总人数、新进群人数等，那么间接采集是什么意思呢？例如老带新人数，这个数据就属于间接采集，如果前期不做额外的工作，这个数据将无法统计。

（1）老带新人数。统计老带新人数的方法有几种：第一种是进群申请的时候，让用户自己备注介绍人，或进群询问后手动记录；第二种是现在比较常见的方法，通过邀请码来实现上下游关系查看，小程序就可以实现，每个用户都拥有自己的邀请码，也能查看自己成功邀请了几人，统计的时候，总后台里可以体现这个数字。

（2）互动消息条数。想要知道一个群里每天有多少条聊天消息，也有几种方法：一种是市面上的某些插件可以统计；另一种就是用第二个备用手机，将这个群设置为"消息免打扰"，之后每天填报的时候查看一下群消息，第二天再看的时候，折叠在群角落里就有"××条新消息"信息，可以知道前一天的消息条数，非常方便。查看前日群消息数小技巧如图5-2所示。

图 5-2　查看前日群消息数小技巧

（3）互动人数。如果群人数比较少，消息条数少，那么还容易统计互动人数，人数多的话，该怎么统计呢？QQ群是有这个功能的，根据群成员发言数量的多少给予一个称号，微信没有自带统计发言数量这个功能，一方面，可以自行寻找一款合规的辅助插件来实现自动统计；另一方面，群主可以每天通过签到、抢红包、接龙、打卡等群活动来实现互动人数的统计。另外，群管理员需要定期调整用户的备注，对非常活跃的或从未发过言的人进行备注，还可以提高活跃种子用户的积极性，轮流设置值班管理员。

2. 群内的成交转化不好区分怎么办

通常社群运营是品牌或公司推广营销的一个手段，成交的归口都是在某个网店或小程序的店铺里，这样不好区分到底是不是社群运营产生的成交。其实也有很多方法可以帮助进行统计。例如，可以在网店里设置一个专属的社群交易链接，固定将群里的成交归拢到专属的链接里，这样就非常方便进行统计。有条件的商家也可以开一个社群成交的专属小微店，成本也是比较低的。

如果既无法实现专属的链接，也不准备开专属微店，那么可以在社群活动中设置专属的成交福利暗号，配合专属的福利活动，引导客户下单时，给客服发群福利暗号，下单后客服可以进行统一的插旗、备注，当然客户自己也可以主动备注，这样在订单信息导出的时候就可以进行筛选。

为什么要多此一举地去创建新链接或备注呢？其实这个对于渠道运营策略的优化有着至关重要的作用，如果连渠道的成交情况都不清楚，那么怎么来评判运营手段、设计的活动是否正确？

3. 为什么每天要都进行统计

现在有这么多数据采集工具，为什么每天还需要采集统计数据呢？

一方面，再先进的统计分析工具也是为运营者服务的，如果不能腾出时间，每天进行统计，那么再多的数据都没有意义。可以说，数据登记是一切分析的基础，无论是手工登记还是插件抓取，都很重要，这也是一个运营人员了解运营情况的基础。

另一方面，很多的数据统计工具里的数据都是具有时效性的，哪怕是在运营某个网店的时候，都需要每天在海量的数据里把关键数据登记下来，生意参谋里，很多3个月前的数据就看不到了，更别说是社群这样的并没有非常完善的数据参谋后台的运用了。

最后是因为，一般来说，每个社群管理人员手中负责的社群都有很多个，为让运营者掌握每个社群的情况并且方便横向对比，更好地去撰写运营日报、周报、月报，也需要将数据统计的工作列入每日的工作议程，并列入相关人员考核范围。

（四）任务流程

子任务一社群运营数据采集与统计操作流程如图 5-3 所示。

图 5-3　子任务一社群运营数据采集与统计操作流程

二、任务操作

操作要求：根据操作提示，仔细查看填表素材图片，找到对应的填表数据。

本任务操作的最终目标：完整填写社群数据日报表用户指标填写、日报表促活数据指标填写、日报表转化数据指标填写。

步骤一：社群用户数据指标采集

操作提示：根据图 5-4 填写表 5-3 中 6 月 19 日这一行。需要注意，正常的数据日报表是 Excel 内制作的，日期统计在纵向，数据指标在横向，方便对比。为让大家看得更清楚，这里分开展示不同类的数据。另外，特别提醒的是，多个群的数据需要单独统计，可以分表，也可以分 Sheet，建议是同一个运营人员管理的群组列在一个表，提高统计工作的效率。

5

正常来说，一个社群的统计不超过 20 个数据指标，熟练后应在 5~8 分钟内完成才算合格。社群数据日报表用户指标填写见表 5-3。

表 5-3　社群数据日报表用户指标填写

用户数据指标						
日　　期	当前总人数	进群人数	退群人数	退群率	老带新人数	推新率	净增人数
填写要求	直接采集	直接采集	直接采集	计算	间接	计算	计算
6 月 17 日	418	31	0	0	26	6.2%	31
6 月 18 日	428	11	1	2.5‰	9	2.4%	10
6 月 19 日							

6 月 19 日用户数据变化如图 5-4 所示。

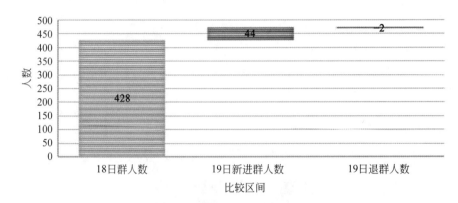

图 5-4　6 月 19 日群用户数据变化

步骤二：社群促活数据指标采集

根据图 5-5~ 图 5-7 填写表 5-4 中 6 月 19 日这一行。

表 5-4　社群数据日报表促活数据指标填写

社群促活数据指标			
日期	互动人数	互动率	互动消息数	活动内容
填写要求	间接采集	计算	间接采集	记录摘要
6 月 19 日				

步骤三：社群转化数据指标采集

根据表 5-5 中预设数据，计算填写表 5-5 中 6 月 19 日这一行。

图 5-5　6 月 19 日互动消息数

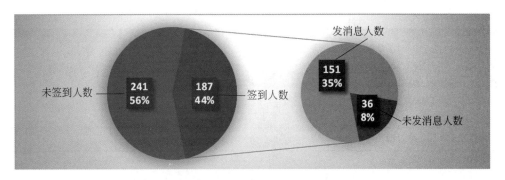

图 5-6　6 月 19 日社群互动人数

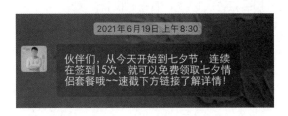

图 5-7　6 月 19 日社群活动

表 5-5　社群数据日报表转化数据指标填写

数据类型	社群转化数据指标							
日期	成交金额	成交人数	转化率	客单价	今日投入	投产比	复购人数	复购率
填写要求	间接采集	间接采集	计算	计算	间接采集	计算	间接采集	计算
6 月 19 日	600	6			50		1	

三、任务评价

子任务一社群运营数据采集与统计评价见表 5-6。

表 5-6　子任务一社群运营数据采集与统计评价

序号	项　目	分值	评分点	自　评	教 师 评	类型 1. 能力 2. 素养
1	社群用户数据指标采集	30	理解所有数据含义 掌握数据来源 熟记计算公式			1
2	社区促活数据指标采集	30	理解所有数据含义 掌握数据来源 熟记计算公式			1
3	社群转化数据指标采集	30	理解所有数据含义 掌握数据来源 熟记计算公式			1

5

续表

序号	项　目	分值	评　分　点	自　评	教　师　评	类型 1. 能力 2. 素养
4	探索间接数据指标采集的多种途径	10	规范严谨 善于思考善于探究			1+2
	得分合计					

■ 子任务二　社群运营数据分析与报告

一、任务准备

（一）知识准备

知识点一：数据分析常用方法

1. 对比分析

对比分析主要是指将两个相互联系的指标数据进行比较，从数量上展示和说明研究对象的规模大小、水平高低、速度快慢等相对数值。通过相同维度下的指标对比可以发现、找出业务在不同阶段的问题。

常见的对比方法包括时间对比、空间对比、标准对比。时间对比有同比、环比、定基比 3 种。例如，本周和上周进行对比就是环比；本月第一周和上月第一周对比就是同比；所有数据同今年的第一周对比则为定基比。通过 3 种方式，可以分析数据增长水平、速度等信息。

2. 漏斗分析

漏斗分析是一套流程式数据分析，它是能够科学反映用户行为状态以及从起点到终点各阶段用户转化率情况的重要分析模型。例如，在一款产品服务平台中，直播用户从激活 App 开始到花费，一般的用户购物路径为激活 App、注册账号、进入直播间、互动行为、礼物花费五大阶段，漏斗能够展现出各个阶段的转化率，通过漏斗各环节相关数据的比较，能够直观地发现和说明问题所在，从而找到优化方向。

漏斗分析模型已经广泛应用于各行业的数据分析工作中，用于评估总体转化率、各个环节的转化率，以科学评估促销专题活动效果等，通过与其他数据分析模型结合进行深度用户行为分析，从而找到用户流失的原因，以提升用户量、活跃度、留存率，并提升数据分析与决策的科学性等。

知识点二：数据分析报告的作用

数据分析报告实质上是一种沟通与交流的形式，主要目的在于将分析结果、可行性建议及其他有价值的信息传递给管理人员。它需要对数据适当进行提炼，让阅读者能对其结果正确加以理解与判断，并据以其做出有针对性、操作性、战略性的决策。

数据分析报告主要有以下 3 个方面的作用。

1. 展示分析结果

报告以某一种特定的形式将数据分析结果清晰地展示给决策者，使他们能够迅速理解、分析、研究问题的基本情况、结论与建议等内容。

2. 验证分析质量

从某种角度上来讲，分析报告也是对整个数据分析项目的一个总结。通过报告中对数据分析方法的描述、对数据结果的处理与分析等几个方面来检验数据分析的质量，并且让决策者能够感受到这个数据分析过程是科学、严谨的。

3. 为决策者提供决策参考依据

大部分的数据分析报告都具有时效性，得到的结论与建议可以作为决策者在决策方面的一个重要参考依据。虽然大部分决策者（尤其是高层管理人员）没有时间通篇阅读分析报告，但是，在决策过程中，报告的结论与建议或其他相关章节会被重点阅读，并根据结果辅助其最终决策。所以，分析报告是决策者二手数据的重要来源之一。

知识点三：数据分析报告的基本结构

数据分析报告有特定的结构，但是这种结构并非一成不变，不同的数据分析师、不同的管理者、不同的客户、不同性质的数据分析，最后的报告可能会有不同的结构。最典型的报告结构还是"总—分—总"结构，主要包括开篇、正文和结尾三大部分。

在数据分析报告结构中，"总—分—总"结构的开篇部分包括标题、目录和前言（主要包括分析背景、目的与说明）；正文部分主要包括具体分析过程与结果；结尾部分包括结论、建议及附录。数据分析报告结构如图 5-8 所示。

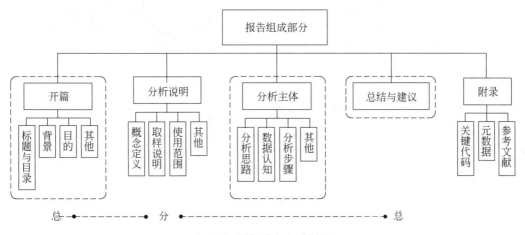

图 5-8　数据分析报告结构

（二）操作准备

步骤一：明确报告格式

既然是报告，就必须有一定的格式，一方面把需要决策者了解的关键点说清楚，另一方面也要言简意赅，方便审核。这里的日报一般是指一个管理人员将自己管理的所有群组的情况统一做汇报。例如，唐韵的每个管家会按照不同的人群属性或区域，被分配4~5个社群的管理运营权限。例如，小吴管家每天的日报就是将5个群的情况进行对比分析，而不是堆砌每个群的数据，让决策人自己去对比。

当社群的数量越来越多以后，就应该设置高级管理员。例如，最开始只有五六个疗休养群，后来慢慢发展到二三十个，这时就应该配置一个统管疗休养群的高级管理员，每天对这二三十个群的总体情况进行汇总，然后再向决策人汇报。

周报、月报的重点与日报是不一样的，一方面要做同比、环比；另一方面还要做可视化分析，当然在后期应用的时候，一定要结合自己的产品类别、企业类型，社群的服务内容对报表进行举一反三。

步骤二：明确汇报的对象和方式

每一项工作的推进都离不开这几个方面：明确的目标、充足的人员配备、完善的机制体制、有效的内部激励、明确的反馈路径、清晰的内部分工、合理的推广预算。所以想要推进社群的建设工作，特别是数据分析和汇报，必须要有非常清晰的责任人，图5-9为参考图，灰色框线内可以按照实际情况填写负责人姓名。

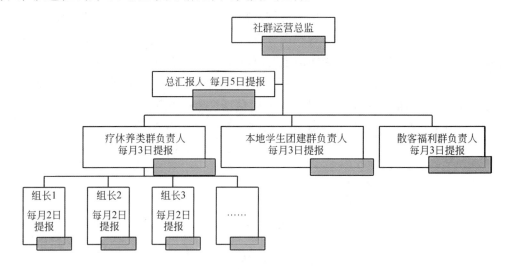

图 5-9　数据汇报责任人分工图

（三）任务要领

1. 分析报告结论要明确，要精当，要有逻辑

分析报告如果没有明确的结论那么就失去了其存在的根本意义。企业是要去寻找或印证一个结论才会去做分析，精简的结论也容易被阅读者接受，减少重要阅读者的阅读心理门槛，如果别人看到问题太多，结论太繁，读不下去，100个结论也等于零；不要有猜测性的结论，太主观的东西会没有说服力，如果一个结论连自己都没有肯定的把握，就不要拿出来误导别人。

2. 数据分析报告尽量图表化，风格统一

用图表代替大量堆砌的数字会有助于人们更形象、更直观地看清楚问题和结论，当然，图表也不要太多，过多的图表一样会让人无所适从；数据分析报告本身是很严肃的，跟样式、美观程度也有一定关系，不是说做得花哨，而是要保证基本的美观度，风格要统一。以下是一些常识性的配色：餐饮类搭配暖色调，如橘色、红色、黄色。国际贸易类搭配蓝色、灰色、雾蓝色、灰绿色。社会人文类按照感情颜色进行配色，其中，较严峻的社会问题，要用灰色、深蓝色；较喜庆的，使用红色、绿色、黄色。具体可按需搭配对比色和互补色。

3. 好的分析一定要基于可靠的数据源，同时具有可读性

很多时候收集数据会占据更多时间，包括规划定义数据、协调数据上报、让开发人员提取正确的数据或建立良好的数据体系平台，最后才在收集的正确数据基础上做分析，既然一切都是为了找到正确的结论，那么就要保证收集到的数据的正确性，否则一切都将变成为了误导别人而努力；除此之外，每个人都有自己的阅读习惯和思维方式，写东西总会按照自己的思维逻辑来写，别人不一定了解，要知道阅读者往往只会花 10 分钟以内的时间来阅读，所以要考虑报告阅读者是谁？他们最关心什么？必须站在读者的角度写分析报告。

4. 异常数据、重要数据、发现的亮点一定要重点标注

经常遇到这种情况：通篇看完报告，却一个数据都没有记住。整篇报告数据的大小一样、字体一样，没有特殊标注，当然印象不会深刻。别忘记报告的意义是什么，很多数据都是为重点数据做铺垫，要赋予重点数据不同的身份，用颜色、大小、标注做出区分，让传达变得更加直接。

（四）任务流程

子任务二社群运营数据分析与报告操作流程如图 5-10 所示。

图 5-10　子任务二社群运营数据分析与报告操作流程

二、任务操作

操作要求：仔细查看给出的社群运营日报表模板，结合子任务一收集相关数据。

本任务操作的最终目标：完整填写社群运营日报、月报，并跟随操作提示完成每一步的数据分析。

步骤一：做好社群运营数据日报

操作提示：扫描右侧二维码查看数据填报的相关素材，表 5-7 为社群运营专员小甜的工作日报模板，小甜分管 6 个本地的学生团建类社群，3 月开学后做了一波 99 元两天一夜团建活动，效果非常好。现在马上要放暑假了，可以多策划一些期末考试后的短途旅游活动，关注生源

社群运营日报素材

5

地在省内的学生群体的家庭游；也可以着重宣传策划 9 月开学季后的新生团建活动等。仔细查看素材，认真思考并填写运营日报，特别是运营的反思和次日的计划，根据数据情况找到需要改进的方面。

表 5-7　6 月 19 日【唐韵学生团建群】社群运营日报

报告人		社群数量	6	社群名称		
周次		年用户数量达成率			年销售额达成率	
类别	关键指标	数值	目标	达成率	改进方案	
用户数据	总人数					
	日净增用户数					
促活数据	互动率					
成交转化	成交金额					
	成交人数					
	转化率					
	客单价					
	推广投入					
	投产比					

运营效果反思

提示：主要分析运营活动效果、得失等，包括短板在哪儿，值得推广的经验是什么。

明日运营计划

步骤二：做好社群运营数据月报

【唐韵疗休养群】社群运营月报见表 5-8。

表 5-8　___年 6 月【唐韵疗休养群】社群运营月报

报告人		社群数量				
总用户数		年用户数量达成率			年销售额达成率	

主要结论：

续表

一、当月用户数据分析月报

1. 用户数量变化（使用堆积图表，下图为示例）

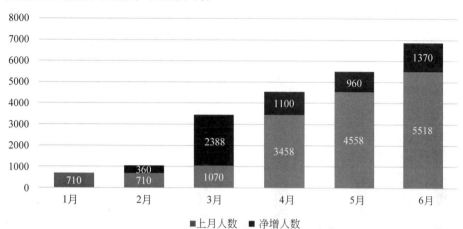

2. 结论与分析

本月的净增数量_____，总人数_____人，总退群 51 人，留存率_____。

新增用户中 155 人来自老粉丝推荐，老带新率_____。

整体数据对比上月_____，其中_____群的数据增量最佳，主要原因：社群内容质量高，专业性强，基于兴趣开展社群建设。

_____群的增速最慢，主要原因：社群人员标签不精准，推送的活动内容没有垂直性。

各群6月净增人数

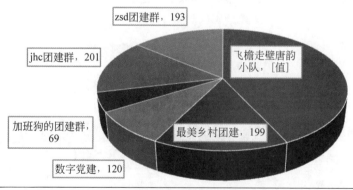

二、当月促活情况分析报告

1. 本月每个群分别开展 11 次社群活动，其中 jhc 团建群的毕业旅行活动效果最好，互动人数最多。

2. 用户画像变化。

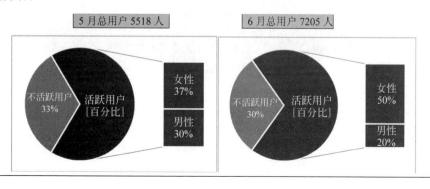

与上月相比，活跃人数增幅_____，其中女性活跃用户增加_____，男性活跃用户增加_____，主要原因：6月初各群都发布了旗袍＋泳装的免费写真拍照活动，女性用户互动较多。

三、转化数据分析报告

1. 销售额环比

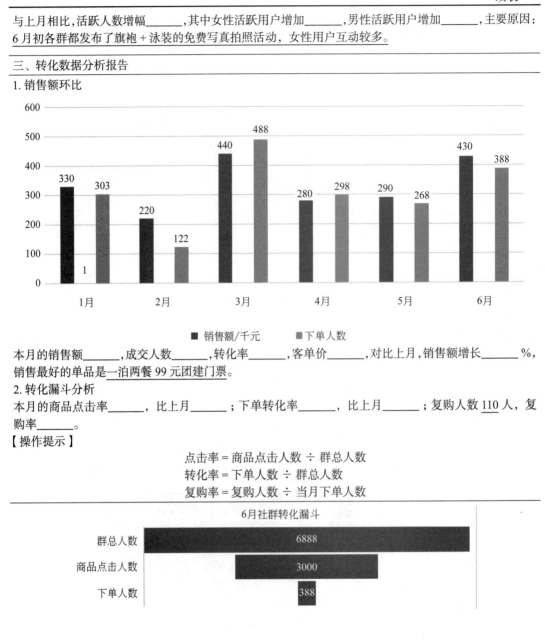

■ 销售额/千元　　■ 下单人数

本月的销售额_____，成交人数_____，转化率_____，客单价_____，对比上月，销售额增长_____%，销售最好的单品是一泊两餐99元团建门票。

2. 转化漏斗分析

本月的商品点击率_____，比上月_____；下单转化率_____，比上月_____；复购人数110人，复购率_____。

【操作提示】

点击率＝商品点击人数 ÷ 群总人数
转化率＝下单人数 ÷ 群总人数
复购率＝复购人数 ÷ 当月下单人数

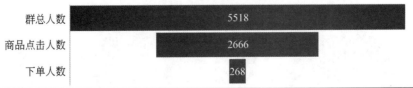

续表

3. 投产比分析

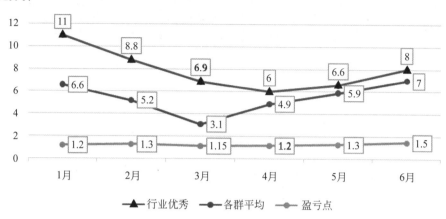

本月投产比_____，对比去年同期_____，其中投产比优秀的群是飞檐走壁唐韵小分队，主要原因：群里都是极限运动爱好者，充分利用武义周边极限运动景区的门票合作价格，群里投广告、发红包反馈都比较好。

四、本月异常数据分析

_____

_____

下月的运营方向与提案

1. _____

_____

2. _____

_____

3. _____

_____

三、任务评价

子任务二社群运营数据分析与报告评价见表 5-9。

表 5-9 子任务二社群运营数据分析与报告评价

序号	项 目	分值	评 分 点	自评	教师评	类型 1. 能力 2. 素养
1	社群电商运营日报撰写	30	及时提出改进方案 运营反思准确 明日计划细致			1+2

5

续表

序号	项　目	分值	评　分　点	自评	教师评	类型 1.能力 2.素养
2	社群电商运营月报撰写	50	对数据变化的原因判断准确 结论简明扼要 提出合理建议措施			1+2
3	数据日报必要性的认识	20	高度重视 准确分工 帮助决策			2
得分合计						

任务二　分析直播运营数据

任务情境

1. 分析唐韵直播数据管理现状

唐韵在直播方面可谓是初战告捷，虽然没有固定日播，但是几次带货直播的情况还是比较喜人的，观看量、投产比都让人满意。也充分说明了现在直播短视频在营销方面的机会还是非常大的。再来看直播数据的管理，就比较差强人意，直播的工作是由老板自己主抓的，但在直播团队的配备上还不是很成熟，基本是全员上阵，但是全员上阵的弊端就是分工不明确，这是很多刚刚开始尝试直播营销的品牌和企业经常遇到的问题。

有时候明明在前期准备方面做得非常充分，但是数据复盘的工作却被轻易忽略了。老板通常只关心几个问题：最后卖了多少钱，有多少人看了，投入了多少费用，投产比如何。非常正确，所有的数据复盘都是为了提升这些核心数据，但是，如果忽略其他数据的变化，是很难找到准确的策略和提升途径的。

2. 唐韵直播数据管理现状存在的问题

（1）数据统计采集工作规范。前面提到，老板只关心几个核心数据，下播的时候会看，但是并没有安排人记录、分析，而后台数据的保留是有时效的，还有些关键数据发生了变化，这些变化也许是因为某些推广手段带来的，因此，做好每场直播的基础数据采集，才能帮助找到最正确、高效、最符合人群特点的推广手段。

（2）没有做好数据分析。由于没有记录基础数据，那么系统性地分析数据也就无从提起，很多时候会根据选择性看到的几个数据片面地分析流量增减的原因，没有竞争对手和行业平均数据的参照，也无法准确地推断出目前最需要提升的到底是哪几个关键因子，也就不能推导出准确的行动计划。

（3）没有执行日报和月报制度。任何一个机构、企业、品牌、团队的精力、人力、财力都是有限的，像唐韵这样估值大概在 50 亿元的企业，分别在休闲旅游、疗养院、酒店、餐饮、婚庆等板块都有涉足，新媒体营销部门虽然已经列入一把手工程，但是如果不能建立规范的报告、复盘制度，部门管理人员不能通过数据报表总结分析出简明扼要的结论、建议，人力、物力、财力也许都不能得到有效的解决。老板、高层管理人员的时间和注意力通常会被规范且结论明确的月报告所吸引，所以，对于中层管理人员来说，必须自觉做好这项工作。

3. 破局之法

（1）规范采集每场直播数据指标。直播数据能够明显帮助提升运营效果，找到运营短板，明确优化方向，需要每次下播后及时采集数据，有条件的可以每次下播后立即开复盘会，采集、分析、报告一同完成，没有条件的，也可以先做好采集工作，为后期的分析报告做好数据基础准备工作。特别注意，下播必须养成数据截图的好习惯，并且把截图共享到在线文件夹，为了避免数据错误，最好能够安排专人根据截图对填表的数据进行复核。

（2）做好数据分析并形成报告制度。直播的数据分析一般要以单场为颗粒度，由于每一场的时长、产品、主播可能都不同，而且每一场直播投入的人力、物力、财力都不小，所以复盘的时间绝对不能间隔太久，否则，对当场直播中出现的问题、数据异常都会不够明确。而且现在有很多品牌都是固定日播的，如果前一场直播的情况没有得到及时分析，运营策略等方面所犯的错误就无法及时在下一场得到有效的改善，所以直播运营日报的作用非常重要。当然，为了评判阶段性的直播成效，一样要做好周报和月报，这时候就要做好数据增量、目标完成率的总结分析，同时要对下一个阶段的工作提出有效的建议。

■ 子任务一　直播数据采集与统计

一、任务准备

（一）知识准备

知识点一：直播流量数据指标解析

1. 观看次数

观看次数是非常基础的流量指标，也称场观，是指一场直播过程中，用户进入直播间的累计观看次数，退出后再进入直播间就会记录为 2 次，这个数据能比较综合地反映直播流量情况，直播购物与其他娱乐直播不同，用户进出直播间的概率还是比较大的。一般来说品牌或店铺自播与达人直播又不同，看达人直播带货的停留时间比店铺自播的要长，但是店铺自播客户反复通过详情页进入的概率也较大，所以不能片面地看任何一个数据来下结论。

2. 观看人数

观看人数相比观看次数，一般数值会小一些，是相比较统计时段中观看直播的人数总和去重后的结果，同一人多次观看计算为一人。这个数据非常有效地帮助商家或者主播了解直播究竟有多少人来看过，毕竟下单的行为和金额还是取决于人数的。

3. 封面图点击率

封面图点击率是指一场直播在直播频道精选页面的曝光点击率，无浮现权或未曝光时

5

该指标为 0，页面直播封面图点击率 = 封面图点击次数 / 封面图展现次数。

很多平台都会有直播的精选页，用静态直播封面结合直播标题和一些固定属性标签来吸引用户点击进入直播间，虽然这只是其中一个进入直播的渠道，但也是主播们必争之地。在千人千面的推荐机制之下，提高封面图点击率的难度也越来越大。

4. 粉丝观看人数

和第二个指标观看人数比较，粉丝观看人数多了"粉丝"两个字，为什么要统计这个指标？一场直播中，做了很多推广宣传工作，也做了很多唤醒老用户的工作，需要知道这些工作效果如何，要怎么提高。要分清楚直播的观看人数中有多少是原本的粉丝，有多少是新访客。

这个指标可以理解为统计时段中直播内容被粉丝阅读的人数去重后的总和，一人多次阅读计算为一人，淘宝直播中的粉丝泛指关注了店铺或微淘的用户。有了这个数据，才能精准计算后面的转粉率这个关键指标。

5. 访客观看人数

这个指标是相对于第四个指标粉丝观看人数的，用总的观看人数减去粉丝的观看人数即可得出，它代表之前没有点击关注的客户数量，也可能是平台推荐过来的，也可能是其他推广手段吸引进来的，还有可能是通过搜索等方式进入的。

知识点二：直播互动数据指标解析

1. 点赞

主播经常会喊观众"点赞啊，快点赞！"电商直播里，点赞数量虽然没有娱乐直播里的权重大，但依然是一个平台判断直播是否吸引人的要素，同时也是评判一个主播是否有号召力的表现。关注点赞数据可以分别记录点赞次数和人数两个数据，来综合评判。

2. 转发分享

分享就意味着传播，是社交电商直播中一项重要的工作，用一些奖励去吸引用户转发直播是非常有必要的，直播结束对这个数据做统计分析也就显得格外重要。可以设计不同的活动策略，再通过转发数据、二次转发数据来分析活动效果，及时调整活动方案。

3. 评论

依托平台的直播，数据除自己看之外，最重要的是给平台的推荐机制看，平台会通过一系列的数据指标和算法评价直播间是不是吸引人、有产出、符合本平台的人群属性等，其中平台非常关注的一个数据就是"弹幕平方数"。这个概念可能用过 B 站的人都知道，在直播电商上，平台会监测直播间的弹幕发送人数、评论条数、评论间隔等来评判直播间的人气，根据算法实行实时赛马机制，给直播间赋予流量。所以很多主播都会用各种各样的办法鼓励观众在屏幕上留言，很熟悉的一句话就是大家把"666"扣起来！就是这个道理。大部分平台都有自动统计评论人数、评论条数的功能，需要在下播后认真统计此项数据。

知识点三：直播转化数据指标解析

1. 商品点击率

电商直播的最终目标一定是销售商品或服务，所以要好好地分析直播转化数据，商品点击率是首先要关注的数据，有了点击，就离最终的成交更进一步。商品点击率是指一场直播中，去重后的商品点击人数 ÷ 去重后的直播间访问用户数；商品点击人数是一场直播中用户点击宝贝进到详情页的累计人数，也需要去重统计。

2. 直播成交金额

直播成交金额是核心数据之一，是指一场直播中，用户进入直播间后，引导支付成功总金额，仅统计本场直播宝贝列表内的商品，直播结束后不再更新。在淘宝直播、拼多多直播、京东直播等电商平台的直播中，这个数据与店铺成交金额是分开统计的，店铺成交和直播成交的流量来源是有差异的，很多商家也以此来评判直播运营最终效果。

3. 引导支付人数

引导支付人数是指一场直播中，通过直播间直接引导支付成功用户数（去重统计），统计时段中通过自制和相关内容引导下单付款买家数去重总和，一人多次支付计算为一人。由于一场直播的产品往往非常丰富，产品价格差异也很大，并且与日常开销相比也会有比较大的折扣和优惠，为了更准确地评判直播的成交转化效果，订单数据也是务必要统计的，统计后还可以准确计算直播客单价。

4. 客单价

在电商平台卖家的直播间，成交价格往往是有优惠和折扣的，相比日常的运营推广手段，可能会更加优惠，所以计算直播间的客单价，能更好地与店铺客单价做对比。另外，达人直播间和社群电商直播间的客单价能更好地反映一个社群用户的平均购买力及消费水平，作为日后运营选品、新品定价的依据。计算公式为直播客单价 = 直播销售额 ÷ 总下单人数。

5. 直播成交渗透率

直播成交渗透率指标可以有效地反映直播营销在各个运营手段和渠道中的效果占比，例如，一个企业或品牌同时在运营电商店铺、直播、短视频、社群，那么总成交额中直播电商成交额的占比就是直播渗透率，计算这个指标时，必须知道全渠道的总销售额。

6. 种草金额

在淘宝直播中，种草金额指标是指所选时间范围内，用户通过点击直播间商品后 15 天内引导支付成功的总金额。为什么要统计这个数据？因为很多用户在看到直播后，可能当时没有立即下单，而是收藏加购的商品，或通过某场直播认识了一个品牌或店铺，过了几天，各方对比了一下，最终下了购买决定，这样的情况也是比较多的，所以种草金额这个数据同样能反映一个主播的销售能力，以及推荐商品和品牌的能力。

知识点四：直播粉丝数据指标解析

1. 平均观看时长

从平均观看时长指标可以看出直播对用户的吸引程度，现在这个时代的营销是注意力营销，在繁多的直播中，谁能截留更多用户的注意力，谁就能脱颖而出，立于不败之地。所以，一场直播的平均观看时长、一个直播间的历史平均观看时长，不仅是平台对直播间流量分配的依据，更是做直播运营的关键。一般用秒统计用户的平均观看时长。

2. 增粉人数

粉丝经济、粉丝红利，让一个普通用户成为你的粉丝就有可能带来更多的成交。品牌的认知度就是从一个个粉丝的增加中建立起来的。好的产品、好的服务、好的口碑都能成为用户路转粉的关键，特别是在直播营销过程中，点了关注的用户，说明对直播内容充满兴趣，平台就会根据大数据的算法将该人直播更多地推荐给该客户，每一场直播都是一场战役，每场战役的增粉人数都是一个个里程碑，必须密切关注。

5

3. 转粉率

因为直播的时长不同，直播间的流量不同，增粉人数的绝对值并不能完全展现主播的转粉能力，所以还需要计算转粉率来进行对照。转粉率的公式：转粉率＝新增粉丝人数÷（观看直播人数－老粉丝观看直播人数）。为了让大家更好地理解，举例如下：一场直播共有 2100 人观看，增长了 200 个粉丝，观看的 2100 人中有 100 人是老粉丝，那么这场直播的转粉率＝200÷（2100－100）＝10%。不仅可以对比每场直播的转粉率、还可以对比不同主播之间的转粉率、不同时间段的转粉率，这个数据在人员管理 KPI 的指定、调整运营策略上都有重要作用。

4. 取关粉丝数

取关粉丝数代表的是流失粉丝人数，取关通常有一定的行业平均值比例，当数据稳定并且在可接受范围内就可以不用太担心，如果取关粉丝数和比例突然增高，就要好好分析流失原因，到底是主播的话术原因，还是产品结构问题，或者是运营策略问题。

5. 最高在线人数

这个数据一般都是可以直接采集的，代表的是一个里程碑，每次突破历史数据高位的时候都是值得庆祝的，代表直播运营效果更上一层楼。

知识点五：直播推广数据指标解析

1. 直播推广花费

如果开始在直播上投推广费，就需要密切关注这个数据了，直播的投入要稳、准、狠，符合自己的运营能力，不要盲目地胡乱投入。例如，一开始团队还比较薄弱，大量的投入可能会换来满意的流量，但是主播话术跟不上，产品结构也不够好，那就浪费了这些投入预算，只会带来用户和平台双向的失望。另外一定要把自己的发货能力、售后服务体系做好再加大推广投入，任何一个平台都不会向用户推荐服务评分差的店铺和主播。

2. 推广展现量

投入推广花费后，就要同时记录所带来的展现量，有的平台可以通过运营优化这个数据，有的平台这个比例是固定的。例如，dou＋在直播中投入 100 元，平台提示可以带来至少 5000 人的流量，但是，在淘宝直播里，推广的方式很多，而且可以通过自己的努力增加同样投入下的展现量，这也就是运营的工作之一。

3. 推广成交金额

既然投入了推广费，那么就希望能带来额外的成交，所以这个数据能够直接反映推广费带来的额外成交金额，这个是需要后台采集的，大部分后台都会分离统计推广的成交和其他的成交，只需要记录即可。

4. 投产比

投产比＝推广成交金额÷推广费，通过记录分析对比投产比数据的变化，来评判直播运营的投入费用的效果。

（二）操作准备

步骤一：制作在线数据采集模板

这里介绍一个直播数据采集模板供参考，以后真正开始直播运营时，还需要根据自己的直播类目、平台属性、主要目标来调整，设计最符合自己需求的直播数据采集模板。同时，仍然要注意，为了方便协同办公，要创建在线数据表，这里的模板是为了方便查看拆开展示的，以后在 Excel 里可以将表格拼接使用。

另外，在表格里标注了数据是直接采集而来的还是计算而来的，需要计算得来的数据用涂黑做标注，直接采集得来的核心数据用涂灰做标注，需要特别注意的是，如果有多个主播轮班播一个账号，还需要采集记录每个主播的个人数据，直播数据统计表模板见表 5-10。

表 5-10 直播数据统计表模板

场次	日期	直播标签	主播等级	成长值	行业排名	直播时长	开播时间	结束时间
直接采集	直接采集	直接采集	直接采集	直接采集	直接采集	直接采集	直接采集	直接采集
场观次数	增粉	浏览人数	粉丝 UV	访客 UV	转粉率	最高人数	平均观看时长 / 秒	
直接采集	直接采集	直接采集	直接采集	直接采集	计算	直接采集	计算	
封面图点击率	上架链接数	直播成交金额	引导支付人数	直播间转化率	全渠道成交金额	直播渗透率	种草金额	
直接采集	直接采集	直接采集	直接采集	计算	直接采集	计算	直接采集	
排位赛赛道	排名	得分	竞争对手 1	竞争对手 2	竞争对手 3	竞争对手 4		
直接采集	直接采集	直接采集	直接采集	直接采集	直接采集	直接采集		

主播 A 个人数据								
上播时长 / 小时	班次	成交金额	成交人数	小时成交金额	场观	小时平均场观	新增粉丝数	小时平均涨粉
直接采集	直接采集	直接采集	直接采集	计算	直接采集	计算	直接采集	计算

步骤二：明确采集时间和责任人

每次直播结束后，要及时采集数据，有的数据平台可能需要第二天才更新出来，可以预留下来，每次都统计前一天的即可。确定责任人也非常重要，有的公司是安排主播记录数据，也让主播了解自己当天的流量情况、粉丝情况，每次开会复盘的时候，也能够更融入一些，有的公司则是安排专门的直播运营人员做记录和分析，无论采用哪种方式，责任人必须做到数据准确、及时。

5

（三）任务要领

1. 用好抖音直播数据复盘工具

（1）官方工具。网址：https://buyin.jinritemai.com/dashboard/live/control。巨量百应数据直播数据页如图 5-11 所示。

图 5-11　巨量百应数据直播数据页

（2）金牌插件。除抖音官方的数据后台外，飞瓜智投的数据复盘功能也是比较强大的。相比官方数据平台，飞瓜智投整合了用户更多细节方面的需求，支持直播回放、弹幕评论回顾等。并且在直播数据方面，将时间颗粒度细化到分钟，直播过程中，每分钟对应的在线人数、销售额、订单数、转粉率都非常直观地予以呈现。飞瓜数据抖音数据场次总览如图 5-12 所示。

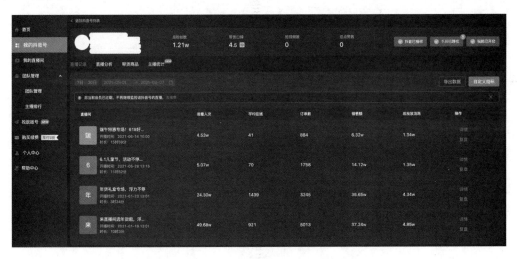

图 5-12　飞瓜数据抖音数据场次总览

此外，还可以看到，直播时每一件商品的上架时间及讲解次数，对于哪件商品上架后直接提升转化，或者哪件商品不受粉丝欢迎导致数据下降的问题，都可以很直观地发现。另外，在直播过程中标记的场记和场控预警提示也会在数据指标走势图下方一一对应呈现。飞瓜数据抖音单场直播数据总览如图 5-13 所示。

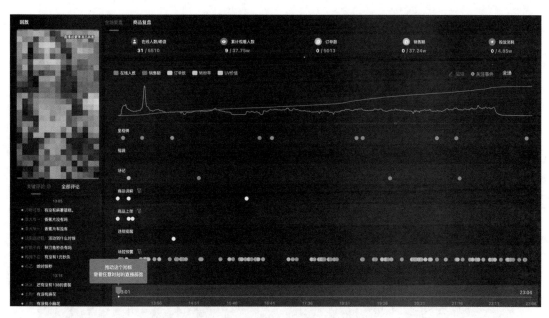

图 5-13　飞瓜数据抖音单场直播数据总览

2. 用好淘宝直播数据复盘工具

（1）官方后台。网址：https://taolive.taobao.com/。

淘宝直播的数据复盘工具就在直播中控台内，它有很多子模块，功能非常强大，而且经常更新，对直播数据复盘的维度和指标非常细致，推荐指数五颗星。淘宝直播中控台侧边栏部分功能如图 5-14 所示。

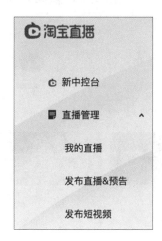
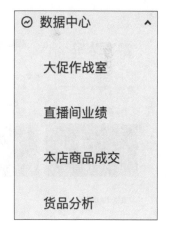

图 5-14　淘宝直播中控台侧边栏部分功能

淘宝直播粉丝数据页面如图 5-15 所示。

（2）金牌插件。萤火虫是目前电商直播行业内顶尖的数据分析产品，以卓越的数据挖掘技术和 AI 算法能力，为直播电商从业者提供精细化数据运营服务方案。目前萤火虫系列产品包含萤火数据、萤火插件和萤火切片，面向淘宝直播提供工具服务。其中萤火数据通过每日采集全网公开数据，包括淘宝直播 20 多万间直播间，千万级 SKU 商品，构建了

5

100多个维度数据算法模型，深度挖掘潜在用户需求，为淘宝直播从业者打造基于大数据自动化、精细化运营体系，促进主播、招商、运营、商品订单的集中管理。而且目前萤火虫系列产品处于免费推广阶段。

图 5-15　淘宝直播粉丝数据页面

该软件可以全方位直播数据分析，监控全网各频道、各标签数据流量变化，分析各维度数据涨跌关系，掌握数据变化趋势、全网商品销售数据、全网直播间商品销售情况，一键了解竞争对手投放策略、全方位分析热销商品。支持直播数据全面复盘，实时更新直播间流量、商品销售数据，多维度数据复盘。萤火数据淘宝直播平台数据总览如图 5-16所示。

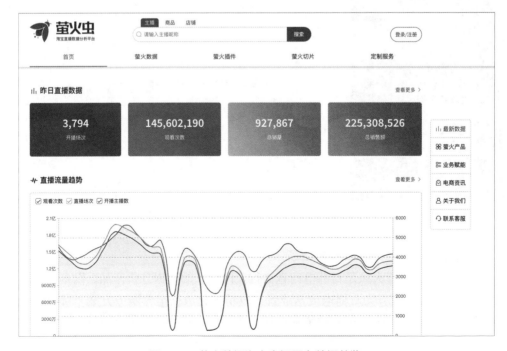

图 5-16　萤火数据淘宝直播平台数据总览

（四）任务流程

子任务一直播数据采集与统计操作流程如图 5-17 所示。

图 5-17　子任务一直播数据采集与统计操作流程

二、任务操作

操作要求：仔细查看填表素材图片，找到对应的填表数据。

本任务操作的最终目标：完整填写直播流量数据采集、互动数据采集、转化数据采集、粉丝数据采集、推广数据采集。

操作提示：根据数据截图填表，并计算，所有标注直接采集的数据都可以在下播截图中直接找到，需要计算的请查看前面的公式，认真仔细计算。淘宝直播下播数据截图如图 5-18 所示。

图 5-18　淘宝直播下播数据截图

淘宝直播次日直播数据大盘截图如图 5-19 所示。

图 5-19　淘宝直播次日直播数据大盘截图

操作提示：图 5-19 中的访问人数较多，是由于截图时间不一样，它是下播一天后截取，其中包含观看直播回放的数量。填表时两张图数字不一致时，以图 5-19 为准。淘宝直播单场互动数据截图如图 5-20 所示。

5

渠道名称	互动次数 ⑦ ⬍	互动人数 ⑦ ⬍	评论次数 ⑦ ⬍	评论人数 ⑦ ⬍	点赞次数 ⑦ ⬍
手淘淘宝直播	2,598	292	769	265	1,812
较前1日	-0.50%	-5.19%	+16.16%	+1.15%	-6.21%

点赞人数 ⑦ ⬍	分享次数 ⑦ ⬍	分享人数 ⑦ ⬍	新增粉丝数 ⑦ ⬍	取关粉丝数 ⑦ ⬍
73	17	15	192	0
-13.10%	0.00%	+15.38%	+6.08%	-

图 5-20 淘宝直播单场互动数据截图

步骤一：采集直播流量数据

直播流量数据采集练习见表 5-11。

表 5-11 直播流量数据采集

场观次数	观看人数	粉丝 UV	访客 UV	最高人数	封面图点击率
直接采集	直接采集	直接采集	直接采集	直接采集	直接采集

步骤二：采集直播互动数据

直播互动数据采集练习见表 5-12。

表 5-12 直播互动数据采集

点赞次数	点赞人数	分享次数	分享人数	评论人数	评论次数

步骤三：采集直播转化数据

直播转化数据采集练习见表 5-13。

表 5-13 直播转化数据采集

商品点击率	上架链接数	直播成交金额	引导支付人数	客单价	直播间转化率	全渠道成交金额	直播渗透率	种草金额
直接采集	直接采集	直接采集	直接采集	计算	计算	直接采集	计算	直接采集
	66					213000		

步骤四：采集直播粉丝数据

直播粉丝数据采集练习见表 5-14。

表 5-14 直播粉丝数据采集

增粉人数	浏览人数	转粉率	最高人数	平均观看时长 / 秒	取关粉丝数
直接采集	直接采集	计算	直接采集	直接采集	直接采集

步骤五：采集直播推广数据

直播推广数据采集练习见表 5-15。

表 5-15　直播推广数据采集

推 广 花 费	推 广 展 现	推 广 成 交	投 产 比
直接采集	直接采集	直接采集	计算
300	2100	1700	

三、任务评价

子任务一直播数据采集与统计评价见表 5-16。

表 5-16　子任务一直播数据采集与统计评价

序号	项　　目	分值	评 分 点	自　评	教 师 评	类型 1. 能力 2. 素养
1	流量数据的采集	20	充分理解指标含义 准确采集 准确计算			1+2
2	互动数据的采集	20				1+2
3	转化数据的采集	20				1+2
4	粉丝数据的采集	20				1+2
5	推广数据的采集	20				1+2
得分合计						

■ 子任务二　直播数据分析与报告

一、任务准备

（一）知识准备

知识点一：数据可视化常用统计图形类型及适用场景

目前常用的数据可视化统计图形主要包括以下几种。

（1）基础图表：柱形图、饼图、折线图、环形图、面积图、散点图、瀑布图、树状图。

（2）组合图表：柱形图与折线组合，折线和面积组合等。

（3）高级图表：KPI、仪表、切片器、地图、关键影响因素。

（4）表格图表：表、卡片图、矩阵。

（5）其他：供应商店、R 脚本、Python 视觉对象。

常用数据统计
图形

知识点二：数据分析报告各部分写作技巧

1. 标题页

标题页需要写明报告的题目，题目要精简凝练，根据版面的要求在一两行内完成。标题是一种语言艺术，好的标题不仅可以表现数据分析的主题，而且能够激发读者的阅读兴

5

趣，因此需要重视标题的制作，以增强其艺术性的表现力。

标题的类型及
要求

2. 目录

目录可以帮助读者快捷方便地找到所需的内容，要在目录中列出报告主要章节的名称。如果是在 Word 中撰写报告，在章节名称后面还要加上对应的页码，对于比较重要的二级目录，也可以将其列出来。从另外一个角度说，目录相当于数据分析大纲，它体现报告的分析思路。但是目录也不要太过详细，因为这样阅读起来让人觉得冗长并且耗时。此外，通常公司或企业的高层管理人员没有时间阅读完整的报告，他们仅对其中一些以图表展示的分析结论有兴趣，因此，当书面报告中没有大量图表时，可以考虑将各章图表单独制作成目录，以便日后更有效地使用。

3. 前言

前言的写作一定要经过深思熟虑，前言内容正确，能够给决策者决策提供有效依据起决定性作用。前言是分析报告的一个重要组成部分，主要包括分析背景、目的及思路（思路也可以放在正文的第一部分）等方面：为何要开展此次分析，有何意义，通过此次分析要解决什么问题，达到何种目的，如何开展此次分析，主要通过哪几方面开展。

（1）分析背景。为了让报告阅读者对整个分析研究的背景有所了解，要对数据分析背景进行说明，主要阐述此项分析的主要原因、分析的意义及其他相关信息，如行业发展现状等内容。

（2）分析目的。数据分析报告中陈述分析目的是让报告的阅读者了解开展此次分析能带来何种效果，可以解决什么问题。有时将研究背景和目的合二为一。

（3）分析思路。分析思路用来指导数据分析师如何进行一个完整的数据分析，即确定需要分析的内容或指标。只有在营销、管理理论的指导下，才能确保数据分析维度的完整性、分析结果的有效性及正确性。

4. 正文

正文是数据分析报告的核心部分，它将系统全面地表述数据分析的过程与结果。撰写正文报告时，根据之前分析思路中确定的每项分析内容，利用各种数据分析方法，一步步展开分析，通过图表与文字相结合的方式，形成报告正文，方便阅读者理解。正文通过展开论题，对论点进行分析论证，表达报告撰写者的见解和研究成果的核心部分，因此正文占分析报告的绝大部分篇幅。

5. 结论与建议

结论是以数据分析结果为依据得出的分析结果，通常以综述性文字来说明。它不是分析结果的简单重复，而是结合公司实际业务，经过综合分析、逻辑推理形成的总体论点。结论是去粗取精、由表及里抽象出的共同、本质的规律，它与正文紧密衔接，与前言相呼应，使分析报告首尾呼应。结论应该措辞严谨、准确、鲜明。

建议是根据数据分析结论对企业或业务等所面临的问题而提出的改进方法，建议主要关注保持优势及改进劣势等方面。因为分析人员所给出的建议主要是基于数据分析结果得到的，会存在局限性。因此，必须结合公司的具体业务，才能得出切实可行的建议。

（二）操作准备

步骤一：明确日报格式

直播的日报通常分成两个部分，一部分是数据总表的展示，另外要加上一段简短的文字报告，日报告不建议采用过于复杂的图表。直播日报模板见表5-17。

表 5-17　直播日报模板

月　日 ×× 直播间数据复盘日报告

1. 数据总览

将填好的数据采集表截图
若有历史数据，要尽量多地截到，方便对比
背景图为举例，已做模糊处理

2. 突出表现

3. 急需改进

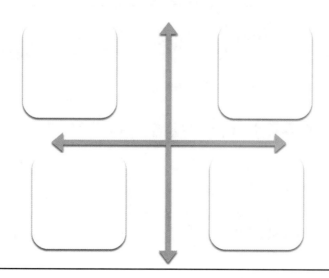

5

步骤二：明确月报格式

月报需要分析得较为翔实，并且要结合前几个月的数据做对比，有条件的还可以结合去年同期的数据做对比，同时要使用一些可视化的工具帮助决策者快速了解数据的变化。表 5-18 是一个参考的月报模板，采用表格形式，大家也可以尝试用前面提到的报告式结构自行练习，周报可参照月报调整编写。

表 5-18 "梦回大唐温泉行"直播间数据月报

一、关键结论

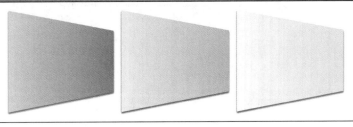

二、核心数据统计表现

本月累计直播场次：＿＿＿＿＿＿＿＿
- 累计时长：＿＿＿＿＿＿＿＿　个小时
- 累计观看人次：＿＿＿＿＿＿　平均场观：＿＿＿＿＿＿＿＿
- 累计粉丝 UV：＿＿＿＿＿＿　累计访客 UV：＿＿＿＿＿＿

流量指标

- 累计成交笔数：＿＿＿＿＿＿　累计直播成交金额：＿＿＿＿＿＿＿
- 平均场次成交笔数：＿＿＿＿　平均场次成交金额：＿＿＿＿＿＿
- 平均直播成交客单：＿＿＿＿　平均直播间转化率：＿＿＿＿＿＿
- 累计直播种草金额：＿＿＿＿　直播间渗透率：＿＿＿＿＿＿＿
- 累计花费：＿＿＿＿＿＿＿＿　投产比 ROI：＿＿＿＿＿＿＿＿

转化及推广指标

- 累计涨粉：＿＿＿＿＿＿＿＿
- 平均场次增粉：＿＿＿＿＿＿　平均小时增粉：＿＿＿＿＿＿
- 平均转粉率：＿＿＿＿＿＿
- 平均观看时长：＿＿＿＿＿　在线人数峰值：＿＿＿＿＿＿

粉丝指标

三、大盘数据与竞争对手情报

续表

流量分析	
转化及推广分析	
商品分析	
粉丝分析	
主播分析	

四、主要问题分析

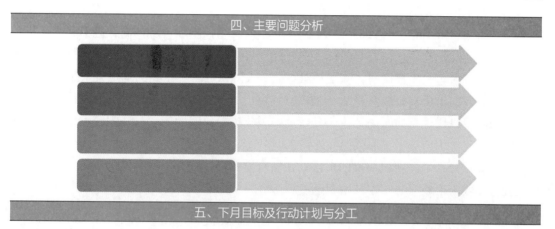

五、下月目标及行动计划与分工

（三）任务要领

1. 直播数据复盘价值

复盘能将直播过程梳理一遍，对经验和教训进行总结，是一个很重要的工作流程和手段。复盘回顾整场直播，至少可以得到以下 3 个方面的收获。

（1）发现规律，工作流程化。在直播的时候，利用一些技巧或套路，有时可以起到事半功倍的效果。但是这些方法并不是唯一的，也不是固定的，可以根据直播的特点不断摸索最适合自己的方式。通过回顾，可以看到哪些方式适合自己，让整个直播间的工作更加流程化。

（2）纠正错误，避免继续犯错。通过回顾，一定会发现直播中错误的地方，把这些出错的部分记录下来，进行改正优化，下次就能避免发生同样的问题，使每一次直播都比上一次更好。

（3）将经验转化为能力。直播的时候会遇到突发情况，通过分析总结，记录案例，以后遇到紧急状况的时候也能沉着应对。

2. 直播数据分析步骤

一般来说，直播复盘可以分为 4 个步骤：直播回顾、数据分析、直播间优化、粉丝需求反馈。

5

（1）直播回顾。下播之后回顾流程，首先梳理出本场直播的优点和犯错点。例如，直播过程中，哪里犯错了，哪里互动有问题，或粉丝提到的问题、商品上架问题等。

（2）数据分析。直播间内所有的行为都会产生数据，复盘重点要去看的数据包括用户停留时长、互动率、商品点击与转化率等。例如，商品点击数代表主播的引导能力与货品的吸引力。如何提升直播间的商品点击数？一个很好的方式就是观察同行，通过分析同行的数据表现，结合自己的需求预期设置直播目标。此外，飞瓜智投关于直播间自然流量转化率和商品点击率的平均值，也可作为直播复盘时的参考依据。

（3）直播间优化。找出问题之后，接下来要做的就是直播间的优化。直播间优化可以从以下几个方向改进：提升玩法，适当上架引流款、秒杀款商品；让粉丝能够在直播间有获得感，花更少的钱买到更优质的东西。

提升主播讲解引导力、感染力、亲和力和颜值，主播幽默、颜值高，谁不喜欢？货品的类目匹配、性价比、价格要与目标人群匹配。直播带货的核心还是货，尤其是高性价比的好货。毕竟粉丝关注直播间，除了是对直播个人的认可，更重要的是想买东西。

（4）粉丝需求反馈。复盘最后一个环节，应当尽可能多地收集粉丝的反馈信息。反馈的渠道来源可以通过直播时的评论、私信及客服收集粉丝问题等。这些内容不仅有利于解决问题，还包含用户对于直播或商品的需求。

直播数据分析是一项很重要的工作，在做直播的第一天，就要开始做复盘，而不是等到发现直播效果很差的时候才开始做这项工作。

（四）任务流程

子任务二直播数据分析与报告操作流程如图 5-21 所示。

图 5-21　子任务二直播数据分析与报告操作流程

二、任务操作

操作要求：仔细查看给出的直播数据分析方法范例，查看日报和月报模板，结合子任务一收集直播数据。

本任务操作的最终目标：完整填写直播数据复盘的日报和月报，分析问题的主要原因，完成每一步的数据分析并提出相应对策。

步骤一：分析直播数据

操作提示：

（1）目前各大直播平台后台都有直播数据的分析功能，可以帮助做基础数据的分析，一般要先观察整体数据的变化情况，以淘宝直播为例（图 5-22），平台会告知同层级、同类目的直播成交排名、全网排名，并且给出优化建议和锦囊（图 5-23），会以雷达图的形式对直播的开播时长、流量、观看、转粉、成交 5 个主要方向做对比（图 5-24）。

图 5-22　淘宝直播总体数据复盘

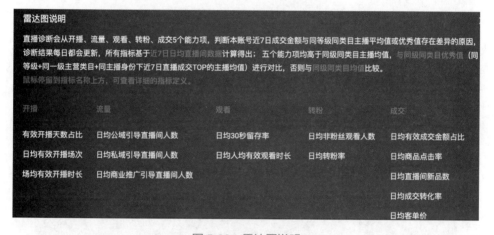

图 5-23　雷达图说明

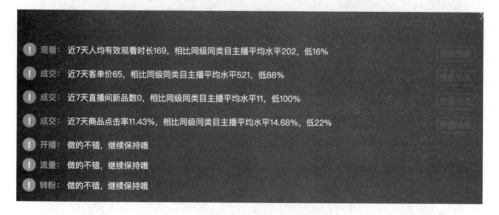

图 5-24　淘宝直播平台主要方向对比

5

（2）分析总体数据和大盘数据后，需要关注直播间的流量结构，图 5-25 所示为抖音直播下播后对流量来源的比例分析，从图 5-25 中可以看出，这个直播间的流量 86.24% 来自直播自然推荐，短视频的引流和竞价直播推广的流量都是 0，非常可惜，所以可以关注短视频的质量，帮助直播间引流，可以在报告中提出相关具体建议。

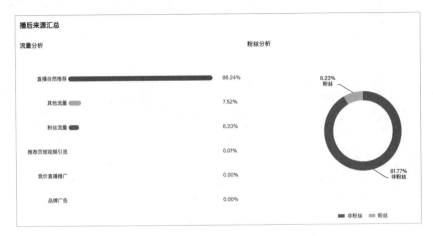

图 5-25　抖音直播下播后流量来源

（3）分析总体数据后，要继续就直播商品进行分析诊断，淘宝直播内会就发布商品数、动销率、单品成交金额 3 个维度对直播进行复盘，并给出数据变化的原因分析，如图 5-26、图 5-27 所示。同时平台还新增了直播间商品红黑榜，可以单击图 5-28 上面的 6 个标签，了解高效能、高成交、高引流的产品以及高退款、低好评、低转化的产品是哪些。有助于写总结报告的时候提出商品的改进建议，以及商品楼层排布的调整。

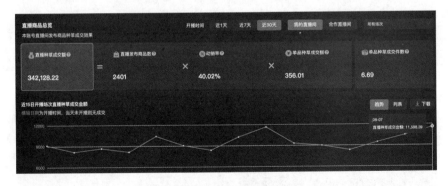

图 5-26　淘宝直播商品总览

图 5-27　淘宝直播货品诊断

图 5-28　直播间商品红黑榜

（4）分析整体数据指标和货品情况后，还需要分析直播间的用户。首先可以对直播间的用户画像进行分析，用户的性别占比、年龄分布、地区分布，有助于根据用户画像调整直播间的话术、话题脚本、活动类型，还可以根据用户的地区分布找到更多话题，也非常建议多和观众聊聊区域占比高的地方的风土人情，甚至方言趣事。各大平台现在基本都有用户画像分析的可视化功能，可以直接在后台查看，如图 5-29、图 5-30 所示。同时淘宝直播还有用户货品需求洞察的分析功能，如图 5-31 所示，可以筛选直播间潜在粉丝等人群查看子类目的产品需求偏好、价格段、品牌偏好，方便运营人员及时调整经营策略，也可以帮助产品经理做好下一步的产品开发和定价。

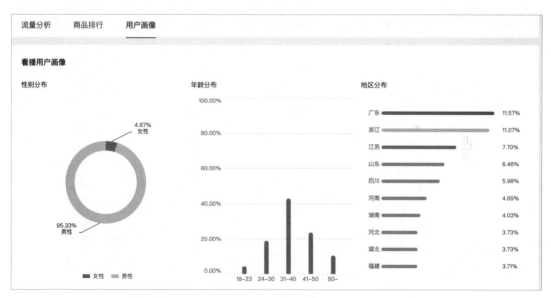

图 5-29　抖音直播看播用户画像分析

图 5-30　淘宝直播粉丝画像分析

5

图 5-31　淘宝直播用户货品需求洞察

步骤二：做好直播数据日报

直播运营日报练习见表 5-19。

表 5-19　直播运营日报告

月　日××直播间数据复盘日报告

1. 数据总览

将填好的数据采集表截图
若有历史数据，要尽量多地截到，方便对比
背景图为举例，已做模糊处理

2. 突出表现

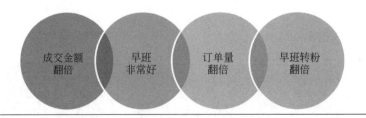

续表

3. 急需改进

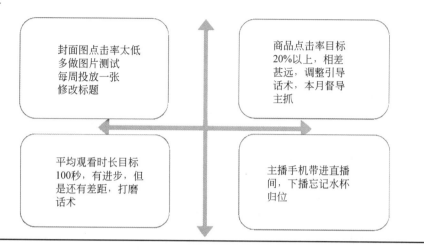

步骤三：做好直播运营的月报

操作提示：

（1）根据下面的填表素材，开展月报的撰写练习。特别要注意月报告一般是要将核心结论前置，涉及流量、转化、粉丝几个方面。"梦回大唐温泉行"直播间数据月报关键结论见表5-20。

表5-20　"梦回大唐温泉行"直播间数据月报关键结论

一、关 键 结 论

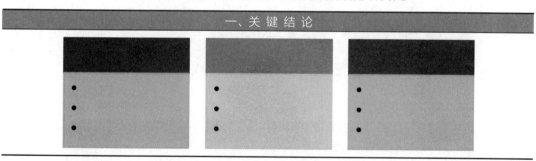

"梦回大唐温泉行"直播间数据月报核心数据表现见表5-21，表5-21为整月核心数据，其中一些数据需要计算，一共11个，已经做了标号①、②……，计算后填写。

表5-21　"梦回大唐温泉行"直播间数据月报核心数据表现

二、核心数据统计表现

- 本月累计直播场次 30 , 累计时长 180 小时
- 累计观看人次 90万 , 平均场观 ①
- 累计观看人数 44万
- 累计粉丝 UV18万 , 累计访客 UV ②

流量指标

5

- 累计成交笔数 <u>3129 单</u>，累计直播成交金额 <u>31 万元</u>
- 平均场次成交笔数③，平均场次成交金额④
- 平均直播成交客单⑤，平均直播间转化率⑥
- 累计直播种草金额 <u>49 万元</u>
- 全渠道成交金额 <u>620 万元</u>，直播间渗透率⑦
- 累计推广花费 <u>3.5 万元</u>，投产比 ROI ⑧

转化及推广指标

- 月累计涨粉 <u>9300 人</u>
- 平均场次增粉⑨，平均小时增粉⑩
- 平均转粉率⑪
- 平均观看时长 <u>288 秒</u>，在线人数峰值 <u>455 人</u>

粉丝指标

（2）根据截图素材（图 5-32），对行业大盘、竞争对手的基本数据进行记录分析，并与本直播间月度情况对比分析，写下关键结论（表 5-22）。由于唐韵的类目比较特殊，酒店门票类的直播权限现在是采用小二邀请开通制，所以全网的开播账号数量比较少，说明这个类目正处于一个机会期，值得分析研究并加以推广。

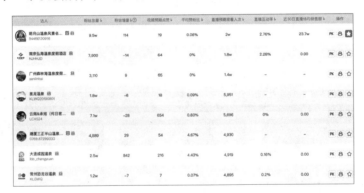

5-32　抖音直播潜在竞争对手 30 天直播数据概览

表 5-22　"梦回大唐温泉行"直播间数据月报大盘与竞争情报

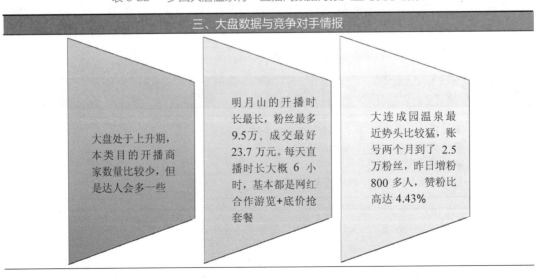

三、大盘数据与竞争对手情报

大盘处于上升期，本类目的开播商家数量比较少，但是达人会多一些

明月山的开播时长最长，粉丝最多 9.5 万，成交最好 23.7 万元。每天直播时长大概 6 小时，基本都是网红合作游览+底价抢套餐

大连成园温泉最近势头比较猛，账号两个月到了 2.5 万粉丝，昨日增粉 800 多人，赞粉比高达 4.43%

（3）接下去就可以进行直播间的具体分析，根据表5-23中的存在问题开展分析。月报信息量比较大，注意一定要多用可视化图表代替文字，在重点文字处还要标注，方便决策者查看。同时要计算数据的同比与环比。表5-23为练习，且为纸质，所以以文字分析为主。

"梦回大唐温泉行"直播间数据月报相关分析见表5-23。

表 5-23　"梦回大唐温泉行"直播间数据月报相关分析

流 量 分 析
【问题】流量暴增带来的一系列连锁反应：本月观看人次相比上月增加了55%，比去年同期增长233%，行业平均为每小时3180人次，增加的流量主要来自社群转发、直播付费推广。 【分析与对策】

转化及推广分析
【问题1】点击率下降：本月商品点击率11.43%，上月14.18%，去年同期16.88%，行业平均14.68%。 【分析与对策】
【问题2】转粉率低：本月直播间转粉率_____，上月3.15%，去年同期1.1%，行业平均11%。 【分析与对策】
【问题3】转化率低：本月直播间转化率_____，上月3.1%，去年同期6.67%，行业平均4.8%。 【分析与对策】

粉 丝 分 析
【问题1】观看时长有增长，但仍未及行业平均：平均观看时长288秒，上月201秒，去年同期104秒，行业平均344秒。 【分析与对策】
【问题2】取关人数多：增粉9300，上月4100，行业平均5700，但是取关人数超过1000。本月更换的两名主播，主推情人节套餐，粉丝画像里的女性增加了11.7%，上半年则在主推周边游，例如滑雪、滑翔翼等套餐。 【分析与对策】

续表

主 播 分 析
【问题】主播甜甜的小时转粉、小时成交比主播婉儿高出75%。直播回放发现，婉儿的的状态也非常好，但是由于之前是做娱乐主播，本月入职唐韵团队，对销售话术不太擅长，对产品价格表、房型、组合套餐、周边景区都不熟练，整体形象也偏娱乐。 【分析与对策】

（4）通过上面的数据分析，归纳出几条主要问题，并提出有效的、可执行的对策，制定下个月的目标，拆分成行动计划，做好人员分工。这样一份直播运营的月度报告就完成了。"梦回大唐温泉行"直播间数据月报问题对策与目标计划见表5-24。

表5-24 "梦回大唐温泉行"直播间数据月报问题对策与目标计划

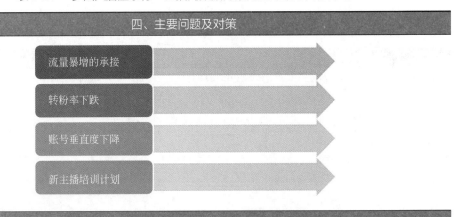

四、主要问题及对策
流量暴增的承接 转粉率下跌 账号垂直度下降 新主播培训计划

五、下月目标及行动计划与分工
1.每天保证直播团队1小时的培训复盘，优化口播话术、优化脚本节奏，转粉率翻倍【直播组】 2.提高短视频团队策划能力，争取做两条点赞过万的小爆款【视频组】 3.对接5个以上的纯佣金主播，半个月之内开始投放【小雨同学】 4.改抖音店商品的主图、文案、短标题，1周内投放测试，点击率至少提高2%【美工组】 5.组建新团队做网红打卡账号，以女性客户为主，多做插花、熏香、汉服、茶艺、美食选题，3个月后开始直播【视频组】 6.月中和月末，用老账号邀约极限运动达人开播两场，维护老账号垂直度【直播组】 7.换上淡季的单品和组合产品，并做好周边游、一日游、闺蜜游产品推广，尝试提前推广疗休养产品，下月转化目标2%【直播组】 8.安排主播婉儿连续一周的管家跟岗培训，轮转前台、温泉、疗养院、客房、团队接待、婚宴等岗位，并参加公司的文化历史、产品套餐、价格体系的专题培训，两周后考试，挂钩奖金系数。 9.周二直播团队公休，安排一天周边游体验，接下来每月都保持至少一次的本地吃喝玩乐项目体验，多拍一些短视频，以方便后期内容开发

三、任务评价

子任务二直播数据分析与报告评价见表5-25。

表5-25　子任务二直播数据分析与报告评价

序号	项　　目	分值	评　分　点	自　评	教　师　评	类型 1.能力 2.素养
1	做好直播日报	40	准确理解直播日报的重要作用 敏锐捕捉当天直播的工作亮点 用四象限法总结急需改进的方面			1+2
2	做好直播月报	60	有效提炼关键结论 准确计算数据指标 对大盘和对手数据有准确理解 能够善用分析方法做好直播的流量、转化、货品、粉丝、主播的分析 善用可视化图表 准确总结问题并提出对策 下月目标合理，分工明确			1+2
	得分合计					

任务三　分析短视频数据

任务情境

1.唐韵短视频运营数据管理现状

距离唐韵发的第一条短视频，已经过去了两年。从零开始做了一堆账号矩阵，有达人的、有主题的、有剧情的、有种草的、有官方的。有过几千个赞的作品，也有过发了几十条都过不了5000播放的账号。

唐韵在数据分析这方面，一直不太重视，虽然也密切关注界面上的几个指标，也做过一些基本的采集工作，但基本只关注播放量、点赞量、转发数、评论数、增粉人数这几个数据，而且很可能在发完视频后很久才去关注，错过了最佳的运营时机。

由于投入不是很大，所以短视频一直处于比较"佛系"的状态，数据也没有好好分析，相比那些数据派的玩家，在这方面唐韵还是比较欠缺的。

2.唐韵短视频运营数据管理存在问题

（1）不太重视数据统计、分析工作。很多做短视频的新团队都会感觉到：每周非常用心地在开选题会、做内容、寻求热点的结合，想段子、想创意……风吹日晒拍段子，剪片子，

5

加花字，做特效。数据好了，庆祝庆祝，内部奖励一下；数据不好了，拍拍胸脯、再接再厉，心血来潮的时候研究一下对手数据、大盘数据，而一般不用数据解释自己的问题。这也是唐韵目前存在的主要问题，对短视频数据的统计、分析不太重视，严格来说，还没有找到数据的规律，也暂时不能用数据的变化指导内容的创作。

（2）没有规范的报告制度。比直播、社群的数据统计工作稍微做得好一点的是，目前短视频每天还在做数据采集，每天都会在运营群里发送当天的日报表，但只是发报表而已，几乎没有深入分析，没有分析、没有结论，也没有用数据指导下一步工作计划，决策者看了也许就秒关了。周例会上会提一提抖音工作的进度，但没有把报告制度规范，所以，运营在提出要加大投入的时候，决策者认为没有足够的依据支持，就驳回了。

3. 破局之法

（1）继续做好日常数据的采集、统计工作并开展数据分析。有了基础数据的采集，必须搭配科学的方法开展分析，这样的数据才是有价值、有活力的，脱离了分析，冷冰冰的数据是无法告诉我们成功的方向的。长此以往，数据统计工作就变成了一项每天都在做，但是不知道为什么而做的无意义的劳动了。

（2）建立数据报告制度。规范的报告制度一定是建立在规范的报表和报告文书之上的，没有哪个公司的报告是纯粹口头汇报的，一方面需要留下工作的轨迹，方便纵观一项工作的发展历程，另一方面是每个月一次的深入分析、汇报，在团队的探讨之下，有助于整个项目的推进。

■ 子任务一　短视频数据采集与统计

一、任务准备

（一）知识准备

知识点一：视频播放及吸粉数据指标解析

1. 播放量

播放量是一个需要关注的基础数据，是评判一个视频好坏的重要标准之一。播放量是分析视频时最直观的数据，意味着内容的曝光量。也就是说，可以用它来估计有多少人看到了这个视频。但分析绝不仅仅看看播放数据，而是要通过分析播放量高的视频找到共同的规律，找到了规律，意味着找到了成功的大门。例如，通过收集前 100 个播放量高的视频，分析视频的选题内容、视频的标题关键词，可以得到用户对于哪些选题内容比较关心，标题多少个字最合适，标题中有哪些关键词的视频推荐量比较大。这些都可以通过视频播放发现，由此得出的规律可靠性更高，对指导日后的工作有着重要的参考价值。

2. 完播率

完播率是指视频的播放完成率，所有看到这个作品的用户中，有多少人是完整地 100% 看完这条视频，即看完视频的用户数 ÷ 点击观看视频用户数 ×100%。例如，10 个人中，有 3 个人看完了这个视频，完播率就是 30%。视频完播率是对一个视频质量评价的重要指标，甚至超过点赞率、评论率、转发率、收藏率、本地下载等数据，是很多平台系统判断视频质量最优先考虑的数据。

在抖音短视频平台，虽然是支持 15 秒的视频发布，但在前期，也可以考虑发布一些 10 秒的视频，用来提升完播率。另外，视频完播率本质上还是视频质量的体现，所以在制作视频的时候，就要从题材、拍摄手法、剪辑、标题等多个方面着手，尽量做到最好，这样视频的质量才会有比较高的提升。

完播率背后代表着视频内容和分发到用户的匹配度，越精准就越代表找对了方向。如果完播率不高，就要从以下两个方面考虑原因并给出解决的方案：视频内容方面，这个内容是用户喜欢看的吗？是不是标题和封面太夸张了，导致视频内容和用户期望不同？用户精准度方面，内容没有问题，是账号的标签不够精准，推荐的用户是不是大部分都不是我们的目标用户？相对应地给出的解决方向也有两个：优化内容和继续优化账号的标签。

3. 关注量

用户为什么会关注我们？用户关注企业账号的最大原因一定是内容对他们有用，也就是有价值。例如，"企业短视频的十个优化方向""直播间 100 个商品介绍话术""7 个短视频渠道分别适合哪些行业？"这些一次性记不住的但是有极大价值的内容会让用户产生关注账号的动力，这就要求必须持续并且稳定输出用户认为有价值的内容。

4. POI

POI 是 point of information 的缩写，中文可以翻译为信息点。在地理信息系统中，一个 POI 可以是一个景点、一个商铺等。如果作品里带有一定的地方属性，例如，方言、地域、标志性建筑、标题描述等，那么，加定位会增加被推荐的权重，添加后有助于曝光。POI 是抖音的一个分发入口，POI 详情页是一个类似于关注页的内容聚合页，任何带该 POI 的视频都成为潜在引流渠道，丰富视频信息。对于美食视频粉丝来说，POI 可以让他们了解店铺所在位置，也让你的视频内容信息更丰富。对于美食探店视频来说，用户通过视频点击了解位置信息，说明用户通过你的视频对这家店产生兴趣，也说明你的视频内容对用户有较高吸引力，这将使你的内容更有机会成为较多流量的视频。

引导用户点击 POI 图标的方法有很多，可以在视频内口播引导，例如，想知道这家店在哪里？就点击某某处的图标。也可以用视频文案引导，例如，今天去这家店，点击图标偶遇某某！还可以用评论引导点击，例如，当用户问我们的店在哪里，告知他点击评论上方的图标就知道啦！

知识点二：短视频互动数据指标解析

1. 点赞量

经常刷抖音的人会发现这样一个现象：看到自己喜欢的视频，会情不自禁地点赞，或有些视频更是直接引导用户点赞。用户流量抢夺非常厉害，各个平台都想给用户带来好的体验。其中之一就是利用大数据技术分析用户喜好内容，给用户贴标签。

平台是如何给用户贴标签，给用户推送喜欢的内容呢？其中很重要的一个就是根据用户浏览的内容，也就是平台会利用大数据技术记录分析每个用户浏览的内容，对用户点赞、留言、收藏的内容进行分析，然后给用户贴标签，后期再给用户推送内容的时候，就会直接推送上次看到的类似的内容，吸引用户的注意力。所以，很多人在做短视频的时候，都会引导用户点赞、留言评论，就是因为点赞评论后，用户下次再打开抖音看视频的时候，平台会直接推荐上次自己点赞的内容。

理解了用户点赞这层意思，就容易理解做短视频运营时为什么分析视频点赞量了。另外，更重要的一点是，用户的点赞量会直接影响视频的播放量。以抖音短视频平台推荐机制为例，视频的点赞量越大，意味着用户的喜爱程度越高，那么视频的推荐量也会呈几何级增长。

2. 评论量

新媒体的一大特色就是传播者和受众之间的双向互动性，这相较于传统的大众媒体来说，几乎是无法比拟的。用户看到视频内容后，会有自己的观点，借助视频下方的评论窗口可以直接发布自己的观点，用户的评论会直接提升参与感。用户评论量越多，说明关注这些内容的用户越多。因此，分析视频的评论量对于优化视频的选题内容，提升粉丝的黏性有着重要的意义。

用户有的时候很懒，尽管他觉得该视频不错，但最多也就给一个赞而已，想要他做出评论，就必须给他一个评论的动力。所以，有的账号会引导用户留言领福利，有的会在视频当中留下一个问题和用户讨论，也有的会故意做出有争议的问题或槽点，让用户忍不住在评论区吐槽，表达自己的观点。

此外，更重要的一点是，视频内容或标题要有争议才会有用户评论，有用户评论才会有更多的人关注。这样会持续形成一个螺旋式的传播过程，以至于其他用户在看视频的时候，即便对视频内容不感兴趣，但好奇心也会驱使他到用户留言区看看，或自己也评论一下。这样一来，就会吸引众多的人来围观这个视频，视频的播放量也就会不断得到提升。

3. 转发量

新媒体还有一个显著的特色就是分享，也就是常说的转发。用户看到好的视频内容，会情不自禁地转发这条视频，分享给自己身边的亲朋好友，这样视频就会形成一个裂变式的传播效果。用户的分享转发对于提升视频播放量有着非常重要的影响。

转发分享的意义还在于可以为我们吸引更多精准的粉丝。对于一些想在社交电商或线上销售的行业来说，转发分享可以带来更多精准的粉丝，提升粉丝量和营销的精准性。从长期来看，对于粉丝的转化效果也非常不错。

转发量比较高的内容，一般来说都是热度比较高或质量比较高的内容，用户或是出于跟风的目的，或是出于分享的目的转发视频，这就要求在选题上要下功夫。

4. 观赞比

看点赞数的重点是观赞比，也就是看视频的用户，有多少比例点赞了，如果点赞比例较高，代表了用户对该视频的认可，这是抖音推荐算法判断视频质量的重要依据之一，在复盘的角度，发布者也可以根据点赞数来推导视频受用户喜爱的原因。观赞比公式为点赞人数 ÷ 播放量 ×100%。

5. 观评比

观评比是评论条数与播放量的比例。单看播放量和评价条数的绝对值，并不能客观反映视频的受欢迎程度。例如，一条播放破百万的视频得到几千条评论，或一条只有几十万播放量的视频得到几千条评论，背后的意义是完全不一样的，后者的热度一定比前者高。

如果评论区继续保持高热度，距离全域推荐就不远了。

（二）操作准备

步骤一：明确数据统计表的格式

短视频运营数据采集模板见表 5-26。

表 5-26 短视频运营数据采集模板

发布日期	发布时间	作品标题 / 话题	前 12 小时播放量	24 小时播放量	24 小时增粉	均播时长	完播率
以上为作品的播放和吸粉数据，直接采集即可							

点 赞 量	评 论 量	转 发 量	观 赞 比	观 评 比
以上为作品的互动数据，直接采集即可			需要计算	

竞争对手 1 （　　　　　　　）（请填写账号名）

视频标题 / 话题	发布日期 / 时间	点 赞	评 论	分 享
以上为竞争对手数据，直接采集即可				

推广投放时间点	投入金额	触 达 人 数	购物车转化金额	投 产 比	转 率
以上为推广及转化数据，直接采集即可			需要计算		

表 5-26 在 Excel 里使用的时候，只需将表头拼接在一起即可。本表格为建议模板，是最基础的版本，大家可以根据自己账号的领域不同、侧重点不同，增补删减数据指标内容。有购物车的，可以添加关联商品的字段，也可以把是否使用 POI、贴纸、特效这些补充进去。

步骤二：明确采集人与采集时间

短视频数据采集相比社群和直播还是有特殊性的，短视频数据一直处于持续的变化状态，而社群的昨日数据、直播下播后的数据都是一个固定值，所以短视频数据采集的时间点就显得更为重要。采集责任人比较好理解，专业的账号可能有一组人在运营，但是数据分析方面一定要明确责任人，有些企业账号可能是多个号同一个人运营，内容生产部分选择外包，这样的情况责任人虽然更明确，但是工作量一般会比较大，需要提高执行力，重视数据的统计和分析报告工作。

采集时间点的问题，采集和分析数据的目的是寻求规律，如果数据采集的颗粒度太大，这个规律就很难呈现出来。建议在短视频的数据采集表中，要体现发布后 12 小时的播放量，如果进行了付费推广，也需要记录推广开始后直到预设推广金额耗尽过程中的播放量等数据的变化。

（三）任务要领

1. 短视频关键数据指标内涵

每项数据的背后都是有意义的，每项数据都代表了用户对内容的反馈，作为运营人员，必须清楚地知道这些数据代表了什么，并且能够给出一个优化的方向。首先，打开的背后是标题和封面的吸引力，关注的背后是视频的可看性与价值，点赞的背后是对内容的认可与共鸣，评论的背后是带来了思考，收藏量的背后是实用性。接着再详细地看每个指标的含义。短视频关键指标内涵如图 5-33 所示。

图 5-33　短视频关键指标内涵

2. 抖音数据权重机制与叠加推荐

当平台将作品分发给初始流量，平台会根据初始流量的反馈来判断内容是否受欢迎。如果受欢迎，平台将会给作品分发更多流量；反之，就不会再分发流量。这里的重要反馈指标有播放量（完播率）>点赞量>评论量>转发量。

第一次推荐时，根据账号的权重不同，会给 200~500 的流量，如果被推荐的作品以上数据反馈较好，例如有 10% 以上的点赞和评论及 60% 完播等，平台就会判定内容是比较受欢迎的，便会给第二次推荐。

第二次会推荐 1000~5000 的流量，如果第二次推荐的反馈较好，平台将推荐第三次，第三次就是上万或几十万的流量，以此类推。要是反馈依然较好，平台就会以大数据算法结合人工审核的机制，衡量内容能否上热门。一般一个视频发布 1 个小时内，视频播放量达到 5000 以上，并且点赞数高于 100、评论数高于 10，上热门的可能性就变大很多。

（四）任务流程

子任务一短视频数据采集与统计操作流程如图 5-34 所示。

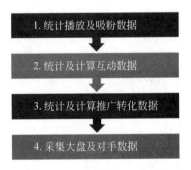

图 5-34　子任务一短视频数据采集与统计操作流程

二、任务操作

操作要求：仔细查看填表素材图片，找到对应的填表数据。

本任务操作的最终目标：完整填写短视频单条播放及吸粉数据采集、互动数据采集、推广转化数据采集、对手数据采集。

步骤一：统计播放及吸粉数据

操作提示：12 小时播放量见图 5-35，表 5-27、表 5-28 中大部分数据都可以在图 5-36 中找到。"贴纸"和"特效"填写有 / 无即可，实际操作的时候，也可以填写具体特效或贴纸的名称。"POI"处建议填写具体添加地址的名称，无则不填。

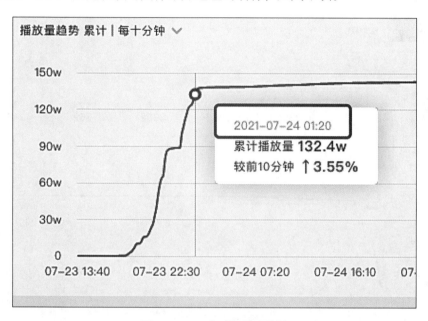

图 5-35　12 小时播放量统计

表 5-27　短视频单条播放及吸粉数据采集

发布日期	发布时间	作品标题	前 12 小时播放量	24 小时播放量	24 小时增粉	均播时长	完播率
直接采集							

播放指数	互动指数	吸粉指数	贴　纸	特　效	POI	话　题

步骤二：统计及计算互动数据

短视频单条互动数据采集练习见表 5-28。

表 5-28　短视频单条互动数据采集

点　赞　量	评　论　量	转　发　量	观　赞　比	观　评　比
直接采集	直接采集	直接采集	计算	计算

步骤三：统计推广转化数据并计算

操作提示：根据图 5-37，采集短视频单条推广转化数据，见表 5-29。

5

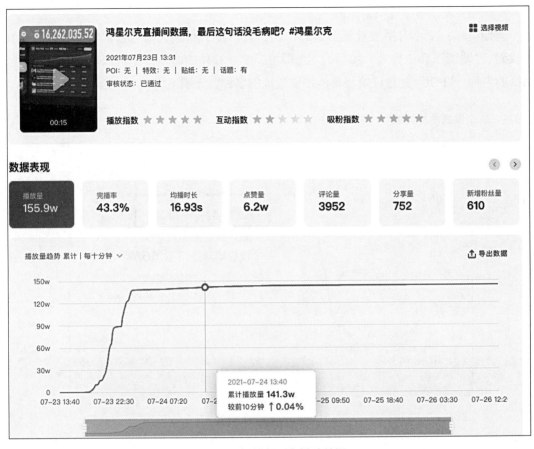

图 5-36　短视频后台基础数据

图 5-37　短视频推广成交数据

表 5-29　采集短视频单条推广转化数据

投　入　金　额	触　达　人　数	订　单　数	购物车转化金额	投　产　比	转　化　率
直接采集					计算

步骤四：采集大盘及对手数据

操作提示：根据图 5-38，采集竞争对手的近 3 条短视频数据，见表 5-30。

图 5-38 明月山度假区短视频数据

表 5-30 采集短视频对手数据

竞争对手 1（　　　）（请填写账号名）				
视频标题 / 话题	发布日期 / 时间	点赞	评论	分享

三、任务评价

子任务一短视频数据采集与统计评价见表 5-31。

表 5-31 子任务一短视频数据采集与统计评价

序号	项　目	分值	评 分 点	自　评	教 师 评	类型 1. 能力 2. 素养
1	统计播放及吸粉数据	25	充分理解指标含义 准确采集 准确计算			1
2	统计及计算互动数据	25				1
3	统计及计算推广转化数据	25				1
4	采集大盘及对手数据	25				1+2
	得分合计					

5

■ 子任务二　短视频数据分析与报告

一、任务准备

（一）知识准备

知识点一：短视频数据分析工具

1. 飞瓜数据

网站链接：https://dy.feigua.cn。飞瓜数据是一家老平台，也是目前用户量最大的一家抖音数据分析平台。数据全面，数据准确度和采集速度优势大，比较受中大型企业用户群体青睐。在播主排行里，可以监测到每日某个行业涨粉最多的播主，帮助运营者快速定位成功案例，学习模仿。同时强大的播主搜索功能也可以根据多维度条件找到对应账号。

2. 灰豚数据

网站链接：http://dy.huitun.com/。灰豚数据是 36 氪、腾讯科技、燃财经等官媒引用数据的分析工具，包含热门素材榜单，播主查找，电商分析 3 个特色功能。

想要制造爆款视频内容，就离不开对现下热门短视频的分析，灰豚数据的热门素材功能可以看到近 2 小时乃至近 30 天的热门视频，还有热门音乐、话题及抖音热点等，帮助用户学习借鉴优秀的视频内容。

另外，商家想要进行抖音带货，就少不了要选择达人播主，利用播主查找功能，可以快速定位到合适的达人播主，也可以通过 MCN 资料库来选择合适的播主。另外，还可以利用抖音号对比，来选择带货能力更强、更符合产品定位的达人。

灰豚的电商分析包含商品搜索、我的商品、热门带货视频、抖音商品排行、电商达人销量排行及电商视频排行，帮助用户充分了解当前抖音电商最畅销的商品及相关电商视频，并通过添加到我的商品中，来进行监控。

3. 卡思数据

网站链接：https://www.caasdata.com/。卡思数据是视频全网大数据开放平台，监测的平台不仅是抖音，还包括"快手""bilibili""美拍""秒拍""西瓜视频""火山小视频"。主要包括以下功能。

（1）MCN 管理。MCN 管理是卡思数据为 MCN 机构提供的红人管理工具，支持认领各大短视频平台红人及新浪微博红人，认领后即可随时查看红人的各项运营数据，方便及时发现旗下红人的潜力与不足，从而及时调整运营重心，实现科学化、智慧化管理。

（2）各类热门榜单与排行。包括热门视频排行，抖音热门话题查询，还有平台热点等功能，通过对近 7 天各大平台的视频发文关键词和用户评论关键词进行词云分析，得出各平台的热点词云图，点击"热词"可筛选出与热词相关的视频、BGM、话题，进一步加强内容创作者对平台热点的洞察能力。

（3）智能筛选功能。基于红人的内容分类、粉丝质量、视频数据表现、商业属性、粉丝画像（年龄、性别、地域）及营销预算进行筛选。

（4）粉丝解析。从粉丝质量（包括粉丝贡献、互动参与、优质粉丝）、粉丝画像、粉丝兴趣等维度全面解析红人粉丝，以更全面解读红人的商业价值及粉丝兴趣偏好。

4. 新榜

网站链接：https://www.newrank.cn/。新榜是做微信公众号排行榜起家的，数据资源库丰富准确。随着抖音的火爆，现在也开通了抖音号排行榜。在新榜抖音排行榜上，能查看各个领域最靠前的抖音号，包括娱乐、科技、汽车、美食等19个领域。

新榜上的抖音号数据维度很清楚，新增作品数、转发数、评论数、点赞数、新增粉丝数、累计粉丝数等指标一目了然。想要知道自己抖音号所在领域的情况，上新榜看排行榜就知道了。但是，相对于前面的几个专业级别的抖音数据分析工具来说，新榜的功能会略显简单。

除新榜和卡思数据外，另外两款抖音数据分析工具都有对应的微信小程序，不方便使用计算机分析数据的时候，也可以搜索小程序进行数据分析。

知识点二：日常数据通报要求

日常数据通报是以定期数据分析报表为依据，反映计划执行情况，并分析影响和形成原因的一种数据分析报告。这种数据分析报告一般是按日、周、月、季、年等时间阶段定期进行，所以也叫定期分析报告。日常数据通报可以是专题性的，也可以是综合性的。这种分析报告的应用十分广泛，各个企业、部门都在使用。日常数据通报具有以下3个特点。

1. 达成率性

由于日常数据通报主要反映计划的执行情况，因此必须把计划执行的进度与时间的进展结合起来进行分析，观察比较两者是否一致，从而判断计划完成的好坏。因此，需要进行一些必要的计算，通过一些绝对数和相对数据指标来突出进度。

2. 规范性

由于日常数据通报基本上成为数据分析部门的例行报告，定时向决策者提供，所以，这种分析报告就形成了比较规范的结构形式。一般包括以下几个基本部分：反映计划执行的基本情况、分析完成或未完成的原因、总结计划执行中的成绩和经验，找出存在的问题、提出措施和建议。

3. 时效性

日常数据通报的性质和任务决定了它是时效性最强的一种分析报告。只有及时提供业务发展过程中的各种信息，才能帮助决策者掌握主动权，否则将会丧失良机，贻误工作。

知识点三：数据分析报告常用软件

对于大多数公司而言，数据分析报告主要通过微软 Office 中的 Word、Excel 和 PowerPoint 系列软件来实现。3 款软件各有优劣势，选择哪款软件，可以结合报告类型和项目要求确定。3 款软件特点对比如表 5-32 所示。

表 5-32　Word、Excel 和 PowerPoint 的优劣势比较

项　　目	Word	Excel	PowerPoint
优势	易于排版 可打印装订成册	可含有动态图表 结果可实时更新 交互性更强	可加入丰富的元素 适合演示汇报 增强展示效果

5

续表

项　目	Word	Excel	PowerPoint
劣势	缺乏交互性 不适合演示汇报	不适合演示汇报	不适合大篇文字
适用范围	综合分析报告 专题分析报告 日常数据通报	日常数据通报	综合分析报告 专题分析报告

（二）操作准备

步骤一：确定日报格式

通常短视频的运营小组手里都有很多账号，而且每天发布的短视频也不只1条，所以，日报的作用一方面是方便决策者了解数据，另一方面也起到了项目推进的作用，除汇报前一天发布的数据外，还要汇报运营团队完成制作的视频数量、正在剪辑的视频数量等。前面基本采用了表格式样的日报，这里介绍一个文字日报模板（图5-39）。

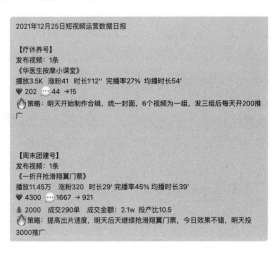

图 5-39　短视频运营数据日报模板

步骤二：确定月报格式

这里介绍月报的提纲（表5-33），根据具体的账号情况和发展阶段举一反三。

表 5-33　【周末团建小分队】短视频账号月度数据分析报告

一、总体情况
1. 播放数据 2. 粉丝数据 3. 互动数据 4. 推广与转化
二、存在问题
1. 重要紧急 2. 重要不紧急 3. 紧急不重要

续表

三、对策分析
1. 问题一对策 2. 问题二对策 3. 问题三对策
四、结论
五、下月目标与提案
1. 目标 2. 提案

（三）任务要领

1. 短视频数据分析的 3 个根本目标

企业做短视频的根本目的一定不是涨粉和迎合市场，最终的目的一定是非常简单，即获客和变现。为什么一定要一直强调这个问题，因为很多做短视频的朋友在运营当中，为了获取用户的关注，迎合用户的喜好，渐渐离自己最初的目的越来越远。这一点也是企业运营短视频和其他网红机构运营短视频根本上的不同，通过分析数据，至少能实现以下 3 个目标：寻找对的人、对的时间、对的方式。

（1）寻找目标用户。在定位之初就对目标用户进行调查和分析：哪个年龄段的用户是最有可能成为的忠实用户？他们在哪个城市？收入水平是什么样的？有什么爱好吗？对产品有什么样的需求？和产品相关有什么痛点？……包括分析出用户当中的大多数人的共性。

（2）寻找合适的时间。在对用户进行分析时，其实已经对用户的活动时间进行了分析，他们平常在哪个时间段比较闲，有时间刷短视频，这个时间就是我们活跃的时候。除此之外，在运营的过程中，也会根据发布过的短视频的数据进行分析，看看潜在用户的活跃时间，看看视频在哪个时间段获得的推荐和流量最好，然后根据这份数据，寻找更加合适的时间。

（3）寻找合适的方式。确定了目标用户和合适的发布时间，接下来就该考虑用什么样的方式，出现在目标用户的眼前，吸引他们的目光。盲目地尝试耗费时间和精力，使用数据分析的方法，会非常省心。

抖音的算法和推荐机制是通过标签来帮助推荐内容给目标用户。那么就应该通过对视频的数据分析，及时调整内容的方向，优化标签，生产出更符合目标用户需求的内容。这些数据包括播放完成率、点赞数、转发数、评论数、关注量等。通过对比如一周或一个月内，哪些视频的收藏数高、哪些转发高、哪些评论高，从中分析出最适合的内容形式。

2. 短视频数据分析的相对论

按照抖音算法的权重，完播＞点赞＞评论＞转发。完播率是最基础的一项考核数据，但不意味着完播率不错，就能带动后续几项数据。而完播率也和给你分配的流量池有关，别人 100 万曝光量、40% 的完播率，和你 1000 曝光量、40% 完播率，这两个数据其实是没有可比性的。

抖音的推荐机制类似于一个漏斗，在一个流量池里，你的这几项数据都不错的情况下，抖音才会将你的视频推入下一个流量池。因此，首先要看的是，视频的曝光量目前有多少，如果几天下来，只有几百、几千的曝光量，完播率再高，视频潜力也到头了。再者，如果曝光量过万，说明数据都不错，这时候就要看评论区的评论情况，点赞虽然是放在评论前面，但往往抖音用户的习惯是，先看视频，有趣了，再看评论，如果有几条神评，让用户觉得有趣或获得了认同感，那么点赞就是水到渠成的。所以，没人评论，就要引导评论，在视频推广时，可以根据网络热词自己神评论，并且引导评论区互动，有了评论在前，后来的用户评论积极性也会相对较高。

所以，整个数据分析的过程是具有相对性的，短视频的数据增量没有完全固定的公式，而且具有比较强的随机性，只能通过不断地测试来靠近自己的目标，相对地，这也说明了对于草根创作团队的无限机遇。

（四）任务流程

子任务二短视频数据分析与报告操作流程如图 5-40 所示。

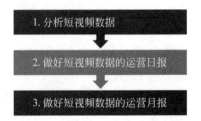

图 5-40　子任务二短视频数据分析与报告操作流程

二、任务操作

操作要求：根据操作步骤一中预设的 3 个短视频数据存在的问题，分析原因，提出改进建议。查看日报和月报模板，结合子任务一收集短视频数据。

本任务操作的最终目标：完整填写短视频数据复盘的日报和月报。

步骤一：分析短视频数据

【分析题一】短视频的完播率不错，有 40% 以上，播放量大概 5 万左右，但是转粉率很低，只有 1% 不到，可能是什么原因？

_____

_____

_____

_____

【分析题二】视频流量、转粉、互动数据都不错，但就是不带动成交，有哪些可能的原因？

_____

_____

【分析题三】点赞高，但是评论很低，转粉不高，可能的原因是什么？视频类型为教程，视频长度基本在1分钟以上，怎么改善？

步骤二：做好短视频数据的运营日报

操作提示：扫描右侧二维码，查看12月14日短视频后台数据，填写日报（图5-41）。

2021 年 12 月 14 日疗休养小号短视频后台数据

2021 年 12 月 14 日 A 组短视频运营数据日报
【疗休养小号】
发布视频：　　　　条
标题：
播放量：
涨粉：
时长：
完播率：
点赞：
评论：
转发：
策略：

全部已读

图 5-41　短视频运营数据日报

步骤三：做好短视频数据的运营月报

操作提示：扫描右侧二维码，查看12月短视频后台数据，填写月报（表5-34）。

2021 年 12 月疗休养小号短视频后台数据

5

表 5-34　短视频运营数据月度分析报告

一、总体情况
1. 播放数据
2. 粉丝数据
3. 互动数据
4. 推广与转化
二、存在问题
1. 重要紧急
2. 重要不紧急
3. 紧急不重要
三、对策分析
1. 问题一对策
2. 问题二对策
3. 问题三对策
四、结论
五、下月目标与提案
1. 目标
2. 提案

三、任务评价

子任务二短视频数据分析与报告评价见表 5-35。

表 5-35　子任务二短视频数据分析与报告评价

序号	项　目	分值	评　分　点	自　评	教　师　评	类型 1.能力 2.素养
1	分析短视频数据	20	分析准确 充分理解数据之间的关系			1
2	做好短视频数据的运营日报	30	表述清晰 对策有效 使用符号			1+2
3	做好短视频数据的运营月报	50	结论清晰 分析准确 格式工整			1+2
	得分合计					